古典文獻研究輯刊

三五編

潘美月・杜潔祥 主編

第15冊

《經解入門》探源

司馬朝軍 著

國家圖書館出版品預行編目資料

《經解入門》探源／司馬朝軍 著 -- 初版 -- 新北市：花木蘭文
化事業有限公司，2022〔民 111〕
目 4+242 面；19×26 公分
（古典文獻研究輯刊 三五編；第 15 冊）
ISBN 978-626-344-117-0（精裝）
1.CST：經學 2.CST：研究考訂
011.08   111010306

ISBN-978-626-344-117-0

9 786263 441170

古典文獻研究輯刊
三五編 第十五冊   ISBN：978-626-344-117-0

《經解入門》探源

作　　者　司馬朝軍
主　　編　潘美月、杜潔祥
總 編 輯　杜潔祥
副總編輯　楊嘉樂
編輯主任　許郁翎
編　　輯　張雅淋、潘玟靜、劉子瑄　美術編輯　陳逸婷
出　　版　花木蘭文化事業有限公司
發 行 人　高小娟
聯絡地址　235 新北市中和區中安街七二號十三樓
　　　　　電話：02-2923-1455 ／傳真：02-2923-1452
網　　址　http://www.huamulan.tw 信箱 service@huamulans.com
印　　刷　普羅文化出版廣告事業
初　　版　2022 年 9 月
定　　價　三五編 39 冊（精裝）新台幣 98,000 元
版權所有・請勿翻印

《經解入門》探源

司馬朝軍　著

作者簡介

司馬朝軍，祖籍湖北公安，生於湖南南縣。武漢大學管理學博士（古典文獻學方向，因學科點設在在信息管理學院），復旦大學中國語言文學博士後，武漢大學珞珈特聘教授。現任上海社會科學院歷史研究所研究員。曾任教育部人文社會科學重點研究基地武漢大學中國傳統文化研究中心專職研究員、武漢大學四庫學研究中心主任、國學院專職教授、歷史學院兼職教授、信息管理學院專職教授，擔任經學、專門史、文獻學三個方向博士生導師。擔任大型文化工程項目《文瀷閣四庫全書》總編纂。著有「四庫學」系列著作，即《四庫全書總目研究》《四庫全書總目編纂考》《四庫全書總目精華錄》《四庫提要精選精注》《四庫全書與中國文化》。另外還有辨偽學系列、目錄學系列、文獻學系列、國學系列著作。

提　　要

　　《經解入門》是晚清書商剪輯而成的一部偽書，假江藩之名行世。經過司馬朝軍教授長達18年的不懈努力，徹底將它證偽。但其質量不容低估，因為它採擷顧炎武、朱彝尊、閻若璩、錢大昕、王念孫等巨匠的學術精華，條目清楚，文字簡明，內容充實，編排得當，是一部提綱挈領的經學教科書，至今仍然具有入門功用。

　　鑒於《經解入門》的價值，有必要對此書進行校注與探源。《經解入門箋注》對《經解入門》原書做了簡要的注釋；《經解入門探源》為辨偽專著，經過詳細比勘，一一注明抄襲來源。

　　《經解入門箋注》《經解入門探源》曾經被整合進入《經解入門整理與研究》，被同行專家許為「考據精湛，足稱定讞」。現在分開重新出版，可供文史愛好者選擇使用。

目

次

前　圖

《經解入門》的真偽問題（代前言）

　　近年來，圍繞江藩《經解入門》的真偽問題曾展開過一場學術爭鳴。北京大學古文獻研究中心漆永祥教授率先發表了《俞樾〈古書疑義舉例〉係襲江藩〈經解入門〉而成》〔註1〕一文，將《經解入門》卷一《古書疑例第七》與《古書疑義舉例》中之通例從稱名、著錄之條例次序、條例細目之內容、名稱以及條例數目作了比較，認為「俞樾之條例與江氏之說有著驚人的相似，甚至可以說是完全雷同」，進而斷定「《古書疑義舉例》是襲江藩之條例而成」，「當時的俞樾僅為 10 歲之學童，勢不能獨造一書，然則《古書疑義舉例》之大綱細目全襲江書而成定無可疑」。漆永祥教授所用版本為天津市古籍書店 1990 年出版的《經解入門》方國瑜校點本，而該本明確將作者標為江藩。方氏為史學名家〔註2〕，不但沒有將此書版本來源交代清楚，反而把光緒十九年（1893）廣西書局所刻重印本所附的馮德材跋割掉，原跋對於此書的真偽已有所質疑〔註3〕，客觀上給後學造成了很大的誤導作用。漆永祥教授當時

〔註1〕《俞樾〈古書疑義舉例〉係襲江藩〈經解入門〉而成》，《中國語文》1999 年第 1 期。

〔註2〕方國瑜（1903～1983），字瑞臣，雲南麗江人。1933 年畢業於北京大學研究所國學門。曾任雲南大學教授。著有《納西象形文字譜》等。他是雲南地方史、西南民族史的奠基者，被譽為「南中泰斗」、「滇史巨擘」。

〔註3〕閔爾昌《江子屏先生年譜》、恒慕義主編的《清代名人傳略》「江藩」條也都有所質疑，但是語焉不詳。閔爾昌《江子屏先生年譜》：「《經解入門》八卷，署甘泉江藩纂，前有阮文達序，光緒中上海石印，十九年癸巳復刻於廣西書局，馮德材跋已決其非先生真本矣。」（北京圖書館編《北京圖書館藏珍本年譜叢刊》第 122 冊第 626 頁）

即震於方氏大名。1999 年，筆者提出了與漆永祥教授觀點相左的意見〔註4〕，文章發表後引起了學術界的重視和討論。隨後，傅傑教授、伏俊璉教授、谷建博士等先後發表文章，對《經解入門》的真偽問題進行了不同側面的探討，但他們均未見到《經解入門》的初印本，對此問題未能作出圓滿的解答，甚至還存在一些誤解。〔註5〕最近，學術界仍有一些學者將《經解入門》視為江藩之作，並在此基礎上作出種種錯誤的推論。

鑒於《經解入門》一書的影響之大，誤解之深，筆者認為有必要徹底澄清其真偽問題，以免以訛傳訛。當時因為時間關係，商榷文章寫得極為簡略，很多地方沒有展開論述。近年來，筆者又多方搜集資料，通過對《經解入門》的版本、序跋、傳播源流、思想內容、時代特徵等方面綜合考察，深入論證了「《經解入門》出於偽撰」的結論。

（一）版本來歷不明

有人認為阮元在 1832 年即已刊刻《經解入門》，可是誰也沒有見過這個版本。且阮序也隻字未提刊刻之事。我們遍考清代官、私目錄，均不見有此書著錄。直到民國時期孫殿起《販書偶記》才有著錄：「《經解入門》八卷，甘泉江藩撰，光緒戊子鴻寶齋石印袖珍本。」〔註6〕稍後《續修四庫全書總目提要》也著錄了這個本子，並認為這是《經解入門》最早版本，其時為 1888 年〔註7〕。而俞樾《古書疑義舉例》〔註8〕早在 1871 年就收入了《春在堂全書》，1888 年再次收入《皇清經解續編》，並被張之洞《書目答問》1876 年初刻本著錄。

近年，沈乃文主編《中國古籍總目·經部》群經總義類傳說之屬詳細著錄了《經解入門》一書的版本情況〔註9〕：

〔註4〕《俞樾〈古書疑義舉例〉係襲江藩〈經解入門〉而成嗎？》，《中國語文》1999年第 3 期。

〔註5〕伏俊璉：《俞樾〈古書疑義舉例〉不是襲江藩〈經解入門〉而成》，《古漢語研究》2000 年第 2 期；谷建：《經解入門辨偽》，《北京大學中國古文獻研究中心集刊》第 1 輯，北京燕山出版社，1999 年，第 406～420 頁。傅傑教授考證出《古書疑義舉例》襲《經解入門》說的始作俑者為劉聲木，詳見《〈古書疑義舉例〉襲〈經解入門〉說的始作俑者》，《聆嘉聲而響和》，華東師範大學出版社，2001 年，第 86～90 頁。

〔註6〕孫殿起：《販書偶記》，上海古籍出版社，1982 年新 1 版。

〔註7〕《續修四庫全書總目提要》，中華書局，1993 年，第 1423 頁。

〔註8〕俞樾：《古書疑儀舉例》，《古書疑義舉例五種》，中華書局，1956 年。

〔註9〕沈乃文主編：《中國古籍總目·經部》，北京：中華書局，2012 年，第 969 頁。

經 21111606

經解入門八卷題清江藩撰

清光緒十四年鴻寶齋石印本　　中科院、北大、天津、南京

清光緒十六年槐蔭書屋刻本　　北大、上海

清光緒十六年上海凌雲閣石印本　　浙江、湖北

清光緒十九年桂垣書局刻本　　國圖、北大

清光緒十九年上海書局石印本　　北大

清光緒二十年上海文林書局石印袖珍本　　國圖、南京、浙江

（二）阮序不足為憑

倫明先生指出：阮元序「作於道光十二年壬辰，銜題協辦大學士兩廣總督。按元於道光十二年九月以雲貴總督，授協辦大學士，此題兩廣總督，誤也。而《揅經室文集》中亦無此序。又據近人所撰《江子屏年譜》，藩實卒於道光十一年辛卯，年七十一。而序作於其後一年，若不知其已死者。就序斷之，書為贗作，殆無疑也」。〔註10〕

此外，筆者反覆比較《經解入門·敘言》與《國朝漢學師承記》阮元序，發現前者係模仿、抄襲後者而成。為了便於比較，現將兩序列表抄錄如下：

《經解入門·敘言》	《國朝漢學師承記》阮元序
往者，余嘗語顧君千里曰：治經不難，通經亦不難；雖然，道則高矣！美矣！不得其門而入，而欲登堂奧之府，窺室家之好，則束髮抱經，有皓首不究其旨者矣。即幸而得焉，而單詞只義，百投而一中，出主入奴，始合終歧，又往往流於異端曲學，而不自知，豈不悲哉。以吾子之才之學，其能提挈綱領，指究得失，約其文，詳其旨，作為一書，以為經訓之陳途，吾道之津逮乎？千里諾之而未有作也。居無何，甘泉江君子屏出其所著《經解入門》以示余；余讀之，瞿然而起曰，是固吾疇曩所望於千里者，而今得之子，信乎海內博雅君子，能以文章為來世誦法，捨此二三學友無屬也。而元之不揣其愚，思有撰述，以益後學，亦差幸胸臆之私，抑得此	兩漢經學所以當尊行者，為其去聖賢最近，而二氏之說尚未起也。老莊之說盛於兩晉，然《道德》、《莊》、《列》本書具在，其義止於此而已……吾固曰：兩漢之學純粹以精者，在二氏未起之前也。我朝儒學篤實，**務為其難**，務求其是，是以通儒碩學有束髮研經，白首而不能究者，豈如朝立一旨，暮即成宗者哉！ 　甘泉江君子屏得師傳於紅豆惠氏，博聞強記，無所不通，心貫群經，折衷兩漢。元幼與君同裏同學，竊聞論說三十餘年。江君所纂《國朝漢學師承記》八卷，嘉慶二十三年元居廣州節院時刻之，讀此可知漢世儒林家法之承授，國朝學者經學之淵源，大義微旨，不乖不絕，而二氏之說亦不攻自破矣。元又嘗思國朝諸儒說經

〔註10〕《續修四庫全書總目提要》，北京：中華書局，1993年，第1423頁。

之書甚多，以及文集說部，皆有可採，竊欲析縷分條，加以剪截，引繫於群經各章句之下。譬如休寧戴氏解《尚書》「光被四表」為「橫被」，則繫之《堯典》；寶應劉氏解《論語》「哀而不傷」即《詩》「惟以不永傷」之「傷」，則繫之《論語·八佾篇》，而互見《周南》。如此勒成一書，名曰《大清經解》。徒以學力日荒，政事無暇，而能總此事，審是非，定去取者，海內學友惟江君與顧君千里二三人。他年各家所著之書，或不盡傳，奧義單辭，淪替可惜，若之何哉！

歲戊寅除夕，阮元序於桂林行館。

為不孤耳。子屏得師承於研溪惠先生，博聞強記，於學無所不通，而研貫群經，根本兩漢，尤其所長。元少時與君同裏同學，接其議論者，垂三十年。曩居余廣州節院時，元嘗刻其所纂《國朝漢學師承記》八卷，昭代經學之淵源，與近儒之微言大義，賴以不墜；今又得此，子屏之於經學，其真可謂語大而不外，語小而不遺，俾學者淺深求之，而各得其致者矣。是書之大旨，約分三端：首言群經之源流與經學之師承，端其本也；次言讀經之法與解經之體，審其業也；終言說經之弊與末學之失，防其惑也。學者得此而讀之，循其途，踐其跡，避其所短，求其所長，則可以不誤於趨向；憂而遊之，擴而充之，則可以躋許、鄭之堂，抗孔陸之席。子屏不自侈其業，以是為初學計也；顧豈僅為初學計哉，吾願後之學者，執此而終身焉可耳。道光十二年歲次壬辰九月協辦大學士兩廣總督阮元序。

從上可知，兩序要點雷同者至少有三：其一，「束髮抱經，有皓首不究其旨者矣」與「是以通儒碩學有束髮研經，白首而不能究者」相近；其二，「信乎海內博雅君子，能以文章為來世誦法，捨此二三學友無屬也」與「海內學友惟江君與顧君千里二三人」相近；其三，「子屏得師承於研溪惠先生，博聞強記，於學無所不通，而研貫群經，根本兩漢，尤其所長。元少時與君同裏同學，接其議論者，垂三十年。曩居余廣州節院時，元嘗刻其所纂《國朝漢學師承記》八卷，昭代經學之淵源，與近儒之微言大義，賴以不墜」與「甘泉江君子屏得師傳於紅豆惠氏，博聞強記，無所不通，心貫群經，折衷兩漢。元幼與君同裏同學，竊聞論說三十餘年。江君所纂《國朝漢學師承記》八卷，嘉慶二十三年元居廣州節院時刻之，讀此可知漢世儒林家法之承授，國朝學者經學之淵源，大義微旨，不乖不絕」相似。而《經解入門·敘言》正是在此基礎上敷衍成文。阮元為乾嘉學問大家，文章亦足以自立，有《揅經室文集》傳世。為同一作者的不同著作作序，他決不會才窘到合二而一。

（三）徐跋多不實之詞

光緒戊子夏鴻寶齋石印本有於越徐儀吉跋，因天津市古籍書店方國瑜標點本未收此跋，一般讀者鮮能寓目，特照錄如下：

是書為甘泉江子屏先生藩所著，其有功經訓與裨益後學，儀徵
相國原序已言之詳矣。惟是書初刻於江氏家塾，工未峻而先生遽捐
館舍，以故世無傳本。儀吉聞其副本尚在江右，因不惜殫數年心力，
以重金購得之，爰為斠讎，付之石印，以公同好。方今國家右文稽
古，京師國子監南學專以經訓課士，海內之士聞風興起，無不以研
精古訓、講求樸學為宗。惟初學入門之始，苟無所指引，則漢、宋
門徑既慮其不清，而許、鄭緒言終莫能有得。得子屏此書，誦而法
之，則淺之可以應明經取士之科，深之即可以為立說著書之本，則
其所以嘉惠來學者又豈淺鮮哉？於越徐儀吉跋。

對於此書來源，徐跋言之鑿鑿，既無實物，亦無旁證，未免孤證不信。前面已
經證明所謂「儀徵相國原序」已屬贗鼎，此跋疑亦虛構其詞。所謂「副本尚在
江右，因不惜殫數年心力以重金購得之」云云，遮遮掩掩，閃爍其詞，正防後
人之疑。

（四）多記江氏身後人事

《經解入門》卷三《國朝治經諸儒》條列「阮元諡文達」。按：阮元卒於
1849 年，比江藩晚死 18 年，江藩何以預知阮元諡號？同卷又云：「遵義鄭珍
字子尹是也。」鄭珍係 1837 年才中舉，其最早所作的《說文新附考》初稿草
成於 1833 年，1852 年才第一次出版著作《巢經巢詩抄》及《經說》，此前名
聲不逾鄉里，江氏又何從得知其人？顧頡剛先生也指出：「予少時翻覽，深疑
《入門》題江藩著，而文中提及陳澧《東塾讀書記》，兩人時代不相及，何以
提到？」〔註11〕諸如此類，《經解入門》中還有不少。後面還要提到，此不贅
述。

（五）多與江氏歿後著述雷同

《經解入門》除了與《古書疑義舉例》雷同外，與《書目答問》雷同處
更多，如卷三《國朝治經諸儒》條與《書目答問》附列《經學家》雷同，《小
學家》亦然。又如《經與史相表裏》條：「如《逸周書》、《國語》、《國策》、
《山海經》、《竹書紀年》、《穆天子傳》、《晏子春秋》、《越絕書》、《越春秋》、
《列女傳》、《新序》、《說苑》、《東觀漢記》之屬，皆可歸入史部。」按：《山

〔註11〕顧頡剛：《記崔適先生》，《顧頡剛學術文化隨筆》，北京：中國青年出版社，
　　　　1998 年，第 321～322 頁。

海經》、《穆天子傳》、《新序》、《說苑》在《四庫總目》中皆列入子部,《書目答問》方移入史部。《經解入門》云:「《四庫提要》為讀群書之門徑,提要較多,未必人人能置一編,別有《四庫簡明目錄》,乃將提要約撮而成,書止一帙,大抵初學須先將經史子集四種分清何書應入何類,於此憭然,則購書讀書皆有頭緒,然《簡明目錄》太略,書之得失亦未詳說。且四庫未收提要尚列存目於後,《簡明目錄》無之,不得誤認為世間所無也,略一翻閱,然後可讀提要。」〔註12〕這些話說得相當在行。既然該書對於《四庫提要》的認識如此深刻,為何其分類與《四庫提要》截然不同,而反與後出之《書目答問》雷同呢?

再如《有校勘之學》條所列清代校勘名家與《書目答問》附列《校勘之學家》亦大致相同。詳見下表:

人　名	入門	答問	人　名	入門	答問	人　名	入門	答問
惠棟	有	有	李文藻	有	有	阮元	有	有
何焯	有	有	戴震	有	有	顧廣圻	有	有
盧見曾	有	有	王念孫	有	有	趙懷玉	有	有
全祖望	有	有	張敦仁	有	有	鮑廷博	有	有
盧文弨	有	有	丁傑	有	有	袁廷檮	有	有
錢大昕	有	有	孫星衍	有	有	吳騫	有	有
沈炳震	無	有	沈廷芳	無	有	謝墉	無	有
姚範	無	有	錢東垣	無	有	彭元瑞	無	有
周永年	無	有	黃丕烈	無	有	秦恩復	無	有
陳鱣	無	有	錢泰吉	無	有	曾釗	無	有
汪遠	無	有						

(六)與《國朝漢學師承記》多相矛盾

《經解入門》所列《國朝治經諸儒》與《國朝漢學師承記》〔註13〕所列數量上過於懸殊。後者去取甚嚴,而前者幾乎囊括有清一代經學名家。詳見下表:

〔註12〕《經解入門》卷六「門徑不可不清第四十五」。
〔註13〕江藩:《國朝漢學師承記》,北京:中華書局,1983 年。

人　名	入門	師承	人　名	入門	師承	人　名	入門	師承
顧炎武	有	有	李惇	有	有	胡世琦	有	無
閻若璩	有	有	李廣芸	有	無	俞正燮	有	無
張爾岐	有	有	金榜	有	有	臧壽恭	有	無
陳啟源	有	無	金梧	有	無	周中孚	有	無
馬驌	有	有	汪萊	有	無	李銳	有	無
王爾膂	有	有	凌廷堪	有	有	徐養源	有	無
毛奇齡	有	無	汪龍	有	無	方觀旭	有	無
朱彝尊	有	無	顧九苞	有	有	劉履恂	有	無
胡渭	有	有	金曰追	有	有	陳瑑	有	無
徐善	有	無	丁傑	有	無	李黼平	有	無
臧琳	有	有	周廣業	有	無	李富孫	有	無
臧鏞堂	有	無	梁玉繩	有	無	馮登府	有	無
臧禮堂	有	無	梁履繩	有	無	鍾文丞	有	無
惠士奇	有	有	武億	有	有	薛傳均	有	無
惠棟	有	有	汪中	有	有	張宗泰	有	無
諸錦	有	無	汪喜孫	有	無	侯康	有	無
汪師韓	有	無	程際泰	有	無	魏源	有	無
杭世駿	有	無	許鴻盤	有	無	鄭珍	有	無
齊召南	有	無	孫星衍	有	無	黃宗羲	有	有
秦蕙田	有	無	洪亮吉	有	有	黃宗炎	有	無
莊存與	有	無	許珩	有	無	王夫之	有	無
莊述祖	有	無	阮元	有	無	錢澄之	有	無
莊綬甲	有	無	劉文淇	有	無	徐墩	有	無
褚寅亮	有	有	劉毓崧	有	無	朱鶴齡	有	無
盧文弨	有	有	桂馥	有	有	沈彤	有	有
江聲	有	有	鍾褱	有	有	陳景雲	有	無
余蕭客	有	有	焦循	有	無	張尚瑗	有	無
王鳴盛	有	有	趙曦明	有	無	萬斯大	有	無
錢大昕	有	有	嚴可均	有	無	萬斯同	有	無
錢大昭	有	無	凌堃	有	無	萬經	有	無
錢塘	有	有	馬宗槤	有	無	全祖望	有	無

錢坫	有	有	馬瑞辰	有	無	徐乾學	有	無
翁方綱	有	無	畢珣	有	無	陸元輔	有	無
朱筠	有	有	姚文田	有	無	徐嘉炎	有	無
紀昀	有	有	郝懿行	有	無	惠周惕	有	有
王昶	有	有	張惠言	有	有	王叔琳	有	無
范家相	有	無	陳壽祺	有	無	方苞	有	無
翟灝	有	無	陳喬樅	有	無	陳厚耀	有	有
周春	有	無	張澍	有	無	吳廷華	有	無
盛百二	有	無	朱蘭坡	有	無	胡煦	有	無
畢沅	有	無	周用錫	有	無	王懋竑	有	無
孫志祖	有	無	李鍾泗	有	有	顧棟高	有	無
任大椿	有	有	朱彬	有	無	蔡德晉	有	無
孔繼涵	有	無	劉玉麐	有	無	陳祖範	有	無
孔廣森	有	有	劉寶楠	有	無	任啟運	有	無
孔廣林	有	無	李貽德	有	無	江永	有	有
邵晉涵	有	有	崔應榴	有	無	汪紱	有	無
金榜	有	有	劉逢祿	有	無	王坦	有	無
程瑤田	有	無	宋翔鳳	有	無	徐文靖	有	無
戴震	有	有	陳奐	有	無	程廷祚	有	無
段玉裁	有	無	沈欽韓	有	無	車文	有	無
胡匡衷	有	無	柳興宗	有	無	吳鼐	有	無
胡培翬	有	無	許桂林	有	無	吳鼎	有	無
胡秉虔	有	無	趙坦	有	無	趙祐	有	無
胡涿琪	有	無	洪頤煊	有	無	顧鎮	有	無
周炳中	有	無	洪震煊	有	無	許宗彥	有	無
劉台拱	有	有	金鶚	有	無	黃式三	有	無
王念孫	有	無	宋世犖	有	無	陳澧	有	無
王引之	有	無	戚學標	有	無			
宋綿初	有	無	凌曙	有	無			

　　《師承記》中有黃儀、顧祖禹、汪元亮、程晉芳、江德亮、徐復、汪光爔等7人不見於《入門》，而《入門》說：「《師承記》所已見，亦備錄焉。」《師承記》將顧炎武列為最後一人，「以不純宗漢儒也」，《經解入門》則列顧氏為

第一人。另外，金榜在《經解入門》中重出，亦為一失。《入門》有而《師承記》無的多達 135 人，其中一部分人是因為學術觀點相左而見絀，另一部分人則是同輩乃至後輩，如魏源（1794～1857）、侯康（1798～1837）、鄭珍（1806～1864）、陳澧（1810～1882）等等皆為後輩，時代不相及。古人著書，一般不著錄、不引用生存人的著作，古人特別重視蓋棺之定論，對於未定之論大都不置可否。江藩門戶之見甚深，想必傳統成見也不會沒有。但無論如何，魏源等人與他之間畢竟異代不同時。我們可以根據江藩之子江鈞《國朝經師經義目錄跋》得到旁證：「著錄之意，大凡有四：一，言不關乎經義小學，意不純乎漢儒古訓者，固不著錄已；一，書雖存其名而實未成者，不著錄；一，書已行於世而未及見者者，不著錄；一，其人尚存，著述僅附見於前人傳後者，不著錄。凡在此例，不欲濫登，固非以意為棄取也。」〔註14〕至於王夫之，有人認為：「終江藩之世，他是不可能瞭解甚至聞知王夫之其人的。」〔註15〕這種說法顯然過於武斷。因為王夫之的著作《周易稗疏》、《書經稗疏》、《詩經稗疏》、《春秋稗疏》已被收入《四庫全書》，且被《四庫全書總目》著錄，並給予較高評價。另外，《尚書引義》、《春秋家說》也被列入存目。江藩云：「《四庫全書提要》、《簡明目錄》皆出公手。大而經、史、子、集，以及醫、卜、詞曲之類，其評論抉奧闡幽，詞明理正，識力在王仲寶、阮孝緒之上，可謂通儒矣。」又稱：「公一生精力，萃於《提要》一書。」〔註16〕江藩對紀昀推崇備至，如果連《四庫全書總目》都沒有翻讀一遍，他是不會輕易下此結論的。退一萬步講，即使江藩見不到《四庫全書》與《四庫全書總目》，《四庫全書簡明目錄》總是可以見到的。因此，他就完全有可能聞知王夫之其人。

（七）與《古書疑義舉例》條例不盡相同

有人認為，《經解入門》與《古書疑義舉例》條例基本一致，只是次序略有不同。經仔細核對，《入門》有而《舉例》無的條例有 8 條；《入門》無而《舉例》有者共 10 條。詳見下表：

〔註14〕漆永祥：《漢學師承記箋釋》，上海：上海古籍出版社，2006 年，第 890 頁。

〔註15〕谷建：《經解入門辨偽》，《北京大學中國古文獻研究中心集刊》第 1 輯，北京：北京燕山出版社，1999 年，第 417 頁。

〔註16〕江藩：《國朝漢學師承記》，北京：中華書局，1993 年，第 92 頁。

條　　例	入門	舉例	條　　例	入門	舉例
復有以反言而見意，不可以偏見拘也	有	無	以旁記字入正文例	無	有
有因誤衍而誤讀者	有	無	字句錯亂例	無	有
有因注文而誤者	有	無	簡策借亂例	無	有
有兩字平列而誤易者	有	無	文隨義變而加偏旁例	無	有
兩句相同而誤倒者	有	無	字固上下相涉而加偏旁例	無	有
有因誤字而誤改者	有	無	誤讀夫字例	無	有
有因誤補而誤刪者	有	無	誤增不字例	無	有
有因誤刪而誤增者	有	無	句尾用故字例	無	有
以注誤改正文例	無	有	句首用焉字例	無	有

　　《入門》有而《舉例》無的條例凡 8 條，完全可以視為是對《古書疑義舉例》的補充與完善，也是對校勘條例的新發展。《古書疑義舉例》被人稱為「實千古奇作，發凡起例，袪惑釋疑，裨益士林為最大」〔註17〕。《經解入門》在校勘學上的價值也應該實事求是地予以評價。

（八）卷八附選之文皆偽

　　《經解入門》所附十五篇考證文章，天津市古籍書店本均無主名，容易誤會為全是江藩之作。其中《易伐鬼方解》引用惠棟之說時直呼其名，江藩為惠棟再傳弟子，在《國朝漢學師承記》中稱松崖先生，若直呼其名則有悖常理。《格物說》有云：「夫程、朱為理學正宗，則《或問》所載二程之說一十六條，乃格物之正義，其餘曲說，固可一掃而空之矣，惟鄭氏舊注，立學校者已向千載，雖精研未若閩、洛，而訓詁具有師承。」江藩重漢學輕宋學，而此說似不出其口。

　　2001 年春，筆者在上海圖書館查到光緒戊子夏鴻寶齋石印本（即初印本）《經解入門》，始知此類文章全係他人之作，且為清代漢學名家的各種不同類型的考據範文，其目詳列如下：

篇　　名	作　者	類　別
箕子明夷解	周中孚	解類

〔註17〕張舜徽：《清人文集別錄》，北京：中華書局，1963 年，第 526 頁。

《易》伐鬼方解	李方湛	解類
《考工記》五材解	黃明宏	解類
五霸考	蔣炯	考類
周初洛邑宗廟考	吳文起	考類
深衣考	周以貞	考類
八卦方位辨	吳傑	辨類
文王稱王辨	鄒伯奇	辨類
緯候不起於哀平辨	李富孫	辨類
辟雍太學說	孫同元	說類
八蠟說	金錫齡	說類
格物說	徐養原	說類
釋能	段玉裁	釋類
釋貫	金鶚	釋類
釋祊	侯度	釋類

上述考據文章，各有其主，本非偽作，後出之本將姓名全部刪去，在大題「經解入門卷八」之下全部改小題為「甘泉江藩纂」，移花接木，可謂拙於作偽。另外，天津市古籍書店本又刪去第五十二篇「科場解經程式」，更是偽中之偽。

（九）盛行於清末

有人認為，《經解入門》成書後「從未引起學術界的注意」，「蒙塵插架，無人問津，黯然寂聞」。其實不然，該書出版後「備各省舉子攜入貢院之用」〔註18〕，幾乎人手一冊，「在清末風行最廣也」〔註19〕。另外，還傳到了日本〔註20〕。如果真是江藩所作，以江藩「吳派嫡傳」的學術威望，加上《經解

〔註18〕 顧頡剛：《記崔適先生》，《顧頡剛學術文化隨筆》，北京：中國青年出版社，1998 年，第 321～322 頁。

〔註19〕 顧頡剛：《記崔適先生》，《顧頡剛學術文化隨筆》，北京：中國青年出版社，1998 年，第 321～322 頁。劉聲木《萇楚齋四筆》五卷亦稱《經解入門》「雖係石印本，轉瞬間以石印二次，是當時學林重視其書可知。予於十六七歲時，即得見此書。當時慕經師之名，頗欲有志於經學，實此不啻珍秘，無異得一導師」。轉引自傅傑《〈古書疑義舉例〉襲〈經解入門〉說的始作俑者》，《聆嘉聲而響和》，華東師範大學出版社，2001 年，第 88 頁。今按：劉氏此說雖不辨真偽，但是從中可以看出，《經解入門》問世之初即產生了較大的影響。

〔註20〕 顧頡剛：《記崔適先生》，《顧頡剛學術文化隨筆》，北京：中國青年出版社，1998 年，第 321～322 頁。

入門》本身內容充實，極有可能在清代中葉就會流行開來，為何偏偏要等到清末才一紙風行、洛陽紙貴呢？

（十）學術分類思想與乾嘉時代不合

漆永祥教授在《乾嘉考據學研究》一書中對於乾嘉時代的考據學思想作了極有意義的探討，對戴震、王鳴盛、盧文弨、錢大昕、段玉裁、焦循、顧廣圻、江藩、孫星衍、阮元等考據學家的學術分類一一作了發掘，並製成《乾嘉學者學術分類簡表》〔註21〕。原表內列有龔自珍，但龔氏自稱：「我有心靈動鬼神，卻無福見乾隆春。席中亦復無知音，誰是乾隆全盛人？」可見其時代較晚，並非「乾隆全盛人」。況且其學術分類思想與乾嘉諸老也有所不同，詳見其《阮尚書年譜第一跋》〔註22〕，故刪去不錄。

人名 分類名	戴震	王鳴盛	盧文弨	錢大昕	段玉裁	焦循	顧廣圻	孫星衍	江藩		阮元		姚鼐	章學誠
諸家分類名稱	義理	義理	理學	通儒之學	考核學	經學	宋學 漢學	考據學			心性		義理	義理
	考核	考據	經學博綜抄撮校勘						漢學	目錄校勘訓詁考據	考據	浩博之考據	考證	考據
				俗儒之學								精覈之考據		
	文章	詞章	詞章				俗學				才人之學		文章	詞章

表中所引江藩的學術分類則根據《經解入門》卷五「有目錄之學」第三十二、「有校勘之學」第三十三、「有訓詁之學」第三十四、「有考據之學」第三十五。漆永祥教授製表的前提是將《經解入門》視為江藩之作，這一點顯

〔註21〕漆永祥：《乾嘉考據學研究》，北京：中國社會科學出版社，1998年，第219頁。

〔註22〕龔自珍：《龔定庵全集類編》卷2，北京：中國書店，1991年，第29～31頁。

然有誤。可貴的是，他在當時已經發現《經解入門》的學術分類思想與乾嘉時代不合，他說：「江藩的漢學或經學同前後諸人所論並不相同，一是在純學術的範圍之內；二是其論考據學較段玉裁、孫星衍等人所指內涵要小得多，是指乾嘉學術之一端而非全體甚明。躬行實踐、發為經濟，則是他認為在學術有成的情形下，才能視各人天資的高低來求取。」為什麼江藩一個人的學術分類思想與整個乾嘉時代格格不入？反而會與晚清的張之洞如出一轍？只要將《經解入門》與江藩脫鉤，就很容易解釋清楚。因為《經解入門》的學術分類思想本來就只會出現在晚清而不是乾嘉時代。漆文又引《經解入門》云：「余列目錄之學，示人以讀書之門徑；列校勘之學，示讀書之當細心；由是而通訓詁，精考據，則經學之事盡矣，即凡為學之事亦盡矣。」這段話與張之洞所論有著驚人的相似之處。當時漆永祥教授未及留意，難免智者千慮，或有一失。

（十一）關於《經解入門》的編者

關於《經解入門》的真實作者，就筆者所見，有三種說法：一是「崔適所作說」。顧頡剛持此說：

> 予於 1918 年考入北京大學哲學系，其時講「春秋公羊學」者為崔適（1852～1924），字懷瑾，浙江吳興人，子然一身，寄居校中。談次詢其生平，始知其少年時肄業杭州詁經精舍，為俞曲園高第弟子。至 1920 年，予在北大研究所任職，始與錢玄同先生相識，乃知崔老壯年在上海某書店傭工，《皇朝五經匯解》一書是其所編，卷首《經解入門》則是其所作。匯解一書將阮刻經解逐條剪開，分入各經各章之下，用極小字印出……予少時翻覽，深疑《入門》題江藩著，而文中提及陳澧《東塾讀書記》，兩人時代不相及，何以提到？聞錢氏語，乃知崔氏實作於光緒中葉也。〔註23〕

二是「章太炎所作說」。劉白村在給《經解入門》寫提要時徑直署「章炳麟撰」，其說如下：

> 按是書乃章氏早年之作。以當時人微言輕，恐不見重於世，遂偽託江藩之名。至今通行各本，仍署江藩編著。〔註24〕

〔註23〕顧頡剛：《記崔適先生》，《顧頡剛學術文化隨筆》，北京：中國青年出版社，1998 年，第 321～322 頁。
〔註24〕《續修四庫全書總目提要》，北京：中華書局，1993 年，第 1423 頁。

三是「繆荃孫所作說」。周予同在介紹江藩的《經解入門》時又說：

根據顧頡剛的意見，《經解入門》實際上是繆荃孫編撰的，供初學者使用。〔註25〕

筆者以為，上述說法均難以成立。首先，「繆荃孫所作說」可能是一種訛傳，應該予以排除。繆荃孫曾為張之洞捉刀編纂《書目答問》，後來追悔莫及，成為學界公案，至今尚未論定。周予同極有可能將兩事弄混淆了。其次，「章太炎所作說」也不知有何根據。章太炎早年桀驁不馴，不可一世，日後成為革命先驅、國學宗師，豈肯將「早年之作」拱手讓與他人？從文本分析來看，《群經緣始第一》陰主「專名說」，是今文經學，而章太炎為古文經學派之代表，向主「通名說」，認為「經」是古代書籍的通稱，並不是孔子的「所能專有」，據此可證《經解入門》不會出自章太炎之手。復次，「崔適所作說」也是撲朔迷離，顧頡剛聞於錢玄同，周予同又根據顧頡剛，輾轉相傳，但又傳聞異辭。而伏俊璉教授根據顧頡剛的前一種說法，當即作出「仲裁」：「據此，則是非俱清。《經解入門》卷一《古書疑例第七》一節實崔適據其師俞樾《古書疑義舉例》而成。因其主要章節是依據江藩的著作改寫而成，同時為了促銷作為『高考複習資料』的《五經匯解》一書，故署名曾參加編撰《皇清經解》的漢學名家江藩著。」〔註26〕既然崔適為俞曲園高第弟子，又為何要編造偽書使其乃師蒙受不白之冤？伏俊璉教授又云：「崔適在詁經精舍時已有《古書疑例》之作，其師俞樾《古書疑義舉例》即據此而成。」〔註27〕一會說《古書疑例》一節是崔適據其師俞樾《古書疑義舉例》而成，一會又翻口說不能完全排除俞樾《古書疑義舉例》即據《古書疑例》而成，前後如此矛盾，又怎能將《經解入門》的真實作者定為崔適？我們認為，此說缺少證據，以今測古，未免厚誣古人。

總之，上述三說不能成立的根本原因在於，他們都錯誤地認為《經解入門》出自一人之手，是某位作者的個人專著。其實，《經解入門》並非什麼專著，而是一部資料彙編，準確地說，它沒有真正作者，只有編者。筆者以為，

〔註25〕周予同：《中國經學史講義》，上海：上海文藝出版社，1999 年，第 5 頁。

〔註26〕伏俊璉：《俞樾〈古書疑義舉例〉不是襲江藩〈經解入門〉而成》，《古漢語研究》2000 年第 2 期。今按：此說失之不考，其主要章節並不是依據江藩的著作改寫而成，詳細情況見本書下編。

〔註27〕伏俊璉：《俞樾〈古書疑義舉例〉不是襲江藩〈經解入門〉而成》，《古漢語研究》2000 年第 2 期。

此書的真實編者極有可能就是《皇朝五經匯解》的編纂者——「抉經心室主人」歐景岱。《皇朝五經匯解》〔註28〕一書卷首有俞樾光緒十四年（1888）序，其文曰：

> 我國家正教昌明，巨儒輩出，經學之盛，直接漢、唐。《學海堂經解》之刻，實集大成。近又得王益吾祭酒之《續編》，國朝諸家之說，採擷無遺矣。然篇帙繁富，記誦為難，檢尋亦復不易。每思略仿阮文達《經郛》之意，依經編次，集成一書，而精力衰頹，未能卒業。今年夏，有以抉經心室主人所輯《五經匯解》見示者，自《周易》至《小戴禮記》，凡二百七十卷，所採書凡一百四十一家，二百八十七種，舉經文而具列諸說於下……

今按：「抉經心室主人」為凌賡颺之別號〔註29〕。

《纂印五經匯解舉例》有云：

> 是書以漢學為宗，筆削去取間，不侈阿附，不習調人，其為造作異說，反唇漢儒者一字不敢闌入。

> 國朝諸老中，如中吳惠氏、高郵王氏、江都焦氏、嘉定錢氏、陽湖孫氏、武進張氏、金壇段氏、長洲陳氏，近人德清俞氏之屬，皆篤守漢儒家法，語不離宗，隻字可寶，甄輯尤夥。其他各家，間或不免漢、宋兼採，棄瑩錄瑜，端在識者。

> 抉經心室主人窮十數年之力，成《群經匯解》一書，卷帙浩繁，無力授梓，今索得其「五經」各種，用泰西石印法，代為問世。

> 是書耕餘主人於癸巳年精校付印，每經前增「五經」正文，後附《經解入門》……

以「耕餘」為別號者甚多，暫時還難以確定為誰。耕餘主人於1893年將此書出版，可能考慮到凌賡颺的知名度不太高，只好將《經解入門》嫁名於「甘泉江子屏先生藩」。江藩是清代中葉一位重要的經學家，他在當時即有「通儒」之目〔註30〕，所撰《國朝漢學師承記》、《國朝宋學淵源記》對清代學術

〔註28〕扉頁有「五經卷首增五經正文卷末附江氏經解入門」一行字。今檢光緒癸巳季夏耕餘書屋付上海蜚英館石印本，卷末並無《經解入門》，未審其故。

〔註29〕王應憲：《經解入門三題》，《傳統中國研究集刊》第十四輯，上海社會科學院出版社2016年版，第205～206頁。

〔註30〕江藩（1761～1831），字子屏，號鄭堂，晚號節甫，江蘇甘泉人。著有《周易

加以總結，影響較大，後人嫁名於他，可能也是出於促銷的目的。卷首載俞樾序，《經解入門》書中又抄襲其《古書疑義舉例》，真可謂小人見利忘義，忘恩負義。

《經解入門》的真正編者可以確定為晚清之凌賡颺，《經解入門》的成書時代在俞樾《古書疑義舉例》之後，因此決非俞樾襲用了江藩之說，而只能是《經解入門》抄襲了《古書疑義舉例》。

（十二）結論

儘管《經解入門》是一部偽書，但是它仍然有其存在的價值。因為它的主要來源是清代特別是乾嘉以降的幾部學術名著，即《日知錄》、《經義述聞》、《漢學師承記》、《國朝經師經義目錄》、《石經考異》、《古書疑義舉例》、《書目答問》、《輶軒語》等等。雖然《經解入門》抄襲他作，但也頗費心力。如果不是認真研究，也很難發現其中的紕漏。全書篇幅不大，文字通俗易懂，條目秩如，將清初至晚清漢學諸大師的代表作冶於一爐，又作了一點點改造加工，非常便於當時的初學者。

無論如何，《經解入門》是一部內容充實的偽書。天津市古籍書店 1990 年出版的《經解入門》在黑色的封面上襯托出八個極為醒目的紅字：「讀史必備，讀經必備。」雖有商家廣告之嫌，但也不是毫無道理。只要我們善於辨別真偽，去偽存真，《經解入門》仍不失為值得一讀的入門之作〔註31〕。但是，如果不辨真贗，仍然堅持將它視為江藩之作，那麼，所做的結論無論看起來多麼精緻，其實都不過是沙上建塔而已。

述補》四卷、《爾雅小箋》三卷、《樂懸考》二卷、《國朝漢學師承記》七卷、《國朝宋學淵源記》二卷，其他現存詩文見《江藩集》（上海古籍出版社 2006 年版）。今按：清人吳蘭修在給江藩《隸經文》作跋時說：「先生受學元和惠氏，博綜群經，尤深漢詁……有翼輔馬、鄭之功，今日通儒，捨先生其誰哉？」
〔註31〕《續修四庫全書總目提要》，北京：中華書局，1993 年，第 1423 頁。

《經解入門》辨偽

《群經緣始》抄自《禮記》、《初學記》、《考古類編》、《困學紀聞》、《日知錄》、《經典釋文序錄》

【清柴紹炳《考古類編》卷四《經學考》】

《釋名》曰：「經，徑也，典，常也。言如徑路，無所不通，可常用也。」〔註1〕《文心雕龍》曰：「三極彝訓，其書言經。經也者，恒久之至道，不刊之鴻教也。」〔註2〕顧由古及今，經之名數不同，有稱六經者，《易》、《詩》、《書》、《禮》、《樂》、《春秋》是也。有稱「五經」者，因《樂經》亡，故但存五，則《易》、《詩》、《書》、《禮》、《春秋》是也。其他有稱「七經」者，「五經」之外，兼《周禮》、《儀禮》也；有稱「九經」者，「七經」之外，兼《孝經》、《論語》也；有稱「十經」者，《易》、《詩》、《書》、「三禮」、《春秋》左傳、公羊、穀梁、《論語》、《孝經》是也；有稱「十二經」者，「六經」「六緯」是也；有稱「十三經」者，《易》、《書》、《詩》、「三禮」、《春秋》左傳、公羊、穀梁、《孝經》、《論語》、《孟子》、《爾雅》是也……

伏犧氏始畫八卦，造書契，以代結繩之政，由是文籍生焉。伏犧、神農、黃帝之書，謂之三墳，言大道也。少昊、顓頊、高辛、唐虞之書，謂之五典，言常道也。至於夏、商、周之書，雖設教不倫，雅誥奧義其歸一揆，故歷代寶之，以為大訓。八卦之說，謂之八索。索，求也，求其義也。九州之志謂之九

〔註1〕見唐徐堅《初學記》卷二十一·文部·經典第一。
〔註2〕見《文心雕龍·宗經第三》。

丘，丘，聚也，言九州所有，土地所生，風氣所宜，皆聚此書也。《周官》外史掌三皇五帝之書，大都不離典墳者是。楚左史倚相能讀三墳、五典、八索、九丘，學士大夫所誦習者此耳。時尚未有經名。孔子生於周末，睹史籍之繁文，懼覽之者不一，遂乃定禮樂，明舊章，刪《詩》為三百篇，約《史記》而修《春秋》，贊《易》道以黜八索，述職方以除九丘，討論墳典，斷自唐虞，以下訖於周，然後六籍燦然具備，故嘗謂老聃曰：「丘治《詩》、《書》、《禮》、《樂》、《易》、《春秋》六經以為文，干七十二君，論先王之道。」

《小戴記》有《經解》，亦載孔子之言曰：「入其國，其教可知也……其為人也，溫柔敦厚，《詩》教也；疏通知遠，《書》教也；廣博易良，《樂》教也；絜靜精微，《易》教也；恭儉莊敬，《禮》教也；屬辭比事，《春秋》教也。』」當時及門弟子三千，身通六籍者七十二人……

【宋王應麟《困學紀聞》卷八《經說》】

「『六經』始見於《莊子·天運篇》（孔子曰：「治《詩》、《書》、《禮》、《樂》、《易》、《春秋》六經。」）以《禮》、《樂》、《詩》、《書》、《易》、《春秋》為六藝，始見於太史公《滑稽列傳》（孔子曰：「六藝，於治一也。」）。或云七經（後漢趙典學孔子七經。蜀秦宓謂文翁遣相如東受七經），或以『六經』、『六緯』為十二經（《莊子·天道篇》），或以『五經』、『五緯』為十經（《南史·周續之傳》），或云九經（《釋文序錄》：《易》、《書》、《詩》、《周禮》、《儀禮》、《禮記》、《春秋》、《孝經》、《論語》。唐谷那律傳九經庫始有九經之名）。《樂經》既亡，而有『五經』，自漢武立博士始也。邵子定以《易》、《書》、《詩》、《春秋》為四經，猶春、夏、秋、冬，皇、帝、王、伯。（若璩按：吳文正謂「經焚於秦而《易》獨存，經出於漢而《樂》獨亡」）」

【原文】

《讀書記》云：「自漢以來儒者相傳，但言『五經』，而唐時立之學宮，則云『九經』者，『三禮』、『三傳』分而習之，故為『九經』也，其刻石國子學云『九經』，並《孝經》、《論語》、《爾雅》在內，本朝增以《孟子》，十三之名以立。」

【顧炎武《日知錄》卷「十三經注疏」條】

自漢以來儒者相傳，但言「五經」，而唐時立之學官，則云「九經」者，「三禮」、「三傳」分而習之，故為九也。其刻石國子學則云「九經」，並《孝

經》、《論語》、《爾雅》。宋時程、朱諸大儒出，始取《禮記》中之《大學》、《中庸》及進《孟子》以配《論語》，謂之「四書」，本朝因之，而「十三經」之名始立。其先儒釋經之書，或曰傳，或曰箋，或曰解，或曰學，今通謂之注。《書》則孔安國傳，《詩》則毛萇傳，鄭玄箋，《周禮》、《儀禮》、《禮記》則鄭玄注，《公羊》則何休學，《孟子》則趙岐注，皆漢人，《易》則王弼注，魏人，《繫辭》韓康伯注，晉人，《論語》則何晏集解，魏人，《左氏》則杜預注，《爾雅》則郭璞注，《穀梁》則范甯集解，皆晉人，《孝經》則唐明皇御注。其後儒辨釋之書名曰正義，今通謂之疏。

【原文】

其前後次第，《釋文序錄》云：「如《禮記・經解》之說，以《詩》為首；《七略》、《藝文志》所記，用《易》居前；阮孝緒《七錄》亦同此次；而王儉《七志》，《孝經》為初。原其後前，義各有指。」而陸氏《釋文》所次，則《周易》為先，次《尚書》，次《毛詩》，次「三禮」：《周禮》、《禮記》、《儀禮》，次《春秋》、《左氏》、《公羊》、《穀梁》，次《孝經》，次《論語》，次《爾雅》，共「十二經」。

【《經典釋文序錄・次第》】

「五經」六籍，聖人設教，訓誘機要，寧有短長？然時有澆淳，隨疾投藥，不相沿襲，豈無先後？所以次第互有不同。如《禮記・經解》之說，以《詩》為首；《七略》、《藝文志》所記，用《易》居前；阮孝緒《七錄》亦同此次；而王儉《七志》，《孝經》為初。原其後前，義各有旨。今欲以著述早晚、經義總別以成次第，出之如左。〔註3〕

《周易》

雖文起周代，而卦肇伏犧，既處名教之初，故《易》為七經之首。《周禮》有「三易」，《連山》久亡，《歸藏》不行於世，故不詳錄。

《古文尚書》

既起五帝之末，理後三皇之經，故次於《易》。伏生所誦，是曰今文，闕謬處多，故不別記。馬、鄭所有異同，今亦附之音後。

〔註3〕康有為《新學偽經考》卷十《經典釋文糾謬第十》：「『時有澆淳，隨病投藥』二語甚精，惜其不從經解之次第，而惑於劉歆，曲為附從耳。然阮孝緒先從之，安能責元朗哉？」

《毛詩》

既起周文，又兼商頌，故在堯、舜之後，次於《易》、《書》。《詩》雖有四家，齊、魯、韓世所不用，今亦不取。

「三禮」

《周》、《儀》二《禮》，並周公所制，宜次文王；《禮記》雖有戴聖所錄，然忘名已久。又記二《禮》闕遺，依類〔註4〕相從，次於《詩》下。「三禮」次第，《周》為本，《儀》為末，先後可見。然古有《樂經》，謂之「六籍」〔註5〕，滅亡既久，今亦闕焉。

《春秋》

既是孔子所作，理當後於周公，故次於《禮》。左丘明受經於仲尼，公羊高受之於子夏，穀梁赤乃後代傳聞。「三傳」次第自顯。

孝經

雖與《春秋》俱是夫子述作，然《春秋》周公垂訓，史書舊章，《孝經》專是夫子之意，故宜在《春秋》之後。《七志》以《孝經》居《易》之首，今所不同。

《論語》

此是門徒所記，故次《孝經》。《藝文志》及《七錄》以《論語》在《孝經》前，今不同此次。

《老子》

雖人不在末，而眾家皆以為子書，在經典之後，故次於《論語》。

《莊子》

雖是子書，人又最後，故次《老子》。

《爾雅》

《爾雅》，周公，復為後人所益，既釋於經，又非記傳之次，故殿末焉。眾家皆以《爾雅》居經典之後，在諸子之前，今微為異。

【本篇結論】

《群經緣始》抄自《禮記》、《初學記》、《考古類編》、《困學紀聞》、《日

〔註4〕「依類」二字，吳承仕《經典釋文序錄疏證》做「□」。

〔註5〕【六籍】即六經。《文選·班固〈東都賦〉》：「蓋六籍所不能談，前聖靡得言焉。」李善注：「六籍，六經也。」

知錄》、《經典釋文序錄》等，多為明引，惟將《日知錄》改為《讀書記》，未免掩耳盜鈴。篇尾曰：「本朝所定，則始《周易》，次《尚書》，次《毛詩》，次『三禮』，次《春秋》，次《孝經》，次《論語》，次《孟子》，次《爾雅》。至所行《四子書》，則宋程、朱諸儒，取《禮記》、《大學》、《中庸》二篇而配合之者也。所行『五經』，則用《易》、《書》、《詩》、《禮記》、《春秋》。所行『七經』，則『五經』之外，加《周禮》、《儀禮》而已。」顯然係作偽者所加。

《群經源流》抄自《經典釋文序錄》、《書錄解題》

【原文】

凡習經而不知經之源流，是溯典而忘其祖，烏呼可也？茲故依經之次而分敘之，俾學者知所宗焉。

【今按】

此語未明出處，疑為作偽者所加。

【原文】

《易》之起源於伏羲，文王、周公、孔子因之。卦，伏羲所畫也；卦辭，文王之所作也；爻辭，周公之所作也；十翼，孔子之所作也。何謂十翼？《上彖》、《下彖》、《上象》、《下象》、《上繫》、《下繫》、《文言》、《說卦》、《序卦》、《雜卦》是也。文王、周公所作，古謂之《繫辭》，即為經；孔子所作皆為傳。傳者，釋經之辭。班固云：「孔子晚而好《易》……而為之傳。」傳即《十翼》也。陸氏《釋文序錄》云：「自魯商瞿子木受《易》於孔子，以授魯橋庇子庸，子庸授江東馯臂子弓，子弓授燕周醜子家，子家授東武孫虞子乘，子乘授齊田何子莊。及秦焚書，《易》為卜筮之書，獨不禁，故傳授不絕。」其立學，漢初立《易》楊氏博士。宣帝時重立施、孟、梁丘之《易》，元帝又立京氏《易》。費、高二家不得立，民間傳之。後漢費氏興，高氏遂微。永嘉之亂，施氏、梁丘之《易》亡，孟、京、費之《易》人無傳者，惟鄭康成、王輔嗣所注行於世，而王氏為世所重。唐以王注為主，其《繫辭》以下王不注，相承以韓康伯注續之。本朝因之，上下經王注，《繫辭》以下韓注，疏用孔穎達等正義。

【《經典釋文序錄‧注解傳述人》】

宓犧氏之王天下，仰則觀於天文，俯則察於地理，觀鳥獸之文與地之宜，近取諸身，遠取諸物，始畫八卦（或云因河圖而畫八卦），因而重之為六十四。

文王拘於羑里，作卦辭。周公作爻辭，孔子作《彖辭》、《象辭》、《文言》、《繫辭》、《說卦》、《序卦》、《雜卦》，共成十翼。班固曰：「孔子晚而好易，讀之韋編三絕，而為之傳。」傳即十翼也。自魯商瞿子木受《易》於孔子，以授魯橋庇子庸，子庸授江東馯臂子弓，子弓授燕周醜子家，子家授東武孫虞子乘，子乘授齊田何子莊。及秦燔書，《易》為卜筮之書，獨不禁，故傳授者不絕。漢興，田何以齊田徙杜陵，號杜田生，授東武王同子中及洛陽周王孫、梁人丁寬、齊服生，皆著《易傳》。漢初言《易》者，本之田生。同授淄川楊何……漢初，立《易》楊氏博士。宣帝復立施、孟、梁丘之《易》。元帝又立京氏《易》。費、高二家不得立，民間傳之。後漢費氏興，而高氏遂微。永嘉之亂，施氏、梁丘之《易》亡，孟、京、費之《易》人無傳者，唯鄭康成、王輔嗣所注行於世，而王氏為世所重，今以王為主，其《繫辭》已下王不注，相承以韓康伯注續之，今亦用韓本。

【原文】

《書》之源與文字俱起，孔子刪為百篇。陸氏《釋文》云：「《書》者，本王之號令，右史所記，孔子刪錄，斷自唐虞，下訖秦穆，典、謨、訓、誥、誓、命之文，凡百篇，而為之序。及秦禁學，孔子之末孫惠壁藏之。」然秦火之後，惟《書》篡亂尤甚。其立學，漢始立歐陽、夏侯《尚書》，宣帝復立大下夏侯博士，平帝欲立古文。永嘉之亂，諸家之書並滅亡，而《古文孔傳》始興，置博士，鄭氏亦置博士一人。唐時惟崇尚古書，馬、鄭、王注遂廢。本朝注疏本孔安國《傳》、孔穎達等《正義》，而偽亂之跡，詳《古今文》及《辨偽》諸篇。

【《經典釋文序錄·注解傳述人》】

《書》者，本王之號令，右史所記。孔子刪錄，斷自唐虞，下訖秦穆，典、謨、訓、誥、誓、命之文凡百篇，而為之序。及秦禁學，孔子之末孫惠壁藏之。漢興，欲立《尚書》，無能通者，聞濟南伏生傳之，文帝欲徵，時年已九十餘，不能行，於是詔太常使掌故晁錯受焉。伏生失其本經，口誦二十九篇傳授。以其上古之書，謂之《尚書》……漢始立歐陽《尚書》，宣帝復立大小夏侯博士，平帝立古文。永嘉喪亂，眾家之書並滅亡，而古文孔傳始興，置博士，鄭氏亦置博士一人。近唯崇古文，馬、鄭、王注遂廢，今以孔氏為正，其《舜典》一篇仍用王肅本。

【原文】

　　《詩》之源起於中古，虞之《賡歌》、夏《五子之歌》即三百篇之權輿。古詩本三千餘篇，孔子最先刪錄，既取周詩，上兼商頌，凡三百一十一篇，以授子夏，子夏遂作序焉。皆口以相傳，未有章句。戰國時幾為鄭、衛所亂。遭秦焚書而得全者，亦以其人所諷誦，而不專在竹帛之故。漢時傳有四家：曰魯，曰齊，曰韓，曰毛，詳見《傳經篇》。其立學，前漢惟魯、齊、韓三家。平帝時，《毛詩》始立。《齊詩》久亡，《魯詩》不過江東，《韓詩》亦無傳者。唐惟《毛詩》鄭箋立國學。今注疏本遵用毛《傳》、鄭箋、孔穎達等《正義》。

【《經典釋文序錄・注解傳述人》】

　　詩者，所以言志，吟詠性情，以諷其上者也。古有采詩之官，王者巡守，則陳詩以觀民風，知得失，自考正也。動天地，感鬼神，厚人倫，美教化，移風俗，莫近乎詩。是以孔子最先刪錄。既取周詩，上兼商頌，凡三百一十一篇，以授子夏。子夏遂作《序》焉。口以相傳，未有章句。戰國之世，專任武力，雅頌之聲為鄭、衛所亂，其廢絕亦可知矣。遭秦焚書而得全者，以其人所諷誦，不專在竹帛故也。漢興，傳者有四家：魯人申公受《詩》於浮丘伯，以《詩經》為訓故以教，無《傳》，疑者則闕不傳，號曰「魯詩」……前漢，魯、齊、韓三家詩列於學官。平帝世，《毛詩》始立，《齊詩》久亡，《魯詩》不過江東，《韓詩》雖在，人無傳者。唯《毛詩》、鄭《箋》獨立國學，今所遵用。

【原文】

　　《禮》之源起於伏羲。孔《疏》云：「自伏羲以後，至黃帝，五禮始具。帝王質文，世有損益。周公時轉浮而居攝，乃曲為之制，故曰經禮三百，威儀三千。周衰，諸侯始僭，皆去其籍，至孔子而已不具矣。返魯後，乃始刪定。後值戰國交爭，秦氏坑焚，禮經崩壞特甚。漢世所傳，僅存《周禮》、《儀禮》、《禮記》三書而已，然皆無全書。《周禮》本名《周官》，《冬官》獨闕，《考工》乃其後補。《儀禮》一名《士禮》，《喪服》一篇，子夏實先傳之。《禮記》戴德從子聖刪《大戴記》為四十六篇，舊又名《小戴記》。其《月令》、《明堂位》、《樂記》三篇，馬融所加也。《周禮》、《儀禮》皆周公作，而相為表裏。《禮記》則即以記為經。」其立學，漢初立高堂生禮博士，後又立大小戴、慶氏三家，新莽又立《周禮》，後漢「三禮」皆立博士，至唐則《曲臺記》亡，大戴無傳，學者惟鄭康成注《周禮》、《儀禮》、《禮記》並列，而《喪服》一篇

別行。今注疏本合於《儀禮》，注皆用鄭，疏則《周禮》、《儀禮》皆唐賈公彥，《禮記》則孔穎達也。

【《經典釋文序錄・注解傳述人》】

安上治民，莫善於禮。鄭子太叔云：夫禮，天之經地之義，民之行也。《左傳》云：禮，所以經國家，定社稷，序民人，利後嗣者也。禮教之設，其源遠哉！帝王質文，世有損益，至於周公，代時轉浮。周公居攝，曲為之制，故曰經禮三百，威儀三千。及周之衰，諸侯始僭，將逾法度，惡其害己，皆滅去其籍，自孔子時而不具矣。孔子反魯，乃始刪定。值戰國交爭，秦氏坑焚，惟故禮經崩壞為甚。漢興，有魯高堂生傳士禮十七篇，即今之儀禮也。而魯徐生善為容，孝文時為禮官大夫。景帝時河間獻王好古，得古禮獻之……漢初立高堂生禮博士，後又立大小戴、慶氏三家，王莽又立《周禮》，後漢「三禮」皆立博士。今慶氏曲臺久亡，大戴無傳，學者唯鄭注《周禮》、《儀禮》、《禮記》並列學官，而《喪服》一篇又別行於世。今「三禮」俱以鄭為主。

【原文】

《春秋》本魯史記之名，錯舉四時而記之。昭二年，韓起聘魯，見《魯春秋》是也。古王者，左史記言，右史記事。言為《尚書》，事為《春秋》，而諸侯之國亦有之。惟《魯春秋》，則孔子手定之。公羊家說，則謂孔子得百十二國之寶書，乃修《春秋》。左丘明作傳。陸氏《釋文序錄》云：「孔子……作《春秋》……授弟子，弟子退有異言，邱明恐弟子各安其意，以失其真，故論本事而為傳。」而公羊高則受經子夏，穀梁赤則子夏門人，皆傳《春秋》（高，齊人，赤，魯人。糜信云，赤與秦孝公同時）。又有鄒氏、夾氏之傳，不行於世。公羊、穀梁皆傳經，左氏則為記事之書而已。秦火之後，左氏傳最先出。其立學，公羊最先，穀梁次之，左氏最後（陸氏《序錄》云：「漢初立公羊，宣帝又立穀梁，平帝始立左氏。」）。唐則左氏行，而二傳漸微。至宋，胡氏傳出，而「三傳」皆束高閣矣。今注疏本：《左氏傳》，晉杜預注、孔氏《正義》；《公羊》，漢何休注、唐徐彥疏；《穀梁》，晉范寧注、唐楊士勳疏。

【《經典釋文序錄・注解傳述人》】

古之王者必有史官，君舉則書，所以慎言行、昭法式也。諸侯亦有國史，《春秋》即魯之史記也。孔子應聘不遇，自衛而歸，西狩獲麟，傷其虛應，乃與魯君子左丘明觀書於太史氏，因魯史記而作《春秋》。上遵周公遺制，下明

將來之法，褒善黜惡，勒成十二公之經，以授弟子。弟子退而異言，丘明恐弟子各安其意，以失其真，故論本事，而為之傳，明夫子不以空言說經也。《春秋》所貶損人當世君臣，其事實皆形於傳，故隱其書而不宣，所以免時難也。及末世口說流行，故有公羊、穀梁、鄒氏、夾氏之傳。鄒氏無師，夾氏有錄無書，故不顯於世……漢初立公羊博士，宣帝又立穀梁，平帝始立左氏。後漢建武中以魏郡李封為左氏博士，群儒蔽固者數廷爭之，及封卒，因不復補。和帝元興十一年，鄭興父子奏上左氏，乃立於學官，仍行於世，迄今遂盛行。二傳漸微。左氏今用杜預注，公羊用何休注，穀梁用范寧注。

【原文】

《孝經》者，陸氏《序錄》云：「孔子為弟子曾參說孝道，因明天子庶人五等之孝。」何休稱：「孔子曰『吾志在《春秋》，行在《孝經》』」是也。遭秦焚燬，而漢乃有古今二家之學。唐初猶行孔安國、鄭康成之注。明皇於先儒注中採其允當者為注解，至天寶二年注成，頒行天下。今注疏本即用明皇注，宋邢昺疏。

【《經典釋文序錄‧注解傳述人》】

《孝經》者，孔子為弟子曾參說孝道，因明天子庶人五等之孝，事親之法，亦遭焚燬。河間人顏芝為秦禁藏之，漢氏尊學，芝子貞出之，是為今文。長孫氏博士江翁少府后蒼諫大夫翼奉安昌侯張禹傳之，各自名家。凡十八章。又有古文出於孔氏壁中，別有《閨門》一章，自餘分析十八章，總為二十二章。孔安國作傳，劉向校書，定為十八。後漢馬融亦作《古文孝經傳》，而世不傳。世所行鄭注，相承以為鄭玄。案《鄭志》及《中經簿》無，唯中朝穆帝集講《孝經》云：以鄭玄為主。檢《孝經》注，與康成注「五經」不同，未詳是非。《古文孝經》世既不行，今隨俗用鄭注十八章本。

【原文】

《論語》者，孔子應答弟子及時人所言，或弟子相與言，而接聞於夫子之語也。當時弟子各有所說，夫子既終，微言已絕，弟子恐後生各生異見，而聖言永滅，故相與論撰，因輯時賢及古明王之語，合成一書，謂之《論語》。鄭康成謂仲弓、子夏等所撰定。漢世有《齊論語》、《魯論語》、《古論語》三家，而《魯論語》並有章句，列於學官。至魏，何晏乃為集解，正始中上之，後盛行於世。今注疏本注用何氏，疏用宋邢昺。

【《經典釋文序錄‧注解傳述人》】

《論語》者,孔子應答弟子及時人所言。或弟子相與言而接聞於夫子之語也。當時弟子各有所記,夫子既終,微言已絕,弟子恐離居已後各生異見,而聖言永滅,故相與論撰,因輯時賢及古明王之語,合成一法,謂之《論語》。鄭康成云:仲弓、子夏等所撰定。漢興,傳者則有三家。《魯論語》者,魯人所傳,即今所行篇次是也。常山都尉龔奮、長信少府夏侯勝、丞相韋賢及子玄成、魯扶卿太子少傅夏侯建、前將軍蕭望之並傳之,各自名家。《齊論語》者,齊人所傳,別有《問王》、《知道》二篇,凡二十二篇,其二十篇中章句頗多於《魯論》,昌邑中尉王吉、少府宋畸、琅邪王卿、御史大夫貢禹、尚書令五鹿充宗、膠東庸生並傳之,唯王陽名家。《古論語》者,出自孔氏壁中,凡二十一篇,有兩子張……並為章句,列於學官。鄭玄就《魯論》張包周之篇章考之,齊古為之注焉。魏吏部尚書何晏集孔安國、包咸、周氏、馬融、鄭玄、陳群、王肅、周生烈之說,並下已意,為集解,正始中上之,盛行於世,今以為主。

【原文】

《孟子》七篇,古本列於諸子,自陳氏《書錄解題》始以《語》、《孟》入經類,而為之說曰:「韓文公稱,孔子傳之孟軻,軻死,不得其傳。」天下學者盛曰孔、孟。今國家設科,《語》、《孟》並重,而又列十三經之中。注疏本用漢趙岐注,宋孫奭疏。

【《書錄解題》卷三「語孟類」】

前志,《孟子》本列於儒家,然趙岐固嘗以為則象《論語》矣。自韓文公稱:「孔子傳之孟軻,軻死,不得其傳。」天下學者咸曰孔、孟。孟子之書,固非荀揚以降所可同日語也。今國家設科取士,《語》、《孟》並列為經,而程氏諸儒訓解二書,常相表裏,故今合為一類。

【原文】

《爾雅》興於中古,隆於漢代,其初不詳撰述名氏。陸氏《序錄》云:「《爾雅》者,所以訓釋『五經』,辨章同異,實九流之通路,百氏之指南……《釋詁》一篇,蓋周公所作。《釋言》以下或言仲尼所增,子夏所足,叔孫通所益,梁文所補。」古之注者十餘家。今注疏本用晉郭璞注,宋邢昺疏。

【《經典釋文序錄·注解傳述人》】

《爾雅》者，所以訓釋「五經」，辯章同異，實九流之通路，百氏之指南，多識鳥獸草木之名，博覽而不惑者也。爾，近也，雅，正也，言可近而取正也。《釋詁》一篇，蓋周公所作。《釋言》以下，或言仲尼所增，子夏所足，叔孫通所益，梁文所補，張楫論之詳矣。前漢終軍始受豹鼠之賜，自茲迄今，斯文盛矣，先儒多為億必之說乖，蓋闕之義，唯郭景純洽聞強識，詳悉古今，作《爾雅注》，為世所重，今依郭本為正。

【本篇結論】

《群經源流》主要抄自《經典釋文序錄》（按：《經典釋文序錄》主要來源於《漢書·儒林傳》），僅有一小段抄自《書錄解題》。又在文前加一門面語：「凡習經而不知經之源流，是溯典而忘其祖，烏呼可也？茲故依經之次而分敘之，俾學者知所宗焉。」

《群經辨異》抄襲《經典釋文》

【原文】

古者傳經多以口相授，故異者滋多。在漢白虎觀講「五經」同異，後許慎著《五經異義》，鄭康成有《駁異義》，此即辨異之所始也。習經者當知其同，尤不可不辨其異。約舉異例，厥有數端：曰文異，曰義異，曰篇異。

何謂文異？如《易》「體仁足以長人」，京氏作「體信」；「聖人作而萬物睹」，馬氏作「聖人起」；「君子以經綸天下」，鄭氏作「經論」；「射鮒」，荀氏作「取鮒」；「其惟聖人乎」，王氏作「愚人」；「明辨晢也」，陸績作「明辨逝也」；「利用侵伐」，王廙作「伐」；「官有渝」，蜀本作「館有渝」；「嫌於無陽」，李鼎祚作「兼於無陽」之類。推之《尚書》之今古文，《詩》之齊、魯、韓與毛四家，《周禮》、《儀禮》之古書、今本，《春秋》之《左氏》、《公》、《穀》三傳，《孝經》、《論語》、《孟子》、《爾雅》諸書之各本不同，而此外諸子、《史》、《漢》所引各經之略，又不可以枚舉，此文之異也（又如施、孟、梁丘三家之《易》，無「无咎悔亡」句，亦屬異文之例）。

何謂義異？即如「周易」二字，《易緯》云：「因代以名周。」則以周為周家之周。鄭康成云：「《周易》者，《易》道周普，無所不備。」〔註6〕則以周

〔註6〕見四庫本《周易鄭康成注》。

為周遍。緯書云：「日月為易。」鄭康成云：「易一名而含三義，簡易一，變易二，不易三。」〔註7〕虞翻云：「字從日下月。」所說不同，即其例。而經中一篇一章一句一字之異者，尤不可以縷述，此義之異也。

何謂篇異？如《尚書》伏生所傳今文二十九篇，孔安國所傳多二十五篇〔註8〕；《孝經》十八篇，古文別有《閨門》一篇，總為二十二篇；《論語·齊論》別有《問王》、《知道》二篇，為二十二篇，《古論語》凡二十一篇；《爾雅》一云十九篇，一云二十篇之類，此篇之異也。

知其所異，而考其所通，是在學者之善會其微也。

【《經典釋文》】

體仁足以長人：《經典釋文》卷二「體仁」條：「如字。京房、荀爽、董遇本作體信。」

聖人作而萬物睹：《經典釋文》卷二「聖人作」條：「如字。鄭雲起也，馬融作起。」

「君子以經綸天下」，《經典釋文》卷二「經論」條：「音倫，鄭如字，謂論撰書禮樂施政事。黃穎云：經論，匡濟也，本亦作綸。」

「射鮒」，《經典釋文》卷二「射」：「食亦反。注同。徐食夜反，鄭、王肅皆音亦云厭也。荀作取。」

「其惟聖人乎」，《經典釋文》卷二「其唯聖人乎」條：「王肅本作愚人。後結始作聖人。」

「明辨晢也」，《經典釋文》卷二大有卦「晢」條：「章舌反。王廙作晣，同音。徐李之世反，又作哲字。鄭本作遰，云讀如明星晢晢。陸本作逝。虞作折。」

「利用侵伐」，《經典釋文》卷二謙卦「用侵」條：「王廙作寢。」

「官有渝」，《經典釋文》卷二隨卦「官有」條：「蜀才作『館有』。」

「嫌於無陽」，李鼎祚作「兼於無陽」。

《書》者，本王之號令，右史所記。孔子刪錄，斷自唐虞，下訖秦穆，典、謨、訓、誥、誓、命之文，凡百篇，而為之序。及秦禁學，孔子之末孫惠

〔註7〕《易緯乾鑿度》云：「易一名而含三義，所謂簡易也，變易也，不易也。」鄭玄依此義作《易贊》及《易論》云：「易一名而含三義，易簡一也，變易二也，不易三也。」

〔註8〕今按：此亦據梅賾古文而言，實則孔氏原本僅增多十六篇。

壁藏之。漢興，欲立《尚書》，無能通者，聞濟南伏生傳之，文帝欲徵，時年已九十餘，不能行，於是詔太常，使掌故晁錯受焉。伏生失其本經，口誦二十九篇傳授，以其上古之書，謂之《尚書》……魯恭王壞孔子舊宅，於壁中得之，並《禮》、《論語》、《孝經》皆科斗文字。博士孔安國以校伏生所誦，為隸古寫之，增多伏生二十五篇。

《孝經》者，孔子為弟子曾參說孝道，因明天子庶人五等之孝，事親之法，亦遭焚燼。河間人顏芝為秦禁藏之，漢氏尊學，芝子貞出之，是為今文。長孫氏博士江翁少府后蒼諫大夫翼奉安昌侯張禹傳之，各自名家。凡十八章。又有古文出於孔氏壁中，別有《閨門》一章，自餘分析十八章，總為二十二章。

《論語》者，孔子應答弟子及時人所言，或弟子相與言，而接聞於夫子之語也。當時弟子各有所說，夫子既終，微言已絕，弟子恐後生各生異見，而聖言永滅，故相與論撰，因輯時賢及古明王之語，合成一書，謂之《論語》。鄭康成謂仲弓、子夏等所撰定。漢世有《齊論語》、《魯論語》、《古論語》三家，而《魯論語》並有章句，列於學官。至魏，何晏乃為集解，正始中上之，後盛行於世。今注疏本注用何氏，疏用宋邢昺。

《爾雅》者，所以訓釋「五經」，辯章同異，實九流之通路，百氏之指南，多識鳥獸草木之名，博覽而不惑者也。爾，近也，雅，正也，言可近而取正也。《釋詁》一篇，蓋周公所作。《釋言》以下，或言仲尼所增，子夏所足，叔孫通所益，梁文所補，張楫論之詳矣。前漢終軍始受豹鼠之賜，自茲迄今，斯文盛矣，先儒多為億必之說乖，蓋闕之義，唯郭景純洽聞強識，詳悉古今，作《爾雅注》，為世所重，今依郭本為正。

【本篇結論】

《群經辨異》篇係櫽栝《經典釋文》而成。

《群經辨偽》抄自《輶軒語》、《四庫全書總目》

【張之洞《輶軒語》】

諸古書宜分真偽。

此事本朝諸老論之最詳，辨之最精，即《四庫提要》中，已具大略，試取觀之，自然昭若發蒙。國朝姚際恒《古今偽書考》，簡便易看。有單行本，又收《知不足齋叢書》中。

【原文】

秦火而後，群經散亡，而偽者始出，其尤甚者，莫若《尚書》之古文。古書凡百篇，秦燔後，伏生僅口誦二十九篇，曰「今文尚書」。魯恭王壞孔子宅，於壁中得科斗文書，孔安國較伏生所誦，增多二十五篇，曰《古文尚書》。其所增多，蓋即於篇目中一合計之，一分計之，非別有多篇也。安國書本自為傳，值武帝末，巫蠱事起，不得奏，藏，乃遂散佚。東晉豫章內史梅頤所上《古文尚書》，有《大禹謨》、《五子之歌》、《胤征》、《仲虺之誥》、《湯誥》、《伊訓》、《太甲上》、《太甲中》、《太甲下》、《咸有一德》、《說命上》、《說命中》、《說命下》、《泰誓上》、《泰誓中》、《泰誓下》、《武成》、《旅獒》、《微子之命》、《蔡仲之命》、《周官》、《君陳》、《畢命》、《君牙》、《命》二十五篇，皆偽書也。其《舜典》本亡，則分《堯典》之半為一篇。《益稷》本無，則分《皋陶謨》之後為一篇。而作偽之人，或謂王肅，實即梅頤。疑之者始於宋吳才老、朱子諸儒。近今諸大儒且群起而攻之，抉其偽跡，使無遁形。而其偽者，說經諸家直置不道，此例之最嚴。而河中之偽《泰誓》，張霸之《百兩篇》，漢已不行，固無容議。若乃《金縢》諸篇，則信無可疑者也。

《尚書》而外，《易》於秦火獨全，得不偽。而《子夏易傳》、《關朗易傳》皆偽託，不足據。

《詩》不偽，而小序亦有疑者，然經學家則猶尊信。

《春秋》「三傳」無偽，而「三禮」則惟《儀禮》獨完。《周禮》五官云出周末，《考工》一記，明是補亡。《禮記》之作，或謂俗儒，其中謬者不可不察。馬融所益，不過三篇，其非古書，早有議者，淆亂難信莫甚。明堂古樂久亡，安有《樂記》？《月令》之託周公，實出《呂覽》。《王制》雖言殷制，半是漢儀。《祭法》取《國語》，錯亂無稽。《中庸》本秦人，言猶近理。《儒行》非孔子之言，《緇衣》為公孫尼子之筆，此禮之大略也。

若乃《孝經》、《論語》，本無可疑。《爾雅》一經，大都參雜。惟在學者，善為擇焉。

經既難信，外此何言？緯書云偽，識者不躓。《家語》之言，實出王肅。旁及諸子，猶有是非。《管子》述身後之事，附益何疑？《陰符》非黃帝之遺，庭堅始發。《老子》、《關尹》，半屬虛造。《列子》、《文中（子）》，間得其真。《鬼谷》偽書，猶有辨者。《叢子》所陳，子雍謬託。

【本篇結論】

《群經辨偽》的主要觀點抄自《輶軒語》，部分段落係檃栝《四庫全書總目》而成。

《群經古文今文》抄自《經典釋文序錄》、《經義雜記》

【原文】

古文、今文者何？在漢以科斗、篆文為古，隸書為今；在唐以漢之隸書為古，以其時之楷書為今。蓋自唐一變，古文之存僅矣。鄭樵云：「《易》、《詩》、《書》、《春秋》皆古文。」陸氏《序錄》云：「魯恭王壞孔子宅，得《古文尚書》、《禮記》、《孟子》、《老子》之屬。」夫漢得古文在後，而諸儒所傳今文在前。

【《經典釋文序錄》】

《古文尚書》者，孔惠之所藏也。魯恭王壞孔子舊宅，於壁中得之，並《禮》、《論語》、《孝經》皆科斗文字，博士孔安國以校伏生所誦，為隸古寫之。

【原文】

《易》惟費氏習古文（費直，字長翁，東萊人，為單父令），施、孟、梁丘諸家皆今文。成帝時，劉向以中古文《易經》較諸家，或脫去「无咎悔亡」，惟費氏經與古文同。是費氏治古文，而諸家皆今文也。

【《經典釋文序錄》】

……為費氏學，本以古字，號「古文易」，無章句，徒以《彖象》、《繫辭》、《文言》解說上下經。漢成帝時，劉向典校書，考《易》說，以為諸《易》家說皆祖田何，楊叔元、丁將軍大義略同，唯京氏為異。向又以中古文《易經》校施、孟、梁丘三家之《易經》，或脫去「无咎悔亡」，唯費氏經與古文同。

【原文】

《尚書》以伏生所習為今文，孔安國所習為古文。文帝時，伏生以二十九篇授掌故晁錯，今文也。安國於孔壁得之，寫以隸古，增多二十五篇，古文也。

【《經典釋文序錄》】

《古文尚書》者，孔惠之所藏也。魯恭王壞孔子舊宅，於壁中得之，並《禮》、《論語》、《孝經》皆科斗文字，博士孔安國以校伏生所誦，為隸古寫之，增多伏生二十五篇。

【原文】

《詩》有壁中科斗，即古文。而壁中未出之前，漢所誦習皆為今文。武進臧氏琳云：「毛詩為古文，魯、齊、韓為今文。古文多假借，故毛公作《訓詁傳》以正字釋之，若今文，則經直作正字，如《毛詩‧芄蘭》：『能不我甲。』《傳》云：『甲，狎。』《韓詩》即作狎字（見《釋文》）。《毛詩‧鴛鴦》：『摧之抹之。』《傳》云：『摧，莝也。』《韓詩》即作莝之類，是今文皆以訓詁代經也。」

【《經典釋文序錄》】

……口以相傳，未有章句。戰國之世，專任武力，雅頌之聲為鄭衛所亂，其廢絕亦可知矣。遭秦焚書而得全者，以其人所諷誦，不專在竹帛故也。

【原文】

《禮》則《周禮》古文多奇字，鄭康成所云故書者是今文，即康成所據本也。王氏《困學紀聞》則云：「《周禮》劉向未校之前為古文，校後為今文。」《儀禮》古文，即淹中古經，今文即高堂生所傳。賈公彥云：「《漢書》：魯人高堂生為漢博士，傳《儀禮》十七篇，是今文也。至武帝末，魯恭王壞孔子宅，得亡《儀禮》五十六篇，其字皆以篆書，是為古文。」蓋即淹中古經也。《禮記》古文，即康成《六藝論》云：「記百三十一篇，河間獻王所得者。」今文即小戴所傳也。陸氏《序錄》云：「鄭玄本治小戴禮，後以古經校之，取其於義長者、順者為鄭氏學。」是也。

【《經典釋文序錄》】

景帝時河間獻王好古，得古禮獻之。（鄭《六藝論》云：後得孔氏壁中，河間獻王古文禮五十六篇，記百三十一篇，《周禮》六篇，其十七篇與高堂生所傳同，而字多異。劉向《別錄》云：古文記二百四篇。《藝文志》曰：禮古經五十六篇出於魯淹中。蘇林云：淹中，裏名）……【鄭】玄本治《小戴禮》，後以古經校之，取其於義長者、順者，故為鄭氏學。玄又注小戴所傳《禮記》四十九篇，通為「三禮」焉。

【原文】

《孝經》古文，即別有《閨門》一章，馬融、鄭康成為之注者，唐時已不傳。今文，即今本《五經異義》所稱《今孝經說》是也。

【《經典釋文序錄》】

《孝經》者……又有古文出於孔氏壁中，別有《閨門》一章，自餘分析十八章，總為二十二章。孔安國作傳，劉向校書定為十八，後漢馬融亦作《古文孝經傳》，而世不傳，世所行鄭注。

【原文】

《論語》以孔安國、馬融所傳分兩子張者為古文，齊、魯兩家為今文。

【《經典釋文序錄》】

《古論語》者，出自孔氏壁中，凡二十一篇，有兩子張（如淳云：分《堯曰篇》後「子張問何如可以從政」以下為篇名曰《從政》），篇次不與《齊》、《魯論》同（《新論》云：文異音四百餘字），孔安國為傳，後漢馬融亦注之。

【原文】

《爾雅》後人屢亂，《釋詁篇》當有古文。《漢書・十三王傳》稱孔壁所得《孟子》、《老子》之屬，則《爾雅》安必不在其內，特增益者多，則其文有不足辨者耳。

【《經典釋文序錄》】

《爾雅》者，所以訓釋「五經」，辯章同異，實九流之通路，百氏之指南，多識鳥獸草木之名，博覽而不惑者也。爾，近也；雅，正也。言可近而取正也。《釋詁》一篇蓋周公所作，《釋言》以下或言仲尼所增，子夏所足，叔孫通所益，梁文所補。張揖論之詳矣。前漢終軍始受「豹鼠」之賜，自茲迄今，斯文盛矣。先儒多為億必之說，乖蓋闕之義，唯郭景純洽聞強識，詳悉古今，作《爾雅注》，為世所重。今依郭本為正。

【本篇結論】

《群經古文今文》抄自《經典釋文序錄》、《經義雜記》。「《孟子》亦以獻王所得為古文，以趙岐所注者為今文。或云，趙氏注《孟子》，未見古文所傳本，且中多俗字，則為今文無疑。」此段查無出處，疑為作偽者自擬。

《注家有得有失》抄自《四庫全書總目》

【原文】

經非注不明，故治經必須研求古注。云注家者，舉凡釋經之書，若傳、若箋、若疏而賅言之也。然注家之得失不知，則胸中之去取無據，平日無所致力，臨時無所折衷。茲就古注之見存者，稍分優劣，以定趨向。

《周易》注疏本王、韓二注，空言說理，失漢家法。孔《疏》依注敷衍，毫無足據。外如馬、鄭逸注，及唐李氏鼎祚《集解》中所採者，皆有師傳。王肅說經，好與鄭難，皆不免於支離，惟言《易》則本諸父朗，多同鄭說，其不同者亦與馬融相合，則非難鄭可知。康成言《易》皆有本，言爻辰則就嫌穿鑿。虞翻五世傳《孟氏易》，長於通變，其納甲則大為無理，且好議鄭學，是其短也。自唐而下，多近王輔嗣一派，言漢學者不取居多。

《尚書》孔安國傳，真偽錯亂，《辨偽篇》所舉二十五篇之傳，則枚氏作也。治《尚書》者固所不取。孔氏《正義》不知其偽，從而附之，其失孰甚。就其所引，則較《易》疏為富。此外伏生大傳，鄭、王之佚注，皆如散珠可寶。司馬遷從安國問故，而《史記》多古文家說，賈逵、范甯、杜預諸人，亦得《書傳》。其他注之於《書》者，皆（是）〔足〕援據。所行《蔡傳》，則取宋人之說為多。

《詩》惟毛公獨得古義，三家異同足資考訂，鄭玄箋《詩》，實以宗毛為主，即下己意，亦有識別。人以鄭好易毛議之，則孔《疏》莫辭其咎，何也？鄭君申毛之處，《疏》有未達，即以鄭為異，則《疏》之咎也。王肅述毛意在難鄭，往往大背毛意，毛《傳》所引仲梁子、孟仲子、高子之類，則引師說解經，並非別出異義。荀子說《詩》，本得《詩》傳，其義較精，三家、孫毓、陸璣得失相參，元朗《釋文》音義盡善。其最古者：《爾雅》所釋，《左氏》所引，《論語》、《孟子》之所述。至唐以後，惟王應麟《詩地理考》為可。朱子之廢《詩序》，則其誤有不待言。「三禮」惟康成為折衷，故禮學先儒，即稱鄭學，譏其改字，議其引緯，皆不知者之談。公彥二疏，不及《禮記正義》之詳覈，《儀禮疏》則不在孔下。杜子春、鄭司農、鄭大夫、盧植、射慈、馬融諸儒之散見於注疏者，雖存異義，亦多有合於鄭。王肅之說，則本以難鄭。郊祀朝廟諸議，皆為後世之制。自唐而下，惟唐衛湜《禮記集說》為長。祥道《禮書》、陳澔《集說》，其原本漢儒者則得，其依據宋人者則失。蓋《禮》不能以宋儒之臆度而得也。

《春秋公羊》何（邱）〔劭〕公深得大義，確守師說，以為謬誕者非是。徐疏則微嫌冗沓。《穀梁》范注亦慎且密，揚〔疏〕則與徐不相高下。《左氏杜注》名為《集解》，實則多棄古說。賈逵、服虔之注間存《正義》，則孔氏之功多也。至其迴護杜注，疏例當然，不可以此為責。杜預《釋例》則頗有功左氏，而自唐而下，其掊擊「三傳」、妄立己意者，皆可以得罪《春秋》論。《春秋》之義固具於公、穀，《春秋》之事固具於左氏，而束「三傳」於高閣，可乎哉？

《孝經》玄宗注遵用今文，而古文後乃漸微，是其罪也。邢疏無足長短，所遺鄭小同注，古義存焉。司馬光之《指解》，朱子之《刊誤》，竊不取也。《論語》何注本集安國、包咸、馬、鄭、王諸家之成，間參己意，而古意猶備。邢氏之疏則尚不如皇侃之善。退之《筆解》，偽託無疑，祥道《全解》，駁雜奚似？《孟子》趙注可稱完善，孫奭之疏則陋甚也。《爾雅》郭注，去古未遠，其所不知，善在能闕。疏亦就範，間採樊、李諸家，尤為有得。鄭樵之注，無足算也。

外此總釋群經，班氏之《白虎通義》，揚子之《方言》，許氏之《說文解字》、《五經異義》，《鄭志》，陸氏之《釋文》，古義咸在，精覈靡遺。若乃智者百密，不無一疏，愚者千慮，必有一得。諸家之善，未必無疵。其不純者，融有得當，則在善學者之詳審焉。

【本篇結論】

《注家有得有失》篇係櫽栝《四庫全書總目》而成。二者異同可詳參上編箋注部分。

《古書疑例》抄自《古書疑義舉例》

【俞樾〔註9〕《古書疑義舉例》】

卷一

一、上下文異字同義例

古書有上下文異字同義者。《孟子·公孫丑篇》：「有仕於此而子悅之，不告於王而私與之吾子之祿爵；夫士也，亦無王命而私受之於子。」按：「有仕於此」之「仕」，即「夫士也」之「士」。「夫士也」，正承「有仕於此」而言。「士」，正字，「仕」，假字，是上下文用字不同而實同義也……

〔註9〕【俞樾】（1822～1907），浙江德清人。晚清經學家。著有《春在堂全集》。

二、上下文同字異義例

古書亦有上下文同字異義者。《禮記·玉藻篇》：「既搢必盥，雖有執於朝，弗有盥矣。」上「有」字乃有無之「有」，下「有」字乃「又」字也；言雖有執於朝，不必又盥也……

三、倒句例

古人多有倒句成文者，順讀之則失其解矣。僖二十三年《左傳》：「其人能靖者與，有幾？」昭十九年：「諺所謂室於怒，市於色者。」皆倒句也……

四、倒序例

古人序事，有不以順序而以倒序者。《周官·大宗伯職》：「以肆、獻、祼享先王。」若以次第言，則祼最在先，獻次之，肆又次之也。乃不曰「祼、獻、肆」，而曰「肆、獻、祼」，此倒序也……

五、錯綜成文例

古人之文，有錯綜其辭以見文法之變者。如《論語》：「迅雷風烈。」《楚辭》：「吉日兮辰良。」《夏小正》：「剝棗栗零。」皆是也……

六、參互見義例

古人之文，有參互見義者。《禮記·文王世子篇》：「諸父守貴宮貴室，諸子諸孫守下宮下室。」又云：「諸父諸兄守貴室，子弟守下室，而讓道達矣。」《鄭注》曰：「上言父子孫，此言兄弟，互相備也。」……

七、兩事連類並稱例

《少牢饋食禮》：「日用丁己。」言或用丁，或用己也。《士虞禮》：「羃用布。」言或用，或用布也。古人之文，自有此例……

八、兩義傳疑並存例

……凡著書，博採異文，附之簡策。如《管子·法法篇》之「一曰」，《大匡篇》之「或曰」，皆為管氏學者傳聞不同而並記之也……余從前著《群經平議》，未見及此，蓋猶未達古書之例也，當更為說以明之。

九、兩語似平實側例

古人之文，有似平而實側者……《孟子·公孫丑篇》：「今夫蹶者趨者。」《趙注》曰：「蹶者相動，今夫而蹶者，氣閉不能自持，故志氣顛倒；顛倒之間，無不動心而恐矣。」尋趙氏之意，謂趨由於蹶。「今夫蹶者趨者」，猶云「大凡顛蹶之人，皆是趨走之人。」蓋人之疾趨而行，氣使之也，而至於顛

蹶，則無不動心矣。故曰「是氣也，而反動其心」。「蹶者趨者」，似平而實側，若以蹶趨平列，則其義不見矣。

十、兩句似異而實同例

古人之文，有兩句並列而實一意者，若各為之說，轉失其義矣。《禮記·表記篇》：「仁有數，義有長短小大。」《鄭注》曰：「數與長短小大，互言之耳。」按：數即長短小大，質言之，則是仁有數，義亦有數耳。乃於仁言有「數」，而於義變言「長短小大」，此古人屬辭之法也……

十一、以重言釋一言例

《禮記·樂記篇》：「肅肅，敬也；雍雍，和也。」顧炎武《日知錄》曰：「《詩》本『肅』一字而引之二字者，長言之也。《詩》云：『有洸有潰。』毛公傳之曰：『洸洸，武也；潰潰，怒也。』即其例也。」……

十二、以一字作兩讀例

古書遇重字，多省不書，但於本字下作二畫識之，亦或並不作二畫，但就本字重讀之者……《孟子·告子上篇》：「異於白馬之白也。」按：上白字當重讀。蓋先折之曰「異於白」，乃曰「白馬之白也，無以異於白人之白也」，則又申說其異之故也。如此則文義自明，亦不必疑其有闕文矣。

十三、倒文協韻例

……《莊子·山木篇》：「一上一下，以和為量。」按：此本作：「一下一上，以和為量。」上與量為韻。今作一上一下，失其韻矣……「上下」、「東西」，人所恒言，後人口耳習熟，妄改古書，由不知古人倒文協韻之例耳。古書多韻語，故倒文協韻者甚多……後人不達此例而好以意改，往往失其韻矣。

十四、變文協韻例

古人之文，更有變文以協韻者。《詩·邶風·柏舟篇》：「母也天只。不諒人只。」《傳》曰：「天，謂父也。」《正義》曰：「先母后天者，取其韻句耳。」按：母則直曰母，而父則稱之為天，此變文協韻之例也……

卷二

十五、古人行文不嫌疏略例

《儀禮·聘禮篇》：「上介出請入告。」鄭注曰：「於此言之者，賓彌尊，事彌錄。」據注，知聘賓所至，上介皆有「出請入告」之事，而上文不言，是古人行文不嫌疏略也。必一一載之簡冊，則累牘而不能盡矣。乃古人不言，

後人亦遂不知,即《儀禮》一經疏略之處,鄭君亦有未能見及者,後人讀書鹵莽,更無論矣……

十六、古人行文不避繁複例

古人行文,亦不避繁複者。《孟子·梁惠王篇》:「故王之不王,非挾太山以超北海之類也;王之不王,是折枝之類也。」《離婁篇》:「瞽瞍厎豫而天下化,瞽瞍厎豫而天下之為父子者定。」兩「王之不王」,兩「瞽瞍厎豫」,若省其一,讀之便索然矣……

十七、語急例

古人語急,故有以「如」為「不如」者……詳見《日知錄》三十二〔註10〕……

十八、語緩例

古人語急,則二字可縮為一字;語緩,則一字可引為數字。襄三十一年《左傳》:「繕完葺牆以待賓客。」急言之,則止是「葺牆以待賓客」耳。乃以「葺」上更加「繕完」二字……此皆古人語緩,故不嫌辭費。

十九、一人之辭而加「曰」字例

凡問答之辭,必用「曰」字,紀載之恒例也。乃有一人之辭中加「曰」字自為問答者,此則變例也。《論語·陽貨篇》:「『懷其寶而迷其邦,可謂仁乎?』曰:『不可。』『好從事而亟失時,可謂知乎?』曰:『不可。』」兩「曰」字仍

〔註10〕《公羊傳·隱元年》:「母欲立之,已殺之,如勿與而已矣。」注:「『如』即『不如』,齊人語也。」按此不必齊人語。《左傳·僖二十二年》:「宋子魚曰:『若愛重傷,則如勿傷。愛其二毛,則如服焉。』」《成二年》:「衛孫良夫曰:『若知不能,則如無出。』」《昭十三年》:「蔡朝吳曰:『二三子若能死亡,則如違之,以待所濟。若求安定,則如與之,以濟所欲。』」《二十一年》:「宋華多僚曰:『君若愛司馬,則如亡。』」《定五年》:「楚於西曰:『不能如辭。』」《八年》:「衛王孫賈曰:『然則如叛之。』」《漢書·翟義傳》:「義曰:『欲令都尉自送,則如勿收邪。』」《左傳》正義曰:「古人語然,猶『不敢』之言『敢』也。」古人多以語急而省其文者。《詩》:「亦不夷懌。」「懌」下省一「乎」字。《書》:「弗慎厥德,雖悔可追。」「可」上省一「不」字。「我生不有命在天。」「不」上省一「豈」字。「在今爾安百姓,何擇非人?何敬非刑?何度非及?」「人」下「刑」下「及」下各省一「乎」字。《孟子》:「雖褐寬博,吾不惴焉。」「不」上省一「豈」字。《禮記》:「幼壯孝悌,耆耋好禮,不從流俗,修身以俟死者,不在此位也。好學不倦,好禮不變,旄期稱道不亂者,不在此位也。」「幼」上「好」上各省一「非」字。《公羊傳·隱公七年》:「母弟稱弟,母兄稱兄。」注:「母弟,同母弟。母兄,同母兄。不言同母,言母弟者,若謂『不如』言『如』矣,齊人語也。」(《日知錄》卷三十二「語急」條)

是陽貨語，直至「孔子曰諾」，始為孔子語……說本閻氏《四書釋地》。按：記人於下文特著「孔子曰」，則上文兩「曰不可」非孔子語明矣。前人皆未見及，閻氏此論，昭然發千古之蒙……

二十、兩人之辭而省「曰」字例

一人之辭自為問答，則用「曰」字；乃有兩人問答，因語氣相承，誦之易曉，而「曰」字從省不書者。如《論語・陽貨篇》：「子曰：『由也，女聞六言六蔽矣乎？』對曰：『未也。』『居，吾語女！』」「居，吾語女！」乃夫子之言，而即承「對曰未也」之下，無「子曰」字。「子曰：『食夫稻，衣夫錦，於女安乎？』曰：『安。』『女安，則為之。』」「女安，則為之」，乃夫子之言，而即承「曰安」之下，無「子曰」字……李氏惇作《群經識小》〔註11〕，始辨正之。

二十一、文具於前而略於後例

《詩・大叔于田篇》：「叔善射忌，又良御忌。」其下云：「抑磬控忌，抑縱送忌。」則專承「良御」而言。「叔馬慢忌，叔發罕忌。」其下云：「抑釋掤忌，抑鬯弓忌。」則專承「叔發罕忌」而言。文具於前而略於後也……夫詩人之詞，限於字句，具前略後，固所宜也。乃有行文之體，初無限制，而前所羅陳，後從省略，乃知古人止取意足，辭不必備也……斯例也，孔子傳《易》即已有之。《同人象傳》：「同人之先，以中直也。」王氏引之曰：「同人之先，謂同人之先號咷而後笑也。先者，有後之辭也，言先而後見矣……」今以王氏之說推之：《乾》：「九三，君子終日乾乾，夕惕，若厲无咎。」《傳》則但曰「終日乾乾」……並文具於前而略於後者也……

二十二、文沒於前而見於後例

古人之文，又有沒其文於前，而見其義於後者。《書・微子篇》：「我祖厎遂陳於上，我用沈酗於酒，用亂敗厥德於下。」按：「厎遂陳於上」，蓋以德言，紂所亂敗者，即湯所厎遂而陳者也。「德」字見於後而沒於前……

二十三、蒙上文而省例

古人之文，有蒙上文而省者。《尚書・禹貢篇》：「終南惇物。至於鳥鼠。」《正義》曰：「三山空舉山名，不言治意，既蒙上既旅之文也。」是其例也……

〔註11〕《群經識小》八卷，考諸經古義二百二十餘事，多前人所未發。

二十四、探下文而省例

夫兩文相承,蒙上文而省,此行文之恒也。乃有逆探下文而預省上字,此則為例更變,而古書亦往往有之。《堯典》:「舜生三十徵庸,三十在位,五十載。」因下句有「載」字,而上二句皆不言「載」……

二十五、舉此見彼例

孔子曰:「舉一隅不以三隅反,則不復也。」〔註12〕是以古書之文,往往有舉此以見彼者。《禮記·王制篇》:「大國之卿不過三命,下卿再命,小國之卿與下大夫一命。」《鄭注》曰:「不著次國之卿者,以大國之下互明之。」《正義》曰:「以大國之卿不過三命,則知次國之卿不過再命;大國下卿再命,則知次國下卿一命,故云互明之。」……

顧氏炎武《日知錄》曰:「以紂為弟,且以為君,而有微子啟;以紂為兄之子,且以為君,而有王子比干。並言之則於文有所不便,故舉此以該彼,此古人文章之善。且如郊社之禮,所以事上帝也,不言后土;地道無成,而代有終也,不言臣妻;先王居檮杌於四裔,不言渾敦、窮奇、饕餮。後之讀書者不待子貢之明,亦當聞一以知二矣。」〔註13〕

錢氏大昕《養新錄》曰:「古人著書,舉一可以反三,故文簡而義無不該。姑即許氏《說文》言之:木,東方之行;金,西方之行;火,南方之行;水,北方之行;則土為中央之行可知也……皆舉一以見例,非有遺漏也。」……

二十六、因彼及此例

古人之文,省者極省,繁者極繁,省則有舉此見彼者矣,繁則有因此及彼者矣。《日知錄》曰:「古人之辭,寬緩不迫。得失,失也。《史記·刺客傳》:『多人,不能無生得失。』利害,害也。《史記·吳王濞傳》:『擅兵而別,多他利害。』緩急,急也。《史記·倉公傳》:『緩急無可使者。』《游俠傳》:『緩急,人之所時有也。』成敗,敗也。《後漢書·何進傳》:『先帝嘗與太后不快,幾至成敗。』同異,異也。《吳志·孫皓傳》注:『蕩異同如反掌。』《晉書·王彬傳》:『江州當人強盛時,能立異同。』贏縮,縮也。《吳志·諸葛恪傳》:『一朝贏縮,人情萬端。』禍福,禍也。晉歐陽建《臨終詩》:『潛圖密己構,成此禍福端。』」〔註14〕按:此皆因此及彼之辭,古書往往有之……

〔註12〕見《論語·述而》。
〔註13〕見《日知錄》卷七「以紂為兄之子」條。
〔註14〕見《日知錄》卷二十七「通鑒注」條。

卷三

二十七、古書傳述亦有異同例

古曰在昔，昔曰先民，蓋古人之書，亦未必不更本於古也。然其傳述或有異同，不必盡如原本。閻氏若璩《四書釋地》曰：「《論語》杞、宋並不足徵，《中庸》易其文曰『有宋存』。《孔子世家》言：『伯魚生伋，字子思，嘗困於宋。子思作《中庸》。』《中庸》既作於宋，易其文殆為宋諱乎？且爾時杞既亡而宋獨存，易之亦與事實合。」〔註15〕按：閻氏此論，可謂入微，蓄疑十年，為之冰釋……

二十八、古人引書每有所增減例

《日知錄》曰：「《書·泰誓》：『受有億兆夷人，離心離德；予有亂臣十人，同心同德。』《左傳》引之則曰：『《太誓》所謂商兆民離，周十人同者眾也。』《淮南子》：『舜釣於河濱，期年而漁者爭處湍瀨，以曲隈深潭相與。』《爾雅注》引之則曰：『漁者不爭隈。』此皆略其文而用其意也。」〔註16〕……蓋古人引書，原不必規規然求合也……

二十九、稱謂例

古人稱謂，或與今人不同，有以父名子者〔註17〕……有以夫名妻者〔註18〕……並見《日知錄》……

三十、寓名例

《史記·萬石君傳》：「長子建，次子甲，次子乙，次子慶。」甲乙非名也，失其名而假以名之也。《漢書·魏相傳》：「中謁者趙堯舉春，李舜舉夏，兒湯舉秋，貢禹舉冬。」不應一時四人同以堯、舜、禹、湯為名，皆假以名之也。說詳《日知錄》〔註19〕。

〔註15〕閻若璩《四書釋地》「有宋存」條。

〔註16〕見《日知錄》卷二十「引書用意」條。

〔註17〕《日知錄》卷二十三「以父名子」條：《左傳·成十六年》：「潘尪之黨」，潘尪之子名黨也。《襄二十三年》：「申鮮虞之傅摯」，申鮮虞之子名傅摯也。按《儀禮·特牲饋食禮》：「筮某之某為尸」，注曰：「某之某者，字尸父而名尸也。」亦此類也。

〔註18〕《日知錄》卷二十三「以夫名妻」條：《左傳·昭元年》：「當武王邑姜，方震大叔。」《漢書·杜欽傳》：「皇太后女弟司也君力。」《南齊書》：「周盤龍愛妾杜氏，上送金釵鑷二十枚，手敕曰『餉周公阿杜。』」《孔叢子》：「衛將軍文子之內子死，復者曰，皋媚女復』。子思聞之，曰：『此女氏之字，非夫氏之名也。婦人於夫氏以姓氏稱，禮也。』」

〔註19〕《日知錄》卷二十三「假名甲乙」條：《史記·萬石君傳》：「長子建，次子甲，

《莊》、《列》之書多寓名，讀者以為悠謬之談，不可為典要。不知古立言者自有此體也，雖《論語》亦有之……劉氏（炫）此論，最為通達，然非博覽周、秦古書，通於聖賢著述之體，未有不河漢斯言者矣。

三十一、以大名冠小名例

……古人之文，則有舉大名而合之於小名，使二字成文者……

三十二、以大名代小名例

古人之文，有舉大名代小名者，後人讀之而不能解，每每失其義矣……《春秋》之例，通都大邑得以名通，則不繫以國，如楚丘不書衛，下陽不書虢是也。若小名不得以名通，則但書其國而不書其地，如盟於宋，會於曹，必有所在之地；而其地小，而名亦不著，書之史策，後世將不知其所在，故以國書之。此亦舉大名代小名之例也。後儒說《春秋》謂不地者即於其都也，失之。

三十三、以小名代大名例

又有以小名代大名。《詩·采葛篇》：「一日不見，如三秋兮。」三秋，即三歲也。歲有四時而獨言秋，是舉小名以代大名也……

三十四、以雙聲疊韻代本字例

「集」與「就」雙聲，而《詩·小旻篇》：「集」與「猶」、「咎」、「道」為韻，是即以「集」為「就」也。〔註20〕……此以雙聲疊韻代本字之例也……

次子乙，次子慶。」甲乙非名也，失其名而假以名之也。《韓安國傳》：「蒙獄吏田甲」，《張湯傳》：「湯之客田甲」，《漢書·高五王傳》：「齊宦者徐甲」，《嚴助傳》：「閩越王弟甲」，疑亦同此。《任安傳》：「某子甲何為不來乎？」《三國志》注：「許攸呼魏太祖小字曰：『某甲，卿不得我，不得冀州也。』」《左傳·文十四年》：「齊公子元不順懿公之為政也，終不曰『公』，曰『夫己氏』。」注：「猶言某甲。」《漢書·魏相傳》：「中謁者趙堯舉春，李舜舉夏，兒湯舉秋，貢禹舉冬。」不應一時四人同以堯、舜、禹、湯為名，若有意撰而名之者。及讀《急就章》，有云「祖堯、舜，樂禹湯」，乃悟若此類皆古人所假以名之也。或曰：高帝時實有趙堯，然非謁者。蜀漢費禕作《甲乙論》，設為二人之辭。晉人文字每多祖此，虛設甲乙。中書令張華造甲乙之問云：「甲娶乙為妻。後又娶丙。」博士弟子徐叔中《服議》，以母為甲，先夫為乙，後夫為丙，先子為丁，繼子為戊。梁范縝《神滅論》有張甲、王乙、李丙、趙丁。而《關尹子》云：「甲言利，乙言害，丙言或利或害，丁言俱利俱害。」《關尹子》亦魏、晉間人所造之書也。先秦以上即有以甲、乙為彼此之辭者，《韓非子》：「罪生甲，禍歸乙，伏怨乃結。」

〔註20〕《小旻》第三章云：「我龜既厭。不我告猶。謀夫孔多。是用不集。發言盈庭。誰敢執其咎。如匪行邁謀。是用不得于道。」

三十五、以讀若字代本字

錢氏《潛研堂集》曰:「漢人言讀若者,皆文字假借之例,不特寓其音,並可通其字……是皆假其音,並假其義,非後世譬況為音可同日語也。」按:錢氏此論,前人所未發,頗足備治經之一說……凡讀若字,義本得通,故彼此可以假借也。

三十六、美惡同辭例

古者美惡不嫌同辭,如:「退食自公,委蛇委蛇。」〔註21〕詩人之所美也;而《左傳》云:「衡而委蛇必折。」則委蛇又為不美矣……不知古人美惡不嫌同辭,學者當各依本文體會,未可徒泥其辭也……

三十七、高下相形例

昭十三年《左傳》:「子產、子大叔相鄭伯以會。子產以幄幕九張行,子大叔以四十,既而悔之,每舍損焉。及會亦如之……癸酉退朝,子產命外僕速張於除,子大叔止之,使待明日。及夕,子產聞其未張也,使速往,乃無所張矣。」《注》云:「傳言子產每事敏於大叔。」按;子產與子大叔,皆鄭國賢大夫,使者欲言子產之敏,乃極言子大叔之不敏,此高下相形之例也……

三十八、敘論並行例

僖三十三年《左傳》:「秦伯素服郊次,鄉師而哭曰:『孤違蹇叔,以辱二三子,孤之罪也。』不替孟明,『孤之過也,大夫何罪?且吾不以一眚掩大德。』」……蓋古人自有敘、論並行之例,前後皆穆公語,中間著此「不替孟明」四字,並未間以他人之言……

三十九、實字活用例

宣六年《公羊傳》:「勇士入其大門,則無人門焉者。」上「門」字實字也,下「門」字則為守是門者也……

卷四

四十、語詞迭用例

……《尚書·多方篇》:「爾曷不忱裕之於爾多方?爾曷不夾介乂我周王享天之命?今爾尚宅爾宅,畋爾田,爾曷不惠王熙天之命?爾乃迪屢不靜,爾心未愛,爾乃不大宅天命,爾乃屑播天命,爾乃自作不典,圖忱於正。」十一句中迭用三「爾曷不」字,皆迭用語詞以成文者也……

〔註21〕見《毛詩·國風·羔羊》。

四十一、語詞復用例

古人用助語詞，有兩字同義而復用者。《左傳》：「一薰一蕕。十年尚猶有臭。」尚，即猶也。《禮記》：「人喜則斯陶。」則，即斯也。此顧氏炎武說。〔註22〕……

四十二、句中用虛字例

虛字乃語助之詞，或用於句中，或用於句首，本無一定，乃有句中用虛字而實為變例者。如「螽斯羽」，言螽羽也……辨見王氏《經傳釋詞》〔註23〕……

四十三、上下文變換虛字例

古書有疊句成文而虛字不同者。《尚書·洪範篇》：「水曰潤下，火曰炎上，木曰曲直，金曰從革，土爰稼穡。」上四句用「曰」字，下一句用「爰」字。爰，即曰也……

四十四、反言省「乎」字例

「囂訟，可乎？」「乎」字已見於《堯典》，是古書未嘗不用「乎」字。然「乎」字語之餘也，讀者可以自得之。古文簡質，往往有省「乎」字者……

四十五、助語用「不」字例

不者，弗也。自古及今，斯言未變，初無疑義。乃古人有用「不」字作語詞者，不善讀之，則以正言為反言，而於作者之旨大謬矣。斯例也，詩人之詞尤多……

四十六、「也」「邪」通用例

《論語》：「君子人與？君子人也。」朱注曰：「與，疑詞；也，決詞。」乃古人之文則有以「也」字為疑詞者……使不達此例，則以疑詞為決詞，而於古人之意大謬矣……其已見於王氏《經傳釋詞》者不及焉……

四十七、「雖」、「唯」通用例

《說文》：「雖從唯聲，凡聲同之字，古得通用。」然「雖」之與「唯」，語氣有別，不達古書通用之例，而以後世文理讀之，則往往失其解矣……

〔註22〕《日知錄》卷二十四「重言」條：古經亦有重言之者。《書》：「自朝至於日中昃，不遑暇食。」「遑」即「暇」也。《詩》：「無已太康」。「已」即「太」也。「既安且寧」。「安」即「寧」也。「既庶且多。」「庶」即「多」也。《左傳》：「一薰一蕕，十年尚猶有臭。」「尚」即「猶」也……《禮記》：「人喜則斯陶。」「則」即「斯」也。

〔註23〕《經傳釋詞》十卷，清王引之撰。此書專釋語詞虛字。

四十八、句尾用故字例

凡經傳用「故」字，多在句首，乃亦有在句尾者。《禮記‧禮運篇》：「則是無故，先王能修禮以達義，體信以達順故。」此「故」字用在句尾者也……

四十九、句首用焉字例

凡經傳用「焉」字，多在句尾，乃亦有在句首者。《禮記‧鄉飲酒義》：「焉知其能和樂而不流也。」「焉知其能弟長而無遺矣。」「焉知其能安燕而不亂也。」劉台拱曰：「三焉字皆當下屬。焉，語詞，猶於是也。」按：王氏《釋詞》，「焉」字作「於是」解者數十事，文繁不具錄……

五十、古書發端之詞例

凡發端之詞，如《書》之用曰字，皆是也。乃有發端之詞與今絕異者，略舉數事以見例。「乃」者，承上之詞也，而古人或用以發端，《堯典》「乃命羲和」者是也……「故」者，承上之詞也，而古人亦或用以發端……「若夫」者，轉語之詞也，而古人或用以發端……

五十一、古書連及之詞例

凡連及之詞，或用「與」字，或用「及」字，此常語也。乃有其語稍別，後人遂失其解者，略舉數事以見例……《多方篇》：「不克敬於和。」言不克敬與和也。說本孔氏廣森《卮言》、王氏引之《釋詞》……

卷五

五十二、兩字義同而衍例

古書有兩字義同而衍者。蓋古書未有箋注，學者守其師說，口相傳授，遂以訓詁之字誤入正文……

五十三、兩字形似而衍例

凡兩字義同者往往致衍，已見前矣。兩字形似者，亦往往致衍……

五十四、涉上下文而衍例

古書有涉上下而誤衍者。《既濟象辭》：「亨小利貞。」「小」字衍文，涉下文《未濟》「亨小狐汔濟」而誤衍也。〔註24〕……

五十五、涉注文而衍例

古書有涉注文而誤衍者……

〔註24〕今按：「小」字並非衍文，此處解釋不妥，詳參司馬朝軍《未濟「亨小狐汔濟」句讀》（《古漢語研究》1997 年第 3 期）。

五十六、涉注文而誤例

《考工記・梓人》:「強飲強食,詒女曾孫諸侯百福。」《注》曰:「曾孫諸侯,謂女後世為諸侯者。」按:正文「諸侯」當作「侯氏」,此以「詒女曾孫侯氏百福」八字為句……正文「侯氏」涉注文而誤作「諸侯」……

五十七、以注說改正文例

……《周易・坤》:「初六履霜。」《釋文》曰:「鄭讀履為禮。」按:履霜之義,明白無疑,鄭讀為禮,義不可通。疑鄭氏所據本作「禮霜」,鄭注則曰「禮讀為履」,破假字而讀以本字也。後人用注說解經,又以既改之經文改注,而陸氏承其誤矣……

五十八、以旁記字入正文例

王氏念孫曰:「書傳多有旁記之字誤入正文者……」

五十九、因誤衍而誤刪例

凡有衍字,宜從刪削,乃有刪削不當,反失其本真者。《周易・升象傳》:「君子以順德,積小以高大。」《釋文》曰:「以高大,本或作以成高大。」按:此本作「積小以大」,《正義》所謂「積小善以成大名」也。後誤衍「高」字而作「積小以高大」,則累於辭矣。校者不知「高」字之衍而誤刪「成」字,此刪削不當而失其本真者也……

六十、因誤衍而誤倒例

校古書者鹵莽滅裂,有遇衍字不加刪削,而以意移易使成文理者……

六十一、因誤奪而誤補例

凡有誤字,則當校補,乃有校補不當,以至補非其字者。《大戴記・曾子立事篇》:「多知而無親,博學而無方,好多而無定者,君子弗與也。」按:下文云:「君子多知而擇焉,博學而算焉,多言而慎焉。」據此,則本文「好多」二字亦當作「多言」,校者因奪「言」字而誤補「好」字,此校補之不當者也……

六十二、因誤字而誤改例

凡有誤字,則宜改正,乃有改之不得其字而益成誤者……

六十三、一字而誤為二字例

古書有一字而誤為二字者。《禮記・祭義篇》:「見間以俠甒。」鄭氏曰:「『見間』當為『覵』。」《史記・蔡澤傳》:「吾持梁刺齒肥。」索隱曰:「『刺

齒肥』當為『齧肥』。」《孟子・公孫丑篇》:「必有事焉而勿正心。」《日知錄》
載倪文節之語,謂當作「必有事焉而勿忘。」〔註25〕……

六十四、二字而誤為一字例

古書亦有二字誤合為一字者……

六十五、重文作二畫而致誤例

古人遇重文,止於字下加＝畫以識之,傳寫乃有致誤者。如《詩・碩鼠》:
「逝將去女,適彼樂土。樂土樂土,爰得我所。」《韓詩外傳》兩引此文,並
作:「逝將去女,適彼樂土。適彼樂土,爰得我所。」……此當以《韓詩》為
正……

六十六、重文不省而致誤例

亦有重文不作＝畫,實書其字而致誤者……此皆重文不省,而轉以致誤
者。

六十七、闕文作空圍而致誤例

校書遇有缺字,不敢臆補,乃作□以識之,亦闕疑之意也。乃傳寫有因
此致誤者。《大戴記・武王踐阼篇》:「機之銘曰:『皇皇惟敬,□生垢〔註26〕,
口戕口〔註27〕。』」……

六十八、本無闕文而誤加空圍例

亦有本無闕文而誤加空圍者。《周書・寤儆篇》:「欲與無□則,欲攻無庸,
以王不足。」按:此三句本無闕文,「欲與無則,欲攻無庸,以王不足。」皆
四字為句……

卷六

六十九、上下兩句互誤例

古書有上下兩句平列,而傳寫互誤其字者。《詩・江漢篇》:「江漢浮浮,

〔註25〕《日知錄》卷七「必有事焉而勿正心」條:倪文節謂當作「必有事焉而勿忘。」
忘忘,勿助長也。傳寫之誤,以「忘」字作「正心」二字。言養浩然之氣,
必當有事而勿忘;既已勿忘,又當勿助長也。疊二「勿忘」,作文法也。按《書・
無逸篇》曰:「自時厥後立王,生則逸,生則逸,不知稼穡之艱難。」亦是疊
一句,而文愈有致。今人發言亦多有重說一句者。《禮記・祭義》「見間以俠
甒。」鄭氏曰:「見間當為覸。」《史記・蔡澤傳》:「吾持梁刺齒肥。」索隱
曰:「刺齒肥,當為齧肥。」《論語》:「五十以學《易》。」朱子以為「五十」
當作「卒」。此皆古書一字誤為二字之證。

〔註26〕 垢,恥也,言為君子榮辱之主,可不慎乎!

〔註27〕【口戕口】言口能害口也。機者,人君出令所依,故以言語為戒也。

武夫滔滔。」王氏引之曰:「當作『江漢滔滔,武夫浮浮』。」……說見《經義述聞》……

七十、上下兩句易置例

古書凡三四句平列者,其先後本無深義,傳寫或從而易置之……以上並見翟氏灝《論語考異》……

七十一、字以兩句相連而誤疊例

……《爵位章》:「是故爵位正而民不怨,民不怨則不亂,然後義可理,理不正則不可以治。」末句本作「不正則不可以治」,涉上句而誤疊「理」字。凡此皆兩句相連而誤疊者也。

七十二、字以兩句相連而誤脫例

……《周易·渙上九》:「渙其血,去逖出,无咎。」《傳》曰:「渙其血,遠害也。」則當於血字絕句。然「去逖出」三字殊不成義。疑本作「血去逖出无咎」,因兩「血」字相連而誤脫其一也。《小畜》六四曰:「血去逖出无咎」,正與此爻文義相近……

卷七

七十三、字句錯亂例

古書傳寫或至錯亂,學者宜尋繹其前後文理,悉心考正……

七十四、簡策錯亂例

凡字句錯亂者,尋其文理,移易其一二字,即怡然理順矣。若乃簡策錯亂,文義隔絕,有誤之數十字者,則有合其前後,悉心參校,不易見也……

卷七

七十五、不識古字而誤改例

學者少見多怪,遇有古字而不能識,以形似之字改之,往往失其本真矣……

七十六、不達古語而誤解例

古人之語,傳之至今,往往不能通曉,於是失其解者,十而八九……

七十七、兩字一義而誤解例

《詩·天保》:「俾爾單厚。」《傳》曰:「單,信也。或曰,單,厚也。」《箋》云:「單,盡也。」按:傳、箋三說,當以訓「厚」為正。「俾爾單厚」,單、厚一義,猶下文「俾爾多益」,多、益亦一義也。古書中兩字一義者,往往有之……

七十八、兩字對文而誤解例

凡大小長短是非美惡之類，兩字對文，人所易曉也；苒亦有其義稍晦，致失其解者。如《尚書・洪範篇》：「木曰曲直，金曰從革。」「曲直」對文，「從革」亦對文。《漢書・外戚傳注》曰：「從，因也，由也。」蓋從之義為由，故亦為因。從革，即因革也。金之性可因可革，謂之從革，猶木之性可曲可直，謂之曲直也……

七十九、文隨義變而加偏旁例

……《詩・載芟》：「有飶其香。」傳曰：「飶，芬香也。」《釋文》曰：「字又作苾。」按：苾，本字；飶，俗字也。後人因其言酒醴，變而從食……然則下文「有椒其馨」，椒字何又不從食乎？經典之字，若斯者眾，山名從山，水名從水，鳥獸草木，無不如是，而字一孳乳浸多矣。

八十、字因上下相涉而加偏旁例

字有本無偏旁，因與上下字相涉而誤加者。如《詩・關雎篇》：「展轉反側。」展字涉下「轉」字而加車旁……

八十一、兩字平列而誤倒例

平列之字，本無順倒，雖有錯誤，文義無傷；然亦有不可不正者。《禮記・月令篇》：「制有小大，度有長短。」按：「長短」當依《呂氏春秋・仲秋紀》作「短長」，今作「長短」，則與韻不協矣。〔註28〕……

八十二、兩文誤復而誤刪例

《周書・酆保篇》：「不深乃權不重。」按：此當作「不深不重，乃權不重。」蓋承上文「深念之哉，重維之哉」而言。謂不深念之，不重維之，則其權不重也……

八十三、據他書而誤改例

《禮記・坊記篇》引《詩》：「橫從其畝。」按：《毛詩》作「衡從其畝」……後人據《毛詩》以改《禮記》，而注義晦矣……

八十四、據他書誤解例

《詩・鄭風・羔裘篇》：「三英粲兮。」傳曰：「三英，三德也。」箋云：「三德，剛克、柔克、正直也。」按：三德，即具本《詩》。首章「洵直且侯」

〔註28〕《禮記・月令篇》：「乃命司服，具飭衣裳。文繡有恆，制有小大，度有短長。衣服有量。必循其故，冠帶有常。」

一句有二德，次章「孔武有力」一句為一德。直也，侯也，武也，所謂三德也。鄭以《洪範》說此詩，恐未必然。蓋一經自有一經之旨，牽合他書為說，往往失之……說詳王氏《經義述聞》。

八十五、分章錯誤例

……《老子》五十七章：「以正治國，以奇用兵，以無事取天下。吾何以知其然？以此。」按：此數句當屬上章。如二十二章曰：「吾何以知眾甫之然哉？以此。」五十四章「吾何以知天下之然哉？以此。」並用「以此」二字為章末結句是也。下文「天下多忌諱而民常貧」，乃別為一章。今本誤。

八十六、分篇錯誤例

《呂氏春秋‧貴信篇》：「管子可謂能因物矣。以辱為榮，以窮為通，雖失乎前，可謂後得之矣。物固不可全也。」按：《貴信篇》止於「可謂後得之矣」……「物固不可全也」，乃下《舉難篇》之起句。故其下云：「由此觀之，物豈可全哉？」正與起句相應也。今本誤……

八十七、誤讀夫字例

「夫」字古或用作詠歎之辭，人所盡曉，乃亦有誤屬下讀者。《論語‧子罕篇》：「未之思也，夫何遠之有？」此當於「夫」字絕句，今誤連「何遠之有」讀之……

八十八、誤增不字例

古書簡奧，文義難明，後人不曉，率臆增益，致失其真，比比皆是；乃有妄增「不」字，致與古人意旨大相剌謬者。《管子‧（法）〔兵〕法篇》：「盡而不意，故能疑神。」疑神猶言如神。《形勢篇》曰：「無廣者疑神。」是其證也。後人不曉疑神之語，改作「故不能疑神」，失其旨矣……

【比較】+代表二者相同

1. 古書有倒句例。+
2. 有倒序例。+
3. 有錯綜成文例。+
4. 有參互見義例。+
5. 有上下文異字同義例。+
6. 有上下文同字異義例。+
7. 有兩事連類並稱例。+

8. 有兩事傳疑並存例。+

9. 有兩語似平實側例。+

10. 有兩句似異實同例。+

11. 有以重言釋一言例。+

12. 有以一字作兩讀例。+

13. 有語急例。+

14. 有語緩例。+

15. 有倒文就韻例。+

16. 有變文協韻例。+

17. 有蒙上文而省例。+

18. 有探下文而省例。+

19. 有因彼見此例。+

20. 有因此見彼例。+

21. 有一人之辭自加「曰」字例。+

22. 有兩人之辭反省「曰」字例。+

23. 有文具於前而略於後例。+

24. 有文沒於前而見於後例。+

25. 古人行文不避重複，不可以重複而疑古書。+

26. 傳述每有異同，不可以其異同而疑古人。+

27. 引書每有所增損，不可以其增損而疑古人。+

28. 稱謂與今人不同，不可據今以疑古。+

29. 古書稱名常有寄寓，不可以假而疑真。+

30. 古有以雙聲疊韻代本字，不可以其代而妄改。+

31. 古有以讀若字代本字，不可以其代而疑歧。+

32. 古有以大名冠小名，+

復有以小名代大名，不可以執一論也。+

33. 古有美惡而同詞，+

34. 又有以高下而相形，+

35. 復有以反言而見意，不可以偏見拘也。

36. 若乃有以敘論並行者，皆以為敘則失矣。+

37. 有以實字活用者，皆以為實則失矣。+

38. 有以語詞迭用者，誤易焉則失矣。+

39. 有以語詞復用者，誤改焉則失矣。+

40. 有於句中用虛字者，倒易之則失矣。+

41. 有於上下文變換虛字者，妄疑為誤則失矣。+

42. 有反言而省「乎」，增之則失。+

43. 有助語則用「不」字，刪之則失。

44. 古書「邪」、「也」通用，+

45. 「雖」、「唯」通用，分之則失。+

46. 古書發端之詞不同。+

47. 連及之詞不同，泥之則失。+

48. 又有衍之一例──有因兩字義同而衍，+

49. 有因兩字形同而衍。+

50. 有涉上下文而衍。+

51. 有涉注文而衍。+

52. 有衍即有誤──有因誤衍而誤刪者。+

53. 有因誤衍而誤倒者。+

54. 有因誤衍而誤改者。

55. 有因誤衍而誤讀者，此因衍而誤者也。

56. 又有一字而誤為兩字者。+

57. 有重文作二畫而致誤者。+

58. 有重文不省而致誤者。+

59. 有因注文而誤者。+

60. 有因闕文而誤者。

61. 有因闕文作空圍而誤者。+

62. 有本無闕文而誤加空圍者。+

63. 有上下兩句而誤倒者。

64. 有上下兩字而互誤者。

65. 有兩字平列而誤易者。

66. 有兩句相因而誤倒者。

67. 有字以兩句相連而誤疊者。+

68. 有文以兩句相連而誤脫者。+

69. 有因誤奪而誤補者。+

70. 有因誤字而誤改者。+

71. 有因誤補而誤刪者。

72. 有因誤刪而誤增者。

73. 有不識古字而誤改者。+

74. 有不達古義而誤解者。+

75. 有兩字一義而兩解者。+

76. 有兩字對文而誤解者。+

77. 有兩字平列而誤倒者。+

78. 有兩文誤復而誤刪者。+

79. 有據他書誤改者。+

80. 有據他書誤解者。+

81. 有分章錯誤者。+

82. 有分篇錯誤者。+

【附錄】王念孫《讀書雜志》卷十五《淮南內篇第二十二》（選錄）：

……凡所訂正共九百餘條，推其致誤之由，則傳寫訛脫者半，憑意妄改者亦半也。

1. 有因字不習見而誤者……

2. 有因假借之字而誤者……

3. 有因古字而誤者……

4. 有因隸書而誤者……

5. 有因草書而誤者……

6. 有因俗書而誤者……

7. 有兩字誤為一字者……

8. 有誤字與本字並存者……

9. 有校書者旁記之字而闌入正文者……

10. 有衍至數字者……

11. 有脫數字至十數字者……

12. 有誤而兼脫者……

13. 有正文誤入注者……

14. 有注文誤入正文者……

15. 有錯簡者……

16. 有因誤而致誤者……

17. 有不審文義而妄改者……

18. 有因字不習見而妄改者……

19. 有不識假借之字而妄改者……

20. 有不審文義而妄加者……

21. 有不識假借之字而妄加者……

22. 有妄加字而失其句讀者……

23. 有妄加數字至二十餘字者……

24. 有不審文義而妄刪者……

25. 有不識假借之字而妄刪者……

26. 有不識假借之字而顛倒其文者……

27. 有失其句讀而妄移注文者……

28. 有既誤而又妄改者……

29. 有因誤字而又誤改者……

30. 有既誤而又妄加者……

31. 有既誤而又妄刪者……

32. 有既脫而又妄加者……

33. 有既脫而又妄刪者……

34. 有既衍而又妄加者……

35. 有既衍而又妄刪者……

36. 有既誤而又改注文者……

37. 有既誤而又增注文者……

38. 有既誤而又移注文者……

39. 有既改而又改注文者……

40. 有既改而復增注文者……

41. 有既改而復刪注文者……

42. 有既脫且誤而又妄增者……

43. 有既脫且誤而又改注文者……

44. 有既誤且衍而又妄加注釋者……

45. 有因字誤而失其韻者……

46. 有因字脫而失其韻者……

47. 有因字倒而失其韻者……

48. 有因句倒而失其韻者……

49. 有句倒而又移注文者……

50. 有錯簡而失其韻者……

51. 有改字而失其韻者……

52. 有改字以合韻而實非韻者……

53. 有改字以合韻而反失其韻者……

54. 有改字而失其韻又改注文者……

55. 有改字而失其韻又刪注文者……

56. 有加字而失其韻者……

57. 有句讀誤而又加字以失其韻者……

58. 有既誤且脫而又失其韻者……

59. 有既誤且倒而又失其韻者……

60. 有既誤且改而又失其韻者……

61. 有既誤而又加字以失其韻者……

62. 有既脫而又加字以失其韻者……

【附錄】《經義述聞》卷三十二《通說下》（目錄）：

1. 經文假借〔註29〕

2. 語詞誤解以實義

3. 經義不同不可強為之說

4. 經傳平列二字上下同義

5. 經文數句平列上下不當歧異

6. 經傳上下兩義不可合解

7. 衍文

8. 形譌

9. 改注疏釋文

10. 上文因下而省

11. 增字解經〔註30〕

〔註29〕此節已被《經解入門》抄襲，改題為《說經必先明假借》。

〔註30〕今按：此節已抄，改題為《不可增字解經》。

12. 後人改注疏釋文〔註31〕

【本篇結論】

《古書疑例》篇抄自《古書疑義舉例》。某君曾經以為《古書疑義舉例》抄自《古書疑例》，顯然誤判。

《古經佚文》抄自《經義考》

【朱彝尊《經義考》卷二百六十】

逸經上

易

遺句

……天出善道，聖人得之（文在「天垂象，見吉凶，聖人則之」之下）。

右陸賈《新語》。

地可觀者，莫可觀於木。

右許慎《說文》。

小人處盛位，雖高必崩，不盈其道，不恒其德，而能以善終身，未之有也。是以初登於天，後入於地。

右桓寬《鹽鐵論》。

「坎為水」至「為堅多心」，下有「為宮、為律、為可、為棟、為叢棘、為狐、為蒺藜、為桎梏」（一十九字）。

朱震曰：水可動而動，可止而止，故為可。項安世曰：宮與穴同象，皆外圍土，而內居人陷也，隱伏也，陽在中也。五聲之宮，亦陽在中也。律者，法也，水能平準，故為法。棟字疑當為棟，棟在屋中有陽之象焉。大過肖坎，故為棟逸象，多出於繫辭之文，恐取於大過也。

書

逸篇

《汩作九共稿飫序》曰：帝釐下土，方設居，方別生，分類作《汩作》、《九共》、《九篇稿飫》……右百篇之序。他書所引，如《左傳》有《伯禽之命》〔祝佗曰：昔武王克商，成王定之，分魯公以大路大旗，夏后氏之璜封父之繁弱，因商奄之民命，以伯禽而封於少皞之虛〕，《唐誥大傳》有《掩誥》之

〔註31〕今按：此節已抄，改題為《不可妄改經文》。

篇〔王應麟曰：大傳篇目有九，共《帝告》、《嘉禾》、《掩誥》之類。右伏勝《尚書大傳》〕。

【朱彝尊《經義考》卷二百六十一】

逸經中

詩

逸篇

……狸首

《周官·樂師》：凡射，諸侯以《狸首》為節。

《儀禮·大射儀》：「樂正命太師曰：『奏《狸首》，間若一。』太師不興，許諾，樂正反位，奏《狸首》以射，三耦。」

《樂記》：「左射《狸首》，右射《騶虞》。」

《射義》：「《狸首》者，樂會時也，諸侯以時會天子為節。」

劉敞曰：「《射義》，諸侯以《狸首》為節。鄭氏以《射義》所引『曾孫侯氏』為《狸首》之詩，非也。《騶虞》、《采蘋》、《采蘩》皆在《二南》，則《狸首》者亦必其儔矣。疑原壤所歌『狸首之斑然，執女手之卷然』即是其章首。或曰：『狸首』，『鵲巢』也，篆文『狸』似『鵲』，『首』似『巢』，《鵲巢》之詩『御之』、『將之』、『成之』，此亦時會之道。」

林光朝曰：「《狸首》，風也。」

《六經奧論》曰：「《騶虞》、《狸首》、《采蘩》、《采蘋》，古之樂節也，日用之間不可闕也。今《狸首》亡，逸詩自逸，非夫子逸之也。」

熊朋來曰：「《狸首》之詩，古人以為射節，在《騶虞》之下，《采蘋》、《采蘩》之上，想見孔子刪《詩》之時其詩已逸，不然，則此詩未必見刪於聖人也。首章必有『狸首』二字，故以名其詩。《小戴·射義》所記，《大戴·投壺篇》所記，必第二、第三章也，不幸逸於詩家，幸而略傳於禮家，《小戴》得其一，而《大戴》尤詳。」

今考定《狸首》。「惟若寧侯，毋或若女不寧侯，不屬於王所，故抗而射女。強飲強食，詒女曾孫諸侯百福……」

采薺

《周官·樂師》：「教樂儀，行以《肆夏》，趨以《采薺》。」

鄭康成曰：「《肆夏》、《采薺》皆逸詩。」

呂叔玉曰：「《肆夏》，《時邁》也。」

熊朋來曰：「《大戴禮》：『行以《采茨》，趨以《肆夏》。』又曰：『步中采茨，趨中肆夏。』惟《玉藻》及《周禮》皆誤作『趨以采薺，行以肆夏』。孔《疏》不能引《大戴》改正，後儒反以《周禮‧玉藻》為據，不知其文誤，當改也。《采茨》乃堂上之歌詩，宜接武而行，《肆夏》乃堂下之金奏，宜布武而趨。如今之注疏於理舛矣，學者當依《大戴禮》改正『趨』、『行』二字。」

……

畜君何尤

趙岐曰：「樂詩也。」

右《孟子》。

遺句

「雨無其極，傷我稼穡。」《雨無正》之首。

劉熹曰：「《韓詩》有《雨無極》篇，序云：『雨無極，正大夫刺幽王也。』」

「躿任朱離。」《鼓鍾》之三，在「以雅以南」句下。

右《韓詩》、《齊詩》。

「素以為絢兮。」

朱子曰：「若以為《碩人》詩，此一句最有理，亦不應刪去。」

《唐棣之華》：「偏其反而，豈不爾思，室是遠而。」

右《論語》。

【朱彝尊《經義考》卷二百六十二】

逸經下

禮

逸篇

……

孝經

逸篇

子曰：「閨門之內，具禮矣乎？嚴父嚴兄，妻子臣妾，猶百姓徒役也。」

熊禾曰：「開元敕議，意非不美，而司馬貞淺學陋識，並以《閨門》一章去之，卒啟明皇無禮無度之禍。」

右長孫氏說。

孟子

逸篇

《性善》、《辨文》、《說孝經》、《為正》。

王充曰：「孟子作《性善》之篇，以為人性皆善，及其不善，物亂之也。」

趙岐曰：「《孟子外書》四篇，其文不能弘深，不與內篇相似，非孟子本真，後世依仿而託之者也。」

遺句

……孟子曰：「諸侯有王。」右《周官·大行人注》……

爾雅

遺句

瑟，二十七絃者曰灑。大琴曰離，二十弦。磬形似犁，以玉為之，大曰馨。笙，十九簧者曰巢。篪，大者尺四寸圍三寸，曰沂。塤，大者曰嘂。大鐘曰鏞，中者曰剽，小者曰棧。懸鍾磬者曰筍簴，橫曰筍，縱曰簴。簫，編二十三管尺四寸者曰言，十六管長尺二寸者菱。管，長尺圍寸，並漆之，有底，大者曰簥，中者曰箻，小者曰篎。籥，如笛，三孔而短小；七孔，大者曰產，中者曰仲，小者曰箹。

右沈約《宋書·樂志》所引，比今文詳略不同。

【本篇結論】

《古經佚文》篇例證節抄自《經義考》。首尾兩端查無出處，疑為作偽者敷衍成文。

《歷代經學興廢》抄自《國朝漢學師承記·自序》

【江藩《國朝漢學師承記·自序》〔註32〕】

先王經國之制，井田與學校相維，里有序，鄉有庠。八歲入小學，學六甲、五方、書計之事，始知室家長幼之節。十五入大學，學先聖禮樂，而知朝廷君臣之禮。所以耕夫餘子，亦得秉耒橫經，漸《詩》、《書》之化，被教養之澤。濟濟乎，洋洋乎，三代之隆軌也！

秦併天下，燔詩書，殺術士，聖人之道墜矣。然士隱山澤岩壁之間者，抱遺經，傳口說，不絕於世。漢興，乃出。言《易》，淄川田生；言《書》，

〔註32〕江藩：《國朝漢學師承記》，中華書局，1983年，第3～6頁。

濟南伏生；言《詩》，於魯則申公培，於齊則轅固生，於燕則韓太傅；言《禮》，魯高堂生；言《春秋》，於齊則胡毋生，於趙則董仲舒。自茲以後，專門之學興，命氏〔註33〕之儒起。六經五典，各信師承，嗣守章句，期乎勿失。西都儒士，開橫舍，延學徒，誦先王之書，被儒者之服，彬彬然有洙泗之風焉。

爰及東京，碩學大儒，賈、服之外，咸推高密鄭君，生炎漢之季，守孔子之學，訓義優洽，博綜群經，故老以為前修，後生未之敢異。晉王肅自謂辨理依經，逞其私說，偽作《家語》，妄撰《聖證》，以外戚之尊，盛行晉代。王弼宗老莊而注《周易》，杜預廢賈、服而釋《春秋》，梅賾上偽《書》，費甝為義疏。於是宋、齊以降，師承陵替，江左儒門，參差互出矣。

然河、洛尚知服古，不改舊章，《左傳》則服子慎，《尚書》、《周易》則鄭康成，《詩》則並主於毛公，《禮》則同遵於鄭氏。若輔嗣之《易》，惟河南、青、齊間有講習之者，而王肅《易》亦間行焉。元凱之《左氏》但行齊地，《偽孔傳》惟劉光伯、劉士元信為古文，皆不為當時所尚。《隋書》云：「南人約簡，得其英華；北學深蕪，窮其枝葉。」豈知言者哉！

唐太宗挺生於干戈之世，創業於戎馬之中，雖左右橐鞬，櫛風沐雨，然銳情經術，延攬名流，即位後讎正「五經」，頒示天下，命諸儒萃章句，為義疏。惜乎孔沖遠、朱子奢之徒妄出己見，去取失當，《易》用輔嗣而廢康成，《書》去馬、鄭而信偽孔，《穀梁》退麋氏而進范寧，《論語》則專主平叔，棄尊彝而寶康瓠，舍珠玉而收瓦礫，不亦慎哉！

宋初承唐之弊，而邪說詭言，亂經非聖，殆有甚焉。如歐陽修之《詩》、孫明復之《春秋》、王安石之《新義》是已。至於濂、洛、關、閩之學，不究禮樂之源，獨標性命之旨，義疏諸書，束置高閣，視如糟粕，棄等弁髦，蓋率履則有餘，考鏡則不足也。

元、明之際，以制義取士，古學幾絕。而有明三百年，四方秀艾，困於帖括，以講章為經學，以類書為博聞，長夜悠悠，視天夢夢，可悲也夫！在當時豈無明達之人、志識之士哉？然皆滯於所習，以求富貴。此所以儒者罕通人，學多鄙俗也。

〔註33〕【命氏】命世，著名於當世。《續修四庫全書》第179冊第256頁某氏批註：「氏，當作世字。」「命氏之學」，僅見於《南齊書》，《經解入門》改為「教授之學」。

　　我世祖章皇帝，握貞符，膺圖籙，撥亂反正，伐罪弔民，武德定四海，文治垂千古。順治十三年，敕大學士傅以漸撰《易經通注》，以《永樂大全》繁冗蕪陋，刊其舛訛，補其闕漏，勒為是書，頒之學官。聖祖仁皇帝嗣位，削平遺孽，親征西番，戡定三藩，永清六合，然萬機之暇，棲神墳典，悅志藝文，闡五音六律之微，稽八線九章之術。天資睿知，典學宏深，伊古以來所未有也。康熙十九年，敕大學士庫勒納等編《日講四書解義》、《日講書經解義》。二十二年，敕大學士牛鈕等編《日講易經解義》。三十八年，奉敕撰《春秋傳說匯纂》。五十四年，又敕大學士李光地等撰《周易折衷》。六十年，又敕大學士王頊齡等撰《書經傳說匯纂》，又敕戶部尚書王鴻緒等撰《詩經傳說匯纂》。凡御纂群經，皆兼漢、宋先儒之說，參考異同，務求至當，遠紹千載之薪傳，為萬世不刊之巨典焉。世宗憲皇帝際升平之世，未明求治，乙夜觀書，雖夙通三乘，然雅重《七經》。即位之後，即刊行聖祖《欽定詩經傳說匯纂》、《書經傳說匯纂》，皆御製序文，弁於卷首。又編定《聖祖日講春秋解義》。雍正五年，御纂《孝經集注》，折衷群言，勒為大訓，推武、周達孝之源，究天地明察之理，故能心契孔、曾，權衡醇駁也。至高宗純皇帝御極六十年，久道化成，不疾而速，不行而至，武功則耆定十全，文德則旁敷四海，富既與地乎侔資，貴乃與天乎比崇，盛德日新，多文日富。乾隆元年，詔儒臣排纂聖祖《日講禮記解義》。十三年，欽定《周官義疏》、《儀禮義疏》、《禮記義疏》。二十年，大學士傅恒等奉敕撰《周易述義》、《詩義折衷》。三十年，大學士傅恒等奉敕撰《春秋直解》，於《易》則不涉虛渺之說與術數之學，觀象則取互體以發明古義。於《詩》則依據毛、鄭，溯孔門授受之淵源，事必有徵，義必有本，臆說武斷，概不取焉。於《禮》則以康成為宗，探孔、賈之精微，綜群儒之同異，本天毅地，經國坊民，法治備矣。於《春秋》則採「三傳」之精華，斥安國之迂謬，闡尼山之本意；洵為百王之大法也。經學之外，考石鼓，辨大昌、用修之非；刊石經，汰開成、廣政之陋。又刻《御製說文》於太學，皆治經之津梁，論古之樞要，所謂懸諸日月，煥若丹青者也。於是鼓篋之士，負笈之徒，皆知崇尚實學，不務空言，遊心六藝之囿，馳騖仁義之途矣。我皇上誕敷文教，敦尚經術，登明堂，坐清廟，次群臣，奏得失，天下之眾，鄉風隨流，卉然興道而遷義，家懷克讓之風，人誦康哉之詠。猗歟偉歟，何其盛也！蓋惟列聖相承，文明於變，尊崇漢儒，不廢古訓，所以四海九州強學待問者咸沐《菁莪》之雅化，汲古義

之精微。縉紳碩彥，青紫盈朝，縫掖巨儒，絃歌在野，擔簦追師，不遠千里，講誦之聲，道路不絕，可謂千載一時矣。

藩綰髮讀書，授經於吳郡通儒余古農、同宗艮庭二先生，明象數制度之原，聲音訓詁之學。乃知經術一壞於東、西晉之清談，再壞於南、北宋之道學，元、明以來，此道益晦。至本朝，三惠之學盛於吳中，江永、戴震諸君繼起於歙，從此漢學昌明，千載沉霾一朝復旦。暇日詮次本朝諸儒為漢學者，成《漢學師承記》一編，以備國史之採擇。嗟乎！三代之時，弼諧庶績，必舉德於鴻儒。魏、晉以後，左右邦家，咸取才於科目。經明行修之士，命偶時來，得策名廊廟。若數乖運舛，縱學窮書囿，思極人文，未有不委棄草澤，終老丘園者也。甚至飢寒切體……蓋悲其友麋鹿以共處，候草木以同雕也。

【本篇結論】

《經解入門·歷代經學興廢》全部抄自江藩《國朝漢學師承記》之自序，僅刪去末段。

《歷代石經源流》抄自《石經補考》、《困學紀聞》、《榆墩集》、《古今釋疑》

【原文】

馮氏登府著《石經考異》〔註34〕，曰漢，曰魏，曰唐，曰蜀，曰南北宋，曰國朝，凡有七刻。漢即熹平石經，《易》、《尚書》、《魯詩》、《儀禮》、《公羊》、《論語》，凡六經，蔡中郎以八分書丹。魏即三字石經，《尚書》、《春秋》，寫以篆、隸、科斗三體之字。唐即開成刻《易》、《書》、《詩》、「三禮」、「三傳」、《論語》、《爾雅》諸經。蜀刻經凡十三。北宋即嘉祐中所刻「九經」，有篆有真。南宋即紹興所刻，書以小楷，各經皆非足本。國朝乾隆五十八年詔刻十三經於太學。嘉慶八年覆命磨改盡善。此就其文之可考者言也。

【馮登府《石經補考》】

余少喜石經之學，嘉慶庚午，先成《漢石經》二卷，後以次考證，而魏、唐、蜀、宋諸刻略備，庚午釋褐，始得讀國朝太學石經，並著其異同，列於卷首，分為一十二卷。開成十二經專校誤字，未經遍釋，蓋已分見於各卷……石經肇始於漢，歷代相承，率多殘泐，惟唐石經至今尚存，最為完備，然亦有

〔註34〕即《石經補考》，載《續修四庫全書》第184冊。

補刻之訛。我高宗純皇帝五十八年詔刻十三經於太學，即長洲蔣衡所書，勘定立石，依《開成石經》，參以各善本，多所訂正。彭尚書元瑞曾撰《考文提要》十三卷，以證校正所自。當時因急於告竣，未及盡改。迨我仁宗睿皇帝嘉慶八年，尚書奏請重修，於是覆命廷臣磨改，以期盡善。〔註 35〕

【馮登府《漢石經考異自序》】

後漢熹平四年，詔立石經於太學。據《靈帝本紀》及《儒林》、《宦者》二傳，皆曰「五經」，《蔡邕、張馴傳》以為六經。《隋・經籍志》又以為七經。俱非也。中郎以小字八分書丹，使工鐫石，《儒林傳序》以為古文、篆、隸三體者，亦非也，三體乃魏所建也。本朝顧亭林、朱竹垞、萬季野、全謝山諸先生言之詳矣。近翁覃溪閣學《石經殘字考》亦備載原委，而於古今文異同之辨，則俱略焉。考《漢石經》尚見於《唐書・藝文志》，張參據以校正「五經」文字。當時雖非完本，而卷帙尚多，惜未及詳載。經文僅存字體七十餘字，中惟桃、指、牆、喬、粲、#、寂、宜、明、叔、青、頮、睘、旄、平、荅等，字屬隸變，餘並同正文，而章句無可綴屬矣。至五代後，散佚無存。其遺字，僅見於宋洪适《隸釋》、黃伯思《東觀餘論》而已。今援《隸釋》例，仰討故訓，俯參時說，即譾識所得者，匯為《考異》一卷。其有義無可通，謹闕以俟。有散見他書，為洪、黃所未見者，旁證以補之。至呂氏《讀詩記》所載石經，如「江有洍」，「擊鼓其鏜」，「僾而不見」，「攕攕女手」，「挑兮#兮」，「芄蘭之枝」，「民之偽言」等文，皆見《說文》，於石經無所據，恐出董氏私見。惟「子衿」作「裣」，尚可考。至任啟運謂《論語》「有婦人焉」，《漢石經》作「殷人」，更屬臆說。又《廣韻》四十五厚「斗」字注，《說文》作「#」，《石經》作「斗」，當是《漢石經》。《一切經音義》卷七：《大般泥洹經》云：「宴，《石經》為古文『燕』同。」莊氏炘謂《漢石經》也。然無經文可釋，附記於此。嘉慶庚午二月，嘉興馮登府書於石經閣。〔註 36〕

【馮登府《北宋石經考異自序》】

世知有一字、三字石經，而不知有二字石經。李燾《長篇》載：「嘉祐六年三月，以篆國子監石經成，賜草澤章友。直銀百兩，絹百匹。除試將作監主簿，辭不就，故是有賜。」《宋史》曰：北宋篆石經有謝飶、張次立、楊南仲、

〔註 35〕馮登府：《石經補考・總敘》，《續修四庫全書》第 184 冊第 1～3 頁。
〔註 36〕馮登府：《石經考異序》，《續修四庫全書》第 184 冊第 35 頁。

皇侄克繼等，或賜銀幣，或賜出身。周密《雲煙過眼錄》記《嘉祐石經》云：「羅壽可遊汴梁太學，九經石堆積如山，一行篆字，一行真字。」朱檢討彝尊《經義考》據安世鳳說，謂金耶律隆曾修宋《嘉祐石經》，至明已殘斷不完。彭尚書元瑞曾得《周禮》殘本，凡十二葉，三百五十四行。惜僅載起訖，不復考證同異。惟吳山夫《金石存》載：賈顏親向開封府學拓得《嘉祐石經》，尚有《周易》二碑，存升、困、革、鼎、未濟五卦及《繫辭》前七章，《尚書》三碑存《牧誓》、《武成》、《洪範》、《旅獒》、《金縢》、《康誥》、《酒誥》七篇。迨畢尚書沅撫中州，詢之開封學官，碑已無存，惟陳留僅存《周禮》卷一及卷五中數石而已。錢氏大昕《金石文跋尾》所言，亦同彭本。此卷餘從苕溪孫茂才衍慶得之，共二百六十九行，較彭所得本少八十三行。以兩本互校之，凡《周禮》卷一及卷五、卷六中所存殘字，有出於畢尚書所見外者。又從方履籛得《禮記》殘碑。履籛藏有《易》、《書》二殘本，云摹拓得之開封府學，惜未及寄示，俟它日索之。凡石經古文，並足證刊本之誤，有功於微學不鮮矣。因據汲古閣本參校，略釋同異，以補向來言石經者所未及云。道光甲申閏七夕，嘉興馮登府序於閩金泉官舍。（載道光十年原刻本《石經閣叢書》《北宋石經考異》卷首）

【今按】

　　《石經補考》前二卷為《國朝石經考異》。三四卷為《漢石經考異》。漢即熹平石經，《周易》、《尚書》、《魯詩》、《儀禮》、《公羊》、《論語》，凡六經，蔡中郎以八分書丹。第五卷為《魏石經考異》。嘉慶二十五年自序云：「　」〔註37〕魏即三字石經，《尚書》、《左傳》，寫以篆、隸、科斗三體之字。《尚書》文連重文二百九十四，據武進臧氏琳分段列次，以經文屬之。《左傳》文八段，連重文共四百九十八，較《尚書》字畫為正。第六卷為《魏石經拾遺》，即《汗簡所收魏石經遺字》。第七卷為《唐石經誤字辨》。唐即開成刻《周易》、《尚書》、《詩》、「三禮」、「三傳」、《論語》、《爾雅》諸經。第八、九卷為《蜀石經考異》。蜀刻經凡十三。第十卷為《北宋石經考異》。北宋即嘉祐中所刻九經，有篆有真。包括周禮殘碑及周禮遺字、尚書遺字、孟子遺字。第十一卷為《南宋石經考異》。南宋即紹興所刻，書以小楷，各經皆非足本。

〔註37〕馮登府：《魏石經考異・自序》，《續修四庫全書》第184冊第56頁。

【附錄】翁方綱有「石經癖」，室名「石經閣」，作《漢石經殘字歌》

　　熹平初作黃羲篇，石渠故事追孝宣。通經釋義事優大，文武之道非丹鉛。雕蟲篆鳥那比數，鴻都未立前三年。議郎意不在工畫，蓋以正誤代傳箋。蘭臺漆書敢私易，煌煌日月當中天。四十六石堂十丈，聚觀車兩爭駢闐。楊家略著洛陽記，宋初尚有斷石傳。東觀論出御史府，論語跋記董廣川。成都會稽各搜篋，洪相八石精摹鐫。因依破缺非貌古，太璞粹氣逾於全。吾鄉孫氏研山笈，南原摹本殊不然。隸原隸辨盤與鑰，毛槧黃槧烏非焉。鄒平復聞張氏本，研山又落吳淞船。義門每用讖退谷，弆藏鑑別相後先。盍毛包周證魯義，歐陽夏侯訂孔編。越州閣圯海水綠，柯亭桐爨朱絲絃。玉邸半圭虹貫斗，龍頷百寶珠騰淵。崑山顧亭林、四明萬季野各有考，我欲匯續無由緣。便當摹勒自此始，涓濡溜且尺研穿。乞名蓬萊扁小閣，賀梁語燕來翩翩。（《復初齋詩集》卷十六）

【附錄】翁方綱《復初齋詩集》卷三十六《南昌學宮摹刻漢石經殘字歌》

　　石經未及洪家半，尚抵吳萊籀書換。龍圖晉玉雖舊聞，魏公資州餘幾段。鴻都學開後三年，皇羲篇章未點竄。正始那誤邯鄲淳，隸分先佔張懷瓘。黃晁援據正宜審，蔡馬姓名還可按。六經七經孰淆訛，一字三字精剖判。邇來鄒平與北平，商書魯論珍漫漶。如到講堂筵幾度，我昔豐碑丈尺算。表裏隸書果徵實，章句異同兼綜貫。洪釋篇行記聘禮，今我諸經儼陳燦。春秋嚴顏詩盍毛，只少羲爻象與彖。書云孝於復友於，鼠食黍苗三歲宦。近人板本據妻機，追想饒州簡初汗。鄱陽石泐五百年，中郎聽遠焦桐爨。豈惟西江補典故，龍光紫氣卿雲縵。方今聖人崇實學，六籍中天森炳煥。群言壹稟醇乎醇，如日方升旦復旦。諸生切磋函雅故，不獨琱琢工文翰。宮牆齋廡探星宿，清廟明堂列圭瓚。鳳皇一羽麟一角，琪樹芝華非近玩。研經奚必古本執，樸學幸勿承師畔。河海方將測原委，質厚先須植根幹。越州石氏證蓬萊，餘論何人續東觀。摩挲小閣一紀餘，甫得南州映芹泮。偏傍或裨箋傳詁，參檢直到周秦漢。踟蹰凝立語學官，桂露秋香手勤盥。

【原文】

　　方中履〔註38〕云：「十九刻敘最明，獨不及鄭覃自刻，何耶？」按：《新

〔註38〕【方中履】（1638～？），字素北，號合山，又號小愚，方以智次子，安徽桐城人。著有《汗青閣文集》二卷、《古今釋疑》十八卷。

唐書‧鄭覃傳》：覃以經籍刓謬，博士陋淺，不能正，建言願與巨學鴻生，共力讎刊，準演故事，鏤石太學，示萬世法。詔可。乃表周墀、崔球、張次宗、孔溫業等足正文字，刻於石。此唐文宗開成二年事，又在天寶石刻之後者。然則石經之刻，自漢迄明，凡二十刻矣，合之我朝，共二十一刻云。

【清徐世溥〔註39〕《榆墩集》卷四《跋石經》〔註40〕】

孔鮒藏經，魯恭王發之，遂出於世。孝平元始元年，王莽命甄豐摹古文《易》、《詩》、《書》、《左傳》於石，此石經之初刻也。章帝命杜操增摹《公羊》、《論語》古文，而釋以章草，此石經之再刻也。靈帝光和六年，命胡母敬、崔瑗、張昶、師宜官以古文八分刻《易》、《書》、《魯詩》、《儀禮》、《左傳》於太學講堂，此石經之三刻也。熹平四年，諸儒以《左傳》立於劉歆，當廢，《公羊》興於孝武，《周禮》、《爾雅》傳於周公，《魯詩》、《論語》出於孔子，當與《易》、《書》並刻，又詔蔡邕、楊賜、堂溪典、馬日磾等純以八分書之，此石經之四刻也。魏虞喜惜古文之不傳，言于邵陵厲公，自摹古文於石，陳留邯鄲淳以小篆釋之，鍾會注以小楷，【於是《易》有京房、費直，《書》有伏生、孔安國，《詩》有魯、韓、毛、（鄭）〔齊〕，《禮》有《周禮》、戴德、戴聖，《春秋》有左氏、公羊、穀梁，《論語》有《齊論》、《魯論》，並《爾雅》、《孝經》、《孟子》共二十種，】刻於鄴都之學宮，此石經之五刻也。晉惠帝永熙武庫火，〔科斗竹簡皆燼。〕梁武帝〔索於王志，〕得漢拓本三種，詔蕭子雲等以小楷刻之金陵，《易》用費直，《書》用姚方興，《詩》用毛氏，《禮》用小戴，《春秋》用「三傳」，此石經之六刻也。北魏太武神龜元年，從崔光之請，以漢魏石經在洛鄴者遭王彌、劉曜之亂，焚毀過半，命元暉、於烈、韓毅等補之，此石經之七刻也。周大象之沉，齊高澄之砲，復經殘闕。隋大業中，取其遺書於秘書省。貞觀六年，魏徵請發而傳之，詔歐陽詢補其八分，此石經之八刻也。於時孔穎達為疏義，而請以王弼《易》、孔安國《書》、《毛詩》、「三禮」、「三傳」、《論語》、《爾雅》、《孟子》、《孝經》頒行天下，俾儒生習之，是為「十三經」。開元四年，張說請補《古易》、《魯詩》，詔禮部郎中殷仲容〔註41〕摹古文於石，此石經之九刻也。天寶九年，從李林甫請，詔侍書徐

〔註39〕　【徐世溥】（1608～1675），字巨源，江西新建人。明崇禎間諸生，深受錢謙益器重，入清不仕。四庫存目著錄《榆墩集選》文九卷、詩二卷。

〔註40〕　見《四庫全書存目叢書》集部第211冊第145～146頁。

〔註41〕　【殷仲容】唐代書法家。陳郡長平（今河南西華）人，初唐著名畫家殷令民

浩等以小楷刻九經於長安，《禮記》以《月令》為首，此石經之十刻也。蜀孟昶命李仁罕、右僕射毋昭裔等以楷書刻《易》、《詩》、「三禮」、「三傳」、《論語》、《孟子》為十一經，此石經之十一刻也。南唐升元間以楷書刻十一經，而增入《孝經》、《爾雅》，此石經之十二刻也。宋淳化六年，翻蜀十一經於汴京，此石經之十三刻也。高宗御書「五經」於臨安府學，才人吳氏續之，此石經之十四刻也。洪适摹鴻都遺字於利州，此石經之十五刻也。范成大復摹於少城，此石經之十六刻也。天章閣待制胡元質復摹於成都學宮，並三體刻之，此石經之十七刻也。宣德六年，靖江王又摹於本府，此石經之十八刻也。天順元年，秦府又摹刻，而《古易》、《魯詩》復完，此石經之十九刻也。今世所行者，凡唐諱竹闕點畫，蓋秦府摹唐本耳，以為蔡中郎書者，是未考也。德卿龍生以草堂將軍之象賢，酷好書畫，出示石經，裝繕精好，囑余為跋。夫石經猶之乎書帙耳，未可以為帖也，故置書法不論，而書此以繫之。

按：上引《榆墩集》之跋文又見於方中履《古今釋疑》卷十六《石經》。

【本篇結論】

《歷代石經源流》前半部分抄自《石經補考》、《困學紀聞》，後半部分直接抄自《古今釋疑》，間接抄自《榆墩集》。《古今釋疑》在抄《榆墩集》時略有刪改，並有訛誤，而本篇竟然與《古今釋疑》完全相同，連錯字都沒有改正。

嚴可均《唐石經校文·敘例》：「石經者，古本之終，今本之祖。」〔註42〕姚文田《唐石經校文·跋》：「去古愈遠，復古愈難。」〔註43〕二家論石經甚確，附記於此。

《歷代書籍制度》抄自《江村銷夏錄序》、《漢、唐以來書籍制度考》

【原文】

朱氏竹垞云：「善讀書者，匪直晰文義而已，其於簡策之尺寸必詳焉。」

之子，顏真卿之舅祖。歷官秘書郎、戎馬兵曹、禮部郎中等。善篆、隸，尤精於榜書題額。顏真卿《顏元孫碑》有「仲容以能書為天下所宗，人造請者箋盈幾」之語。傳世書跡有《褚亮碑》、《武氏碑》、《馬周碑》以及《諸王題名》等，皆隸書。

〔註42〕見《續修四庫全書》第184冊第246頁。
〔註43〕見《續修四庫全書》第184冊第374頁。

誠以書籍制度，代有不同，不知其制，無以考簡冊之長短，文字之得失。三代之際，皆用方策。鄭康成《中庸注》云：「方，版，策簡也。」是也。策簡，竹為之；方，木為之也。其長短之度，鄭《論語序》云：「《易》、《書》、《詩》、《禮》、《樂》、《春秋》策皆尺二寸，《孝經》謙半之，《論語》八寸策者，三分居一，又謙焉。」服虔傳《春秋》，稱古文篆書，一簡八字，而說《書》者謂每行十三字。」「簡二十二字，脫亦二十二字。」據此，則簡有長短，字亦有多寡者也。而自漢而下則不然。漢因周制，仍用簡冊，而帛亦並用。

【朱彝尊《曝書亭集・江村銷夏錄序》】

昔之善讀書者，匪直晰其文義音釋而已，其於簡策之尺寸必詳焉。鄭康成曰：「《易》、《詩》、《書》、《禮》、《樂》、《春秋》，策皆尺二寸。《孝經》謙，半之；《論語》八寸。策者三分居一，又謙焉。」服虔傳《春秋》，稱古文篆書，一簡八字，而說《書》者謂每行一十三字。括蒼鮑氏以之定正《武成》，諸暨胡氏以之定正《洪範》。予嘗至太學，摩挲石鼓文，驗其行數，據以駁成都楊氏之作偽。因是而思漢儒訂詁之學，有未可盡非者爾。評書畫者眾矣，廣川董氏病其冗長，其餘又嫌太略。宣和書畫，僅譜其人，及所藏之目，南渡館閣之儲，於金銅玉石，悉識其尺寸，而於書畫無之。蓋昔人心思或有未及，必俟後賢而始大備也。錢唐高詹事退居柘湖，撰《江村銷夏錄》三卷，於古人書畫真蹟，為卷為軸，為箋為絹，必謹識其尺度廣狹斷續，及印記之多寡，跋尾之先後，而間以己意折衷甄綜之。評書畫者，至此而大備焉。今之作偽者，未嘗不仿尺度為之，然或割裂跋尾印記，移真者附於偽，而以偽者雜於真。自詹事之書出，稍損益之不可。雖有大駔巨狡，伎將安施哉？詹事曩在內庭久，御府圖書資以鑑賞者，歷歷猶能記憶，而不著於錄。或疑不言溫樹之義。然宋之米友仁、元之柯敬仲皆嘗奉詔旨題書畫，每言之不敢詳。此詹事第於退居之暇，先以江村所見錄之書成於康熙三十二年六月，故以「銷夏」名編。予以是年九月作序，印行之頃，實藉以為負暄之助焉。

【原文】

三代之際，皆用方策。鄭康成《中庸注》云：「方，版，策簡也。」是也。策簡，竹為之；方，木為之也。其長短之度，鄭《論語序》云：「《易》、《書》、《詩》、《禮》、《樂》、《春秋》策皆尺二寸，《孝經》謙半之，《論語》八寸策者，三分居一，又謙焉。」服虔傳《春秋》，稱古文篆書，一簡八字，

而說《書》者謂每行十三字。」「簡二十二字，脫亦二十二字。」據此，則簡有長短，字亦有多寡者也。而自漢而下則不然。漢因周制，仍用簡冊，而帛亦並用。

戴氏宏云：「《公羊》傳至景帝時，公羊壽乃共弟子胡毋子都著於竹帛。」又《書籍考》云：「靈帝西遷，縑帛散為幃囊。」皆可見漢時竹帛並用也。至蔡倫造紙，而書籍始用紙。然其初，帛與紙亦並用，後則專用紙，而不用帛。當漢、唐時，尚無印版，故其書皆以紙素傳寫。《抱朴子》所寫，反覆有字。《金樓子》謂細書《史》、《莊》、《老》、《離騷》等六百三十四卷。南齊沈麟士年過八十，手寫細書，後周裴漢借異書，躬自錄本，蓋其時書籍難得，而其制度不作冊而為卷軸。胡應麟云：「卷必重裝一紙，表裏常兼數番，每讀一卷，或每檢一事，細閱展舒，甚為煩數。」《唐·經籍志》云：「藏書四庫，經庫書綠牙軸，朱帶，白牙籤；子庫書紫帶，雕紫檀軸，碧牙籤。」其餘皆大略如此。至唐末，益州始有版本，〔多〕術數、字學、小書。後唐長興三年，始依石經文字，刻九經，印版流佈天下，命馬縞、田敏等詳勘。《宋史》謂始於周顯德，非是。宋慶曆中，有布衣畢升又為活版，其法用漆泥刻字，薄如錢，印極神速。鏤板之地，蜀最善，吳次之，越次之，閩又次之。其本初以梓，後以梨，或以棗，唐以後之制度大率如此。

【金鶚《漢、唐以來書籍制度考》〔註44〕】

三代之書，皆用方策。漢、唐以來制度代異。漢初因周制，仍用簡冊，而帛與竹同用。戴氏宏云：「《公羊》傳至景帝時，公羊壽乃共弟子胡毋子都著於竹帛。」此竹帛並用之證。《漢書·藝文志》：歐陽、大小夏侯三家經文，《酒誥》脫簡一、《召誥》脫簡二，可知其書於竹也。然古書有篇無卷，而《藝文志》所載，如《尚書》古文經四十六卷、經二十九卷，可知其書有用帛者矣。篇字從竹，故竹書曰篇。帛書可卷舒，故帛書曰卷。通言之，則竹書亦曰卷，帛書亦曰篇也。古詩云：「中有尺素書。」《風俗通》云：「劉向校書皆先書竹，改易刪定，可繕寫者以上素。」《書籍考》云：「靈帝西遷，縑帛散為幃囊。」可見漢書之用帛也。至蔡倫造紙，而書籍始用紙。然帛與紙猶並用也，厥後不用帛而用紙矣。漢、唐之時，未有印版，其書皆以紙素傳寫。《抱朴子》所寫，反覆有字。《金樓子》謂細書經、史、《莊》、《老》、《離騷》等六百三十四

卷在巾箱中。桓譚《新論》謂梁子初、楊子林所寫萬卷，至於白首。南齊沈麟士年過八十，手寫細書，滿數十篋。梁袁峻自寫書課，日五十紙。後周裴漢借異書，躬自錄本，蓋書之難得也。其書籍制度不作冊而為卷軸。胡應麟云：「卷必重裝一紙，表裏常兼數番，每讀一卷，或每檢一事，紬閱展舒，甚為煩數。收集整比，彌費辛勤。」羅壁云：「古人書不解線縫，只疊紙成卷，後以幅紙概黏之，猶今佛老經然，其後稍作冊子。」今考《唐書·經籍志》云：「藏書分為四庫，經庫書綠牙軸，朱帶，白牙籤；史庫書青牙軸，縹帶，綠牙籤；子庫書雕紫檀軸，紫帶，碧牙籤；集庫書綠牙軸，朱帶，紅牙籤。」其制度大略如此。至唐末，益州始有版本，多術數、字學、小書。後唐長興三年，始依石經文字，刻九經，印版流佈天下，命馬縞、田敏等詳勘。《宋史·藝文志》謂始於周顯德，非也。宋端拱元年，司業孔維等奉詔校勘孔穎達《五經正義》，詔國子監鏤板，行之淳化中，復以《史記》、前後《漢書》付有司摹印，自是書籍刊鏤者益多。慶曆中，有布衣畢升，又為活版，其法用漆泥刻字，薄如錢，每字為一印，火燒令堅，印數十百千本極為神速。鏤板之地，蜀最善，吳次之，越次之，閩又次之。刻板之木，初以梓，後以梨，或以棗，此唐以後書籍之制度也。

間嘗考古之書籍皆寫本，最為不便，漢熹平始有石經，唐開成、宋嘉祐亦皆有之，後晉天福又有銅板九經，皆可紙墨摹印，無用筆寫，然其制頗難傳，亦未廣。至板本盛行，摹印極便，聖經賢傳乃得家傳而人誦，固亦有功名教矣。然寫本不易，傳錄者精於讎對，故往有善本。自板本出，訛謬日甚，後學者無他本可以勘驗，其弊亦不少也。

【本篇結論】

《歷代書籍制度》篇將《江村銷夏錄序》、《漢、唐以來書籍制度考》二文的主體部分綴合為一，又在《江村銷夏錄序》之間插入「誠以書籍制度，代有不同，不知其制，無以考簡冊之長短，文字之得失。三代之際，皆用方策」一段扣題文字，而「三代之際，皆用方策」與《漢、唐以來書籍制度考》開頭語「三代之書，皆用方策」只差一字，因此將兩篇文章巧妙地縫合起來。末了又將兩文的結尾段落刪去，似乎乾淨利索，不留痕跡。但經過我們順藤摸瓜，還是抓住了狐狸尾巴。

《兩漢傳經諸儒》抄自《經典釋文序錄》、《國朝經師經義目錄》

【原文】

秦火一炬，群籍蕩然，而今日猶得讀三代之書者，兩漢經師之力也。爰列群經，次兩漢之傳經者。

【附錄】嚴元照《娛親雅言》卷五：

漢儒經師家法，建安喪亂之後漸失其傳。如何晏於經學本無所得，其《論語集解》兼採眾說，不欲墨守一師之言，兩漢專門名家之學自茲遂破，且漢時《論語》魯、古並行，諸家授受本各不同，若於一章之內文字訓解專主一家，猶之可也。今其書雜陳眾說，一章而載三四家說，以致前後衡決、不相檢照者甚多，如未若貧而樂道，鄭本無道字，故其注曰樂謂志於道，孔本有道字，故其注兩言樂道，兩注並存，而經文道字之有無遂莫能定矣。子在齊聞韶，三月不知肉味。周生烈曰：聞習韶樂之盛美，故忽於肉味也。如周解，則不圖為樂之至，於斯乃歎美之辭，非別有所指也。何氏於下文又載王肅曰：不圖作韶樂至於此。此，此齊也，於是郭象、江熙、范寧皆以為夫子傷慨之辭，雖不知於經之指歸何若，而周、王兩說固已不可合矣。下章古之賢人也，鄭從古作賢仁，故其主云，孔子以伯夷、叔齊賢且仁，《集解》於經文既定作賢人，又載鄭氏賢且仁之語，不反成弔詭乎？如斯之類，尚難枚舉，姑記所疑以諗同學。〔註45〕

【原文】

《易》：自商瞿五傳而至田何。漢興，何以齊田徙杜陵，號杜田生，授東武王同（字子中），及洛陽周王孫，梁人丁寬（字子襄，又從周王孫受古義），齊服生，皆著《易傳》。漢初言《易》者，本之田生。王同授淄川楊何、孟但、主父偃、即墨、成周、霸衡胡。丁寬授同郡碭田王孫。楊何授司馬談、京房。田王孫授施讎及孟喜、梁丘賀。由是有施、孟、梁丘之學。張禹、魯伯授施氏《易》，蓋寬饒、翟牧、白光受孟氏《易》，梁臨受梁丘及施氏。彭宣、戴同受張禹。毛莫如、邴丹受魯伯。王駿、五鹿充宗受梁臨。戴賓受戴崇、鄧彭、祖士孫、張衡咸。馮商受充宗。劉昆受戴賓。劉軼受劉昆。後漢范升傳梁丘《易》及孟氏《易》，升又傳楊政。張興傳梁丘《易》，興又傳張魴。窪丹、觟陽鴻、任安皆傳孟氏《易》。虞光、虞成、虞鳳、虞翻自言五世傳孟氏《易》。袁良、

袁安、袁京、袁敞、袁彭、袁湯、袁閎亦五世傳孟氏《易》。東郡京房（字君明）受《易》焦延壽，延壽嘗從孟喜問《易》，房以延壽《易》即孟氏學，翟牧、白生非是。房授段嘉（《儒林傳》作殷嘉）及姚平乘弘，由是多京氏學，孫期、魏滿並傳之。費直授琅琊王璜。成帝時劉向考《易》說，以為諸家皆祖田何、楊叔元、丁將軍，大義略同，唯京氏為異。《後漢書》云：「京兆陳元，扶風馬融，河南鄭眾，北海鄭玄，穎川荀爽，並傳費氏《易》。沛人高相治《易》，與費直同，自言出於丁將軍，傳至相，相授子康，及蘭陵毌將永。」此《易》學之傳也。其治《易》而不詳所出者不載，下仿此。

【《經典釋文序錄‧注解傳述人》】

自魯商瞿子木受《易》於孔子，以授魯橋庇子庸，子庸授江東馯臂子弓，子弓授燕周醜子家，子家授東武孫虞子乘，子乘授齊田何子莊（《高士傳》云字莊，《漢書‧儒林傳》云臨淄人）。及秦燔書，《易》為卜筮之書，獨不禁，故傳授者不絕。漢興，田何以齊田徙杜陵，號杜田生，授東武王同子中及洛陽周王孫、梁人丁寬、齊服生，皆著《易傳》。漢初言《易》者本之田生。同授淄川楊何。寬授同郡碭田王孫。王孫授施讎及孟喜、梁丘賀，由是有施、孟、梁丘之學焉。施讎（字長卿，沛人，為博士）傳《易》，授張禹（字子文，河內軹人，徙家蓮勺，以《論語》授成帝，官至丞相安昌侯）及琅邪魯伯（會稽太守）。禹授淮陽彭宣（字子佩，大司空長平侯，作《易傳》）及沛戴崇（字子平，少府，作《易傳》）。伯授太山毛莫如（字少路，常山太守）及琅邪邴丹（字曼容）。後漢劉昆（字桓公，陳留東昏人，侍中、弘農太守、光祿勳）受施氏易於沛人戴賓，其子軼（字君文，官至宗正）。孟喜（字長卿，東海蘭陵人，曲臺署長、丞相掾）父孟卿，善為《禮》、《春秋》。孟卿以《禮經》多，《春秋》煩雜，乃使喜從田王孫受《易》。喜為《易章句》，授同郡白光（字少子）及沛翟牧（字子況）。後漢窪丹（字子玉，南陽育陽人，世傳《孟氏易》，作《易通論》七篇，官至大鴻臚）、觟陽鴻（字孟孫，中山人少府）、任安（字定祖，廣漢綿竹人）皆傳《孟氏易》。梁丘賀（字長翁琅邪諸人少府）本從太中大夫京房受易（房，淄川楊何弟子），後更事田王孫，傳子臨（黃門郎、少府）。臨傳五鹿充宗（字君孟，代郡人，少府、玄菟太守）及琅邪王駿（王吉子，御史大夫）。充宗授平陵士孫張（字仲方，博士、揚州牧、光祿大夫、給事中，家世傳業）及沛鄧彭祖（字長夏，真定太守）、齊衡咸（字長賓，王莽講學大夫）。後漢范升（代郡人，博士）傳《梁丘易》（一本作傳《孟氏易》），

以授京兆楊政（字七行，左中郎將）。又穎川張興（字君上，太子少傅）傳《梁丘易》，弟子著錄且萬人，子魴傳其業（魴官至張掖屬國都尉）。京房（字君明，東郡頓丘人，本姓李，推律自定為京，至魏郡太守）受《易》梁人焦延壽（字延壽，名贛）。延壽云嘗從孟喜問《易》。會喜死，房以延壽《易》即孟氏學，翟牧、白生不肯，曰：「非也。」延壽嘗曰：「得我術以亡身者，京生也。」房為《易章句》，說長於災異，以授東海段嘉（《漢書·儒林傳》作殷嘉）及河東姚平、河南乘弘（一本作桑弘），皆為郎、博士。由是前漢多京氏學，後漢戴馮（字次仲，汝南平輿人，侍中兼領虎賁中郎將）、孫期（字仲奇，濟陰成武人，兼治《古文尚書》，不仕）、魏滿（字叔牙，南陽人，弘農太守），並傳之。費直（字長翁，東萊人，單父令）傳《易》，授琅邪王璜（字平仲，又傳《古文尚書》），為費氏學。本以古字，號《古文易》，無章句，徒以《彖》、《象》、《繫辭》、《文言》解說《上、下經》（《七錄》云：直《易章句》四卷，殘缺）。漢成帝時，劉向典校書，考《易》說，以為諸《易》家說皆祖田何、楊叔元、丁將軍，大義略同，唯京氏為異。

【江藩《國朝經師經義目錄·易》】

魯商瞿子木受《易》於孔子，五傳而至齊田何子莊，子莊之後，有施、孟、梁丘之學。施，施讎也；孟，孟喜也；梁丘，梁丘賀也。又有京氏學。京氏，京房也，從梁人焦延壽學《易》。延壽嘗從孟喜問《易》，喜死，房以延壽《易》即孟氏學，翟牧、白生不肯，皆曰：「非也。」然則京生之學實出於焦贛，長於災異，非《孟氏易》明矣。又有《費氏易》。費氏名直，本以古字，號「古文易」，無章句，徒以《象象》、《繫辭》、《文言》解說上下經。成帝時，劉向典校書，考《易》，以為譜家說皆祖田何，大義略同，惟京氏為異。又以中古文《易經》校施、孟、梁丘之《易經》，或脫去「无咎悔亡」，惟費氏經與古文同。京兆陳元、扶風馬融、河南鄭眾、北海鄭玄、穎川荀爽，並傳《費氏易》。沛人高相，治《易》與費氏同時，其《易》亦無章句，專說陰陽災異，自言出丁將軍，傳至相。丁將軍，丁寬也，受田何《易》。是為《高氏易》。漢初，立《易》楊氏博士。楊氏字叔元，田何之弟子也。宣帝後，立施、孟、梁丘之《易》。元帝又立《京氏易》。費、高二《易》，民間傳之。後漢，費氏興而高氏微。永嘉以來，鄭玄、王弼二注列於國學。至南齊，《易》用鄭義；隋、唐始專主王弼，而漢晉諸儒之注皆亡。惟唐李鼎祚《周易集解》博採諸儒之說，如孟喜、京房、馬融、鄭玄、荀爽、劉表、宋衷、虞翻、陸績，略存一二。

於是卦氣六日七分遊歸飛伏爻辰交互消息升降納甲之變，半見等例，藉此可以推尋。無如王、韓清談，程、朱理學固結人心，或詆為穿鑿，或斥為邪說，先儒古義棄如土梗矣。夫《易》為卜筮之書，秦火未燔。商瞿受《易》以來，傳授不絕。則漢儒之說，以商瞿為祖；商瞿之說，孔子之言也。嗟乎！孔子之言可以謂之穿鑿、謂之邪說哉？蓋《易》自王輔嗣、韓康伯之書行，二千餘年無人發明漢時師說，及東吳惠氏起而導其源，疏其流，於是三聖之《易》昌明於世，豈非千秋復旦哉！

【原文】

漢興，傳《今文尚書》者始於濟南伏勝，傳《古文尚書》者始於孔安國。伏生授濟南張生、千乘歐陽生，生授同郡兒寬，寬又從孔安國受業，以授歐陽生之子，歐陽氏世傳其業，至曾孫高作《尚書章句》，為歐陽氏學。高孫地餘以書授元帝，傳至歐陽歙，歙以上八世皆為博士。濟南林尊受《尚書》於歐陽高，以授平當及陳翁生，翁生授殷崇及龔勝，當授朱普及鮑宣。後漢濟陰曹曾受業於歐陽歙，傳長子祉。又陳留陳弇、樂安弇長並傳歐陽《尚書》。沛國桓榮受《尚書》於朱普，以授漢明帝，遂世相傳，東京最盛。張生授夏侯都尉，都尉傳族子始昌，始昌傳族子勝，勝從始昌受《尚書》及《洪範》五行傳說災異，又事同郡簡卿——卿者，兒寬門人——又從歐陽氏問，為學精熟，所問非一師，受詔撰《尚書說》，號為大夏侯氏學。傳齊人周堪及魯國孔霸，霸傳子光，堪授魯國弇卿及長安許商，商授沛人唐林及平陸吳章、重泉王吉、齊炔欽。後漢北海牟融亦傳大夏侯《尚書》。夏侯建師事夏侯勝及歐陽高，左右採獲，又從「五經」諸儒問與《尚書》相出入者，牽引以次章句，為小夏侯氏學。傳平陵張山拊，山拊授同縣李尋及鄭寬中、山陽張無故、信都秦恭、陳留假倉。寬中授東郡趙玄，無故授沛人唐尊，恭授魯馮賓。後漢東海王良亦傳小夏侯《尚書》。安國獻《尚書傳》，遭巫蠱事，未列於學官，藏之私家。以授都尉朝。司馬遷亦從安國問故，故遷書多古文說。都尉朝授膠東庸生，庸生授清河胡常，常授虢徐敖，敖授琅琊王璜及平陵涂惲，惲授河南乘欽。王莽時諸學皆立，惲、璜等貴顯。范曄《後漢書》云：「中興，扶風杜林傳《古文尚書》，賈逵為之作誦，馬融作傳，鄭玄注解，由是《古文尚書》遂顯於世。」按：今馬、鄭所注，並伏生所誦，非古文也。孔氏之本絕，是以馬、鄭皆謂之逸書。王肅亦注今文，而解大與古文相類，或肅私見《孔傳》而秘之，亦未可知也。

【《經典釋文序錄‧注解傳述人》】

漢興，欲立《尚書》，無能通者，聞濟南伏生（名勝，故秦博士）傳之，文帝欲徵，時年已九十餘，不能行，於是詔太常使掌故晁錯受焉（《古文尚書》云：「伏生年老不能正言，言不可曉，使其女傳言教錯。」）。伏生失其本經，口誦二十九篇傳授（《漢書》云：「伏生為秦禁書，壁藏之。漢定，伏生求其書，亡數十篇，獨得二十九篇，以教齊魯之間。」）。以其上古之書，謂之《尚書》（鄭玄以為孔子撰《書》，尊而命之曰《尚書》。尚者，上也，蓋言若天書然。王肅云：「上所言，下為史所書，故曰《尚書》。」）。伏生授濟南張生、千乘歐陽生（字和伯，千乘人）。生授同郡兒寬（御史大夫）。寬又從孔安國受業，以授歐陽生之子（歐陽、大小夏侯《尚書》皆出於寬）。歐陽氏世傳業，至曾孫高作《尚書章句》為歐陽氏學。高孫地餘（字長賓，侍中少府）以《書》授元帝。傳至歐陽歙（字正思，後漢大司徒）。歙以上八世皆為博士。濟南林尊（字長賓，為博士，論石渠，官至少府、太子太傅）受《尚書》於歐陽高，以授平當（字子思，下邑人，徙平陵，官至丞相，封侯，子晏亦明經，至大司徒）及陳翁生（梁人，信都太傅，家世傳業）。翁生授殷崇（琅邪人，為博士）及龔勝（字君賓，楚人，右扶風）。當授朱普（字公文，九江人，為博士）及鮑宣（字子都，勃海人，官至司隸）。後漢濟陰曹曾（字伯山，諫大夫）受業於歐陽歙，傳其子祉（河南尹）。又陳留陳弇（字叔明，受業於丁鴻）、樂安牟長（字君高，河內太守、中散大夫）並傳《歐陽尚書》。沛國桓榮（字春卿，太子太傅、太常、五更、關內侯）受《尚書》於朱普（《東觀漢紀》云：「榮事九江朱文。」文即普字），以授漢明帝，遂世相傳，東京最盛（《漢紀》云：門生為公卿者甚眾，學者慕之，以為法。榮子郁以《書》授和帝，而官至侍中太常。郁子焉復以《書》授安帝，官至太子太傅、太尉）。張生（濟南人，為博士）授夏侯都尉（魯人），都尉傳族子始昌（始昌通「五經」，以《齊詩》、《尚書》教授，為昌邑太傅），始昌傳族子勝（字長公，後屬東平，長信少府、太子太傅）。勝從始昌受《尚書》及《洪範五行傳》，說災異；又事同郡簡卿，卿者，兒寬門人；又從歐陽氏問。為學精熟，所問非一師，善說禮服，受詔撰《尚書論語說》（《藝文志》：夏侯勝《尚書章句》二十九卷），號為「大夏侯氏學」。傳齊人周堪（堪字少卿，太子少傅。光祿勳）及魯國孔霸（字次孺，孔子十三世孫，為博士，以《書》授元帝，官至太中大夫、關內侯，號褒成君），霸傳子光（字子夏，丞相、博山侯。光又事牟卿）。堪授魯國牟卿（為博士）

及長安許商（字伯長，四至九卿，善算，著《五行論》）商授沛唐林（字子高，王莽時為九卿）及平陵吳章（字偉君，王莽時博士）、重泉王吉（字少音，王莽時為九卿）、齊炔欽（字幼卿，王莽時博士）。後漢北海牟融亦傳《大夏侯尚書》。夏侯建（字長卿，勝從父兄子，為博士議郎、太子少傅）師事夏侯勝及歐陽高，左右採獲，又從「五經」諸儒問，與《尚書》相出入者，牽引以次章句，為小夏侯氏學。傳平陵張山拊（字長賓，為博士論石渠，至少府）。山拊受同縣李尋（字子長，騎都尉）及鄭寬中（字少君，為博士，授成帝，官至光祿大夫，領尚書事、關內侯）、山陽張無故（字子孺，廣陵太傅）、信都秦恭（字延君，城陽內史，增師法至百萬言）、陳留假倉（字子驕，以謁者論石渠，至膠東相）。寬中授東郡趙玄（御史大夫）；無故授沛唐尊（王莽太傅）；恭授魯馮賓（為博士）。後漢東海王良亦傳《小夏侯尚書》。〔註46〕……安國又受詔為《古文尚書傳》，值武帝末巫蠱事起，經籍道息，不獲奏上，藏之私家（安國並作《古文論語》、《古文孝經傳》。《藝文志》云：「安國獻《尚書傳》，遭巫蠱事，未列於學官。」）。以授都尉朝。司馬遷亦從安國問故，遷書多古文說。劉向以中古文校歐陽、大小夏侯三家經文，脫誤甚眾（《藝文志》云：「《酒誥》脫簡一，《召誥》脫簡二，文異者七百有餘，脫字數十。」）。都尉朝授膠東庸生（名譚，亦傳《論語》），庸生授清河胡常（字少子，以明《穀梁春秋》為博士，至部刺史，又傳《左氏春秋》），常授虢徐敖（右扶風掾，又傳《毛詩》），敖授琅邪王璜及平陵涂惲（字子真），惲授河南乘欽（字君長，一本作桑欽）。王莽時諸學皆立，惲、璜等貴顯。范曄《後漢書》云：「中興，扶風杜林傳《古文尚書》，賈逵（字景伯，扶風人，左中郎將侍中）為之作訓，馬融作傳，鄭玄注解，由是《古文尚書》遂顯於世。」案：今馬、鄭所注並伏生所誦，非古文也。孔氏之本絕，是以馬、鄭、杜預之徒皆謂之《逸書》。王肅亦注《今文》，而解大與《古文》相類，或肅私見孔《傳》而秘之乎？江左中興，元帝時豫章內史枚賾（字仲真，汝南人）奏上孔傳《古文尚書》，亡《舜典》一篇，購不能得，乃取王肅注《堯典》從「眘徽五典」以下分為《舜典》篇以續之（孔

〔註46〕吳承仕《經典釋文序錄疏證》：「此約《漢書·儒林傳》、夏侯始昌以下各本傳、《後漢書·儒林傳》文，略明大、小夏侯二家授受源流也。歐陽生、張生親聞於伏生，張生再傳得夏侯勝，是為大夏侯氏學；勝傳從子建，是為小夏侯氏學。始立學者唯《歐陽尚書》，至宣帝時乃立《大、小夏侯》，是其名家立學，夏侯皆較晚於歐、陽。傳至後漢，夏侯二家亦不如歐陽之盛，此其少異者也。」（中華書局1984年版，第57頁）

《序》謂伏生以《舜典》合於《堯典》，孔傳《堯典》止於「帝曰欽哉」，而馬、鄭、王之本同為《堯典》，故取為《舜典》），學徒遂盛。後范甯（字武子，順陽人，東晉豫章太守，兼注《穀梁》）變為《今文集注》，俗間或取《舜典》篇以續孔氏。齊明帝建武中，吳興姚方興采馬、王之《注》，造孔傳《舜典》一篇，云於大䑸頭買得，上之。梁武時為博士議曰：「孔《序》稱伏生誤合五篇，皆文相承接，所以致誤，《舜典》首有『曰若稽古』，伏生雖昏耄，何容合之？」遂不行用。漢始立《歐陽尚書》，宣帝復立大小夏侯博士，平帝立《古文》。永嘉喪亂，眾家之《書》並滅亡，而《古文孔傳》始興，置博士，鄭氏亦置博士一人。近唯崇《古文》，馬、鄭、王《注》遂廢。今以孔氏為正，其《舜典》一篇仍用王肅本。

【《國朝經師經義目錄·書》】

《尚書》有二：一為今文，伏生所授也；一為古文，孔安國所傳也。《書》本有百篇，孔子序之，遭秦滅學。至漢，唯濟南伏生口傳二十八籍：一《堯典》，合《舜典》為一篇，二《皋陶謨》，合《益稷》為一篇，三《禹貢》，四《甘誓》，五《湯誓》，六《盤庚》，七《高宗肜日》，八《西伯勘黎》，九《微子》，十《牧誓》，十一《洪範》，十二《金縢》，十三《大誥》，十四《康誥》，十五《酒誥》，十六《梓材》，十七《召誥》，十八《洛誥》，十九《多士》，二十《無逸》，二十一《君奭》，二十二《多方》，二十三《立政》，二十四《顧命》，合《康王之誥》為一篇，二十五《呂刑》，二十六《文侯之命》，二十七《糴誓》，二十八《秦誓》。又河內女子得《泰誓》一篇獻之，共二十九篇。伏生作《尚書傳》四十一篇，以授同郡張生，張生授千乘歐陽生，歐陽生授同郡兒寬，寬授歐陽生之子世，世傳之至曾孫歐陽高，謂之《尚書》歐陽之學。又有夏侯都尉受業於張生，以授族子始昌，始昌傳族子勝，為大夏侯之學；勝授從子建，別為小夏侯之學。於是有歐陽、大、小夏侯三家，訖漢東京，相傳不絕，是為今文《尚書》。漢武帝時，魯恭王壞孔子宅，得古文《尚書》，孔安國以今文字讀之，皆起，增多一十六篇：《舜典》一，《汩作》二，《九共》三，《大禹謨》四，《棄稷》五，《五子之歌》六，《胤征》七，《湯誥》八，《咸有一德》九，《典寶》十，《伊訓》十一，《肆命》十二，《原命》十三，《武成》十四，《旅獒》十五，《駧命》十六。鄭康成謂之二十四篇者，分《九共》為九篇也。遭巫蠱事，不得列於學官，故稱逸書，亦稱中古文。其傳之者，都尉朝，朝授膠東庸生，庸生授胡常，常授徐敖，敖授王璜、涂

惲，惲授桑欽。成、哀時，劉向父子校理秘書，皆見之。後漢賈徽受業於涂惲，傳子逵。又有孔僖者，安國後也，世傳其學；尹敏、周防、周盤、楊倫、張楷、孫期亦習古文。又有扶風杜林，得西州漆書，互相考證，以授衛宏、徐遜、馬融亦傳其學。鄭君康成先受古文於張恭祖，既又遊馬融之門，乃溯源於孔氏，又通杜林漆書者也，是為古文《尚書》。然增多之一十六篇，馬融云「絕無師說」，蓋安國以今文讀之，校其文字，習其句讀而已。漢儒重師承，無師說者不敢強為之解。則張楷之注，賈逵之訓，馬融之傳，康成之注，亦但解伏生所傳之二十八篇，其一十六篇曹無注釋也，所以謂之逸書。逸書者，非逸其文，其話逸而無考也。其後，《武成》亡於建武之際。至東漢之末，《胤征》、《伊訓》猶有存者，故康成注《書》間一引之，如《禹貢注》引《胤征》，《典寶注》引《伊訓》之類。迄乎永嘉，師資道喪，二京逸典，咸就滅亡。江左中興，元帝時，豫章內史梅賾奏上孔傳古文《尚書》，自云「晉太保公鄭沖以古文《尚書》授扶風蘇愉，愉授天水梁柳，柳授城陽臧曹，曹授汝南梅賾」。賾所上之書，增古文二十五篇：一《大禹謨》，二《五子之歌》，三《胤征》，四《仲虺之誥》，五《湯誥》，六《伊訓》，七《太甲上》，八《太甲中》，九《太甲下》，十《成有一德》，十一《說命上》，十二《說命中》，十三《說命下》，十四《泰誓上》，十五《泰誓中》，十六《泰誓下》，十七《武成》，十八《旅獒》，十九《微子之命》，二十《蔡仲之命》，二十一《周官》，二十二《君陳》，二十三《畢命》，二十四《君牙》，二十五《冏命》，是為《偽古文尚書》、《偽孔傳》。齊建武中，吳姚方興於大航市得《舜典》一篇奏上，比馬鄭注多「曰若稽古帝舜曰重華，協於帝，濬哲文明，溫恭允塞，元德升聞，乃命以位」二十八字，乃分《堯典》之半為《舜典》，此又偽中之偽也。時梁武為博士，駁之，途遂不行。至唐孔穎達為正義，取偽孔書，又取此說，反斥鄭氏所述之二十四篇為張霸偽造。霸偽造者，乃《百兩篇》。成帝時劉向以古文校之，非是，遂黜其書。《漢書·儒林傳》先述孔壁逸書，後敘《百兩篇》，則逸書非《百兩》明矣。且逸書及《百兩篇》，劉向父子領校秘書時皆得見之，豈有欽明知其偽，而撰別錄仍取霸書乎？歆撰《三統曆》，述《伊訓》、《武成》、《畢命》諸篇悉孔壁古文，豈有歆亦知其偽而反取其說乎？沖遠之說，可謂遊談無根矣。自此以後，《正義》大行，而馬、鄭之注皆亡。至朱吳棫、朱子始疑其偽，繼之者，吳草廬、郝京山、梅鷟也，然皆未能抉其奧，採其蘊。逮固朝閻氏、惠氏出，而偽古文浸微，

馬、鄭之學復顯於世矣。國朝注《尚書》者十有餘家，不知偽古文、偽孔傳者，概不著錄。如胡胐明《洪範正論》，雖力攻圖書之謬，而闢漢學五行災異之說，是不知夏侯始昌之《洪範五行傳》亦出於伏生也。胐明雖知偽古文，而不知《五行傳》之不可闢，是以黜之。

【原文】

漢興，傳《詩》者四家：《魯詩》始於魯人申培公，《齊詩》始於齊人轅固生，《韓詩》始於燕人韓嬰，《毛詩》始於大小毛公。魯人申公受《詩》於浮丘伯，以《詩經》為訓，故以教無傳疑，疑者則闕不傳，號曰《魯詩》。弟子為博士者十餘人：郎中令王藏、御史大夫趙綰、臨淮太守孔安國、膠西內史周霸、城陽內史夏寬、東海太守魯賜、長沙內史繆生、膠西中尉徐偃、膠東內史闕門慶忌，皆申公弟子。申公本以《詩》、《春秋》授瑕邱江公，盡能傳之，徒眾最盛。魯許生、免中徐公皆守學教授。丞相韋賢受《詩》於江公及許生，傳子元成。又王式受《詩》於免中徐公及許生，以授張生長安及唐長寅、褚少孫。張生兄子游卿以《詩》授元帝，傳王扶，扶授許晏。又薛廣德受《詩》於王式，授龔舍。齊人轅固生作《詩傳》，號《齊詩》，傳夏侯始昌，始昌授后蒼，蒼授翼奉及蕭望之、匡衡，衡授師丹及伏理滿昌，昌授張邯及皮容，皆至大官，徒眾尤盛。後漢陳元方亦傳《齊詩》。燕人韓嬰推詩意作內外傳數萬言，號曰《韓詩》，淮南賁生受之。武帝時嬰與董仲舒論於上前，仲舒不能難。其孫商為博士，孝宣時涿韓生其後也。河內趙子事燕齊王，授同郡蔡誼，誼授同郡食子公及琅邪王吉，子公授太山栗豐，吉授淄川長孫順，豐授山陽張就，順授東海發福，並至大官。《藝文志》云：「齊、韓《詩》或取《春秋》，采雜說，咸非其本義，魯最為近之。」《毛詩》者，出自毛公，河間獻王好之。徐整云：「子夏授河間人大毛公，默哀公為《詩詁訓》傳於家，以授趙人小毛公，小毛公為河間獻王博士，以不在漢朝，故不列於學。」一云：「子夏傳曾申，申傳魏人李克，克傳魯人孟仲子。孟仲子傳根牟子，根牟子傳趙人宋卿子，宋卿子傳魯人大毛公。」《漢書·儒林傳》云：「毛公趙人，治《詩》，為河間獻王博士，授同國貫長卿，長卿授解延年，延年授虢徐敖，敖授九江陳俠。」或云陳俠傳謝曼卿。元始五年，公車徵說《詩》。後漢鄭眾、賈逵傳《毛詩》，馬融作《毛詩注》，鄭玄作《毛詩箋》，申明毛義，難三家，於是三家遂廢。

【《經典釋文序錄・注解傳述人》】

　　《詩》者，所以言志，吟詠性情，以諷其上者也……遭秦焚書而得全者，以其人所諷誦，不專在竹帛故也。漢興，傳者有四家：魯人申公（亦謂申培公，楚王太傅，武帝以安車蒲輪徵之，時申公年八十餘，以為大中大夫）受《詩》於浮丘伯，以《詩經》為訓故以教，無《傳》，疑者則闕不傳，號曰《魯詩》。弟子為博士者十餘人：郎中令王臧（蘭陵人）、御史大夫趙綰（代人）、臨淮太守孔安國、膠西內史周霸、城陽內史夏寬、東海太守魯賜（碭人）、長沙內史繆生（蘭陵人）、膠西中尉徐偃、膠東內史闕門慶忌（鄒人），皆申公弟子也。申公本以《詩》、《春秋》授瑕丘江公，盡能傳之，徒眾最盛。魯許生、免中徐公（免中，縣名）皆守學教授。丞相韋賢受《詩》於江公及許生，傳子玄成（賢字長孺，玄成字少翁，父子並為丞相，封扶陽侯，又治《禮》、《論語》。玄成兄子賞以《詩》授哀帝，大司馬車騎將軍）。又王式（字翁思，東平新桃人，昌邑王師）受《詩》於免中徐公及許生，以授張生長安（名長安，字幼君，山陽人，為博士論石渠，至淮陽中尉）及唐長賓（東平人，為博士、楚王太傅）、褚少孫（沛人，為博士。《褚氏家傳》云，即續《史記》褚先生）。張生兄子游卿（諫大夫）以《詩》授元帝，傳王扶（琅邪人，泗水中尉）。扶授許晏（陳留人，為博士）。又薛廣德（字長卿，沛國相人，御史大夫）受《詩》於王式，授龔舍（字君倩，楚國人，太山太守）。齊人轅固生（漢景帝時為博士，至清河大傅）作《詩傳》，號《齊詩傳》。夏侯始昌始昌授后蒼（字近君，東海郯人，通《詩》、《禮》，為博士，至少府）。蒼授翼奉（字少君，東海下邳人，為博士諫大夫）及蕭望之（字長倩，東海蘭陵人，御史大夫、前將軍，兼傳《論語》）、匡衡（字稚圭，東海承人，丞相，樂安侯。子咸亦明經，歷九卿，家世多為博士）。衡授師丹（字公仲，琅邪人，大司空）及伏理（字遊君，高密太傅，家世傳業）、滿昌（字君都，潁川人，詹事）。昌授張邯（九江人）及皮容（琅邪人），皆至大官，徒眾尤盛。後漢陳元方亦傳《齊詩》。燕人韓嬰（漢文帝時為博士，至常山太傅）推《詩》之意，作《內外傳》數萬言，號曰「韓詩」。淮南賁生受之。武帝時，嬰與董仲舒論於上前，仲舒不能難（嬰又為《易傳》，燕趙間好《詩》，故其《易》微，唯韓氏自傳之），其孫商為博士，孝宣時涿韓生其後也。河內趙子事燕韓生，授同郡蔡誼（誼以《詩》授昭帝，至丞相封侯）。誼授同郡食子公（為博士）及琅邪王吉（字子陽，王駿父，昌邑中尉、諫大夫，吉兼「五經」，能為《鄒氏春秋》，以《詩》、《論》教授）。

子公授太山栗豐（部刺史）。吉授淄川長孫順（為博士）。豐授山陽張就。順授東海發福（一本作段福）。並至大官。《藝文志》云：「齊、韓《詩》或取《春秋》，採雜說，咸非其本義，魯最為近之」。《毛詩》者，出自毛。公河間獻王好之。徐整（字文操，豫章人，吳太常卿）云：「子夏授高行子。高行子授薛倉子。薛倉子授帛妙子。帛妙子授河間人大毛公。毛公為《詩故訓傳》於家，以授趙人小毛公（一雲名萇）。小毛公為河間獻王博士，以不在漢朝，故不列於學。」一云：「子夏傳曾申（字子西，魯人，曾參之子）。申傳魏人李克。克傳魯人孟仲子（鄭玄《詩譜》云：子思之弟子）。孟仲子傳根牟子。根牟子傳趙人孫卿子。孫卿子傳魯人大毛公。」《漢書·儒林傳》云：「毛公，趙人，治《詩》，為河間獻王博士，授同國貫長卿（徐整作長公）。長卿授解延年（為阿武令，《詩譜》云齊人）。延年授號徐敖。敖授九江陳俠（王莽講學大夫）。」或云，陳俠傳謝曼卿。元始五年，公車徵說《詩》。後漢鄭眾、賈逵傳《毛詩》，馬融作《毛詩注》，鄭玄作《毛詩箋》，申明毛義，難三家，於是三家遂廢矣。魏太常王肅更述毛非鄭；荊州刺史王基（字伯輿，東萊人）駁王肅申鄭義。晉豫州刺史孫毓（字休朗，北海平昌人，長沙太守）為《詩評》，評毛、鄭、王肅三家同異，朋於王；徐州從事陳統（字符方）難孫申鄭。宋徵士雁門周續之（字道祖，及雷次宗俱事廬山惠遠法師）、豫章雷次宗（字仲倫，宋通直郎，徵不起）、齊沛國劉瓛並為《詩序義》。前漢魯、齊、韓三家《詩》列於學官，平帝世《毛詩》始立，《齊詩》久亡，《魯詩》不過江東，《韓詩》雖在，人無傳者，唯《毛詩》、鄭箋獨立國學，今所遵用。

【《國朝經師經義目錄·詩》】

《詩》有齊、魯、韓、毛四家，皆出於子夏。《齊詩》，齊人轅固生作《詩傳》，號曰《齊詩》。魯人申培公受《詩》於浮丘伯，以《詩經》為訓故以教，無傳，疑者則闕，號曰《魯詩》。燕人韓嬰推詩之意，作《內、外傳》萬言，號曰《韓詩》。《毛詩》者，出自毛公，河間獻王好之。徐整云：「子夏授高行子，高行子授薛倉子，薛倉子授帛妙子，帛妙子授河間人大毛公，為詩故訓傳於家，以授趙人小毛公。小毛公為河間獻王博士，以不在漢朝，故不列於學。」一云：「子夏傳曾申，申傳魏人李克，克傳魯人孟仲子，孟仲子傳根牟子，根牟子傳越人孫卿子，孫卿子傳魯人大毛公。」《漢書·儒林傳》云：「毛公，趙人，治詩，為河間獻王博士，授同國貫長卿，長卿授延年，延年授號徐敖，敖授九江陳俠。或云：陳俠授謝曼卿。」三說不同，未知孰是。後漢鄭

眾、賈逵傳《毛詩》，馬融作注，鄭玄作箋，於是毛《傳》大行，而三家廢矣。
魏王肅又述毛非鄭，王基駁王申鄭，孫毓為《詩評》，評毛、鄭、王肅三家同
異而朋於王，陳統又難孫申鄭。王、鄭兩家互相掊擊，皆本毛《傳》。自漢及
五代，未有不本毛公而別為之說者，有之，自歐陽修《詩本義》始。於經義毫
無裨益，專務新奇而已。修開妄亂之端，於是攻《小序》者不一其人，攻《大
序》者不一其人，若毛《傳》、鄭《箋》，則棄之如糞土矣。至程大昌之《詩
論》、王柏之《詩疑》，變本加矯，斥之為異端邪說可也。

【原文】

漢興，傳《禮》者始於高堂生，傳《士禮》十七篇，即今之《儀禮》。而
魯徐生善為容，孝文時為禮官大夫。景帝時河間獻王得古《禮》獻之。瑕邱蕭
奮以《禮》至淮陽太守，授東海孟卿，卿授同郡后蒼及魯閭邱卿。其古禮五十
六篇，蒼傳十七篇，說數萬言，號《后蒼曲臺記》。蒼授沛聞人通漢及梁戴德、
戴聖、沛慶普，由是《禮》有大小戴、慶氏之學。普授魯夏侯敬，又傳族子
咸。大戴授琅琊徐良，小戴授梁人橋仁及楊榮。王莽時，劉歆為國師，始建立
《周官經》，以為《周禮》。河南緱氏杜子春受業於歆，鄭興父子等多往師之。
賈徽、賈逵、馬融、鄭玄、盧植皆傳《禮》云。

【《經典釋文序錄·注解傳述人》】

漢興，有魯高堂生傳《士禮》十七篇，即今之《儀禮》也。而魯徐生善為
容，孝文時為禮官大夫。景帝時，河間獻王好古，得古禮獻之（鄭《六藝論》
云：後得孔氏壁中、河間獻王古文《禮》五十六篇、《記》百三十一篇、《周
禮》六篇。其十七篇與高堂生所傳同，而字多異。劉向《別錄》云：古文《記》
二百四篇。《藝文志》曰：《禮古經》五十六篇，出於魯淹中。蘇林云：淹中，
里名）或曰，河間獻王開獻書之路，時有李氏上《周官》五篇，失《冬官》一
篇，乃購千金不得，取《考工記》以補之。瑕丘蕭奮以《禮》至淮陽太守，授
東海孟卿（孟喜父）。卿授同郡后蒼及魯閭丘卿。其古《禮經》五十六篇，蒼
傳十七篇，所餘三十九篇宣付書館，名為《逸禮》。蒼說《禮》數萬言，號曰
《后蒼曲臺記》（在曲臺校書著記，因以為名）。孝宣之世，蒼為最明。蒼授沛
聞人通漢（字子方，以太子舍人論石渠，至中山中尉）及梁戴德（字延君，號
大戴，信都太傅）、戴聖（字次君，號小戴，以博士論石渠，至九江太守）、沛
慶普（字孝公，東平太傅），由是禮有大小戴、慶氏之學。普授魯夏侯敬，又

傳族子咸（豫章太守）。大戴授琅邪徐良（字斿卿，為博士、州牧、郡守，家世傳業）。小戴授梁人橋仁（字季卿，大鴻臚，家世傳業）及楊榮（字子孫，琅邪太守）。王莽時，劉歆為國師，始建立《周官經》，以為《周禮》。河南緱氏杜子春受業於歆，還家以教門徒，好學之士鄭興父子（興字少贛，河南人，後漢太中大夫。子眾已見前。並作《周禮解詁》）等多往師之。賈景伯亦作《周禮解詁》。《禮記》者，本孔子門徒共撰所聞以為此記，後人通儒各有損益，故《中庸》是子思伋所作，《緇衣》是公孫尼子所制。鄭玄云：「《月令》是呂不韋所撰。」盧植（字子幹，涿郡人，後漢北中郎將、九江太守）云：「《王制》是漢時博士所為。」陳邵（字節良，下邳人，晉司空長史）《周禮論序》云：「戴德刪古禮二百四篇為八十五篇，謂之《大戴禮》；戴聖刪大戴禮為四十九篇，是為《小戴禮》（漢劉向《別錄》有四十九篇，其篇次與今《禮記》同，名為他家書拾撰所取，不可謂之《小戴禮》）。」後漢馬融、盧植考諸家同異，附戴聖篇章，去其繁重，及所敘略而行於世，即今之《禮記》是也。鄭玄亦依盧、馬之本而注焉。范曄《後漢書》云：中興，鄭眾傳《周官經》。後馬融作《周官注》（鄭《注》引杜子春、鄭大夫、鄭司農之義。鄭玄《三禮目錄》云：「二鄭信同宗之大儒，今贊而辯之。」）玄本治《小戴禮》，後以古經校之，取其於義長者順者，故為鄭氏學。玄又注小戴所傳《禮記》四十九篇，通為「三禮」焉。漢初，立高堂生《禮》博士，後又立大小戴、慶氏三家，王莽又立《周禮》。後漢，「三禮」皆立博士。今慶氏《曲臺》久亡，大戴無傳學者，唯鄭注《周禮》、《儀禮》、《禮記》並列學官，而《喪服》一篇又別行於世，今「三禮」俱以鄭為主。

【《國朝經師經義目錄‧禮》】

秦氏坑焚，《禮經》缺壞。漢興，魯高堂生傳《士禮》十七篇，即今之《儀禮》也。而魯徐生善為容。景帝時，河間獻王好古，得古禮獻之——《古文禮》五十六篇、《記》百三十一篇、《周禮》六篇。其十七篇與高堂生同，而字多異。或曰：「河間獻王開獻書之路，有李氏上《周官》五篇，失《冬官》一篇，乃購千金，不得，取《考工記》以補之，即今之《周禮》也。」《禮記》者，本孔子門徒共撰所聞，以為此記，後人各有損益。《中庸》，子思所作；《緇衣》，公孫尼子制；《月命》，呂不韋撰；《王制》，漢時博士所為。陳邵《周禮論序》云：「戴德刪《古禮》二百四篇為八十五篇，謂之《大戴禮》；戴聖刪《大戴禮》為四十九篇，是為《小戴禮》。」後漢馬融、盧植考

諸同異，附戴聖篇章，去其繁重及所敘略而行於世，即今之《禮記》也。傳《禮經》者，自瑕邱蕭奮授東海孟卿，卿授同郡后蒼及魯瑕邱卿。其《古禮經》五十六篇，蒼傳十七篇，所餘三十餘篇，以付書館，名為《逸禮》。蒼說《禮》，號《后蒼曲臺記》，授聞人通漢及戴德、戴聖、慶普，由是《禮》有大、小戴、慶氏之學。普授夏侯敬，又傳族子成。大戴授徐良，小戴授橋仁、楊榮。新莽時，劉歆為國師，始立《周官經》。杜子春受業於歆，授鄭興父子。此《士禮》、《周官》授受源流也。慶氏《曲臺》，其亡已久。傳《禮記》者，馬融、盧植、鄭康成。自晉及唐，「三禮」皆用《鄭注》。至宋儒潛心理學，不暇深究名物度數，所以於《禮經》無可置喙，然必欲攻擊漢儒，乃於《周禮》中指謫其好引讖緯而已。南宋以後，始改竄經文，補亡之說興矣。《士禮》十七篇，文詞古奧，宋儒畏其難讀，別無異說。至敖繼公，始疑《喪服傳》非子夏所作，而注文隱攻鄭氏，巧於求勝，於是郝敬之《臆斷》、奇齡之《吾說》起矣。延祐科舉之制，《易》、《詩》、《書》、《春秋》皆以宋儒新說與《注疏》相參，惟《禮記》則專用《注疏》。至陳澔，乃為《集說》一書，不從《鄭注》，於是談《禮記》皆趨淺顯，而不問古義矣。至國朝，如萬斯大、蔡德晉、盛百二，雖深於《禮經》，然或取古注，或參妄說，吾無取焉；方苞輩則更不足道矣。

【原文】

漢興，傳《公羊春秋》者，始於齊人胡毋生、趙人董仲舒。蘭陵褚大、東平嬴公、廣川段仲溫、呂步舒皆仲舒弟子。嬴公守學，不失師法，授東海孟卿及魯眭弘，弘授彭祖及顏安樂，由是《公羊》有嚴、顏之學。弘弟子八百餘人，常曰：「《春秋》之意，在二子矣。」彭祖授琅琊王中，中授同郡公孫文及東門雲。安樂授淮陽泠豐及淄川任翁，豐授大司徒馬宮及琅琊左咸。始貢禹事嬴公而成於眭、孟，以授潁川堂溪惠，惠授泰山冥都，又疏廣事孟卿，以授琅琊筦路，筦路及冥都又事顏安樂，路授大司農孫寶。瑕邱江公受《穀梁春秋》及《詩》於魯申公，武帝時為博士，使與董仲舒論，江公吶於口，而丞相公孫弘本為《公羊》學，比輯其義，終用董生。於是上因尊《公羊》家，詔太子受。衛太子復私問《穀梁》而善之，其後浸微，唯魯榮廣、浩星公二人受焉。廣能盡傳其《詩》、《春秋》。蔡千秋、梁周慶、丁姓皆從廣受，千秋又事浩星公，為學最篤。宣帝即位，聞衛太子好《穀梁》，乃詔千秋與《公羊》家並說，上善《穀梁》說。後又選郎十人，從千秋受。會千秋病死，徵江公孫為

博士，詔劉向受《穀梁》，欲就助之。江博士復死，乃徵周慶、丁姓待詔，使卒授十人。十餘歲，皆明習。乃召「五經」名儒、太子太傅蕭望之等，大議殿中，平《公羊》、《穀梁》同異。望之等多從《穀梁》，由是大盛，慶姓皆為博士。姓授楚申章昌曼君。初，尹更始事蔡千秋，又受《左氏傳》，取其變理合者，以為章句，傳子咸及翟方進、房鳳。始江博士授胡常，常授梁蕭秉，王莽時為講學大夫。《左氏傳》本左丘明作，以授曾申，申傳衛人吳起，起傳其子期，期傳楚人鐸椒，椒傳趙人虞卿，卿傳同郡荀卿名況，況傳武威張蒼，蒼傳洛陽賈誼，誼傳至其孫嘉，嘉傳趙人貫公，貫公傳其少子長卿，長卿傳京兆張敞及侍御史張禹，禹數為御史大夫蕭望之言左氏，望之善之，薦禹徵待詔。未及問，會病死。禹傳尹更始，更始傳其子咸及翟方進、胡常，常授黎羊賈護，護授蒼梧陳欽。《漢書·儒林傳》云：「漢興，北平侯張蒼及梁太傅賈誼、京兆尹張敞、大中大夫劉公子皆修《春秋左氏傳》。」始劉歆從尹咸及翟方進受《左氏》，由是言《左氏》者，本之賈護、劉歆。歆授扶風賈徽，徽傳子逵，逵受詔列《公羊》、《穀梁》不如《左氏》四十事奏之，名曰《左氏長義》。章帝善之，逵又作《左氏訓詁》，司空南閣祭酒陳元作《左氏同異》，大司農鄭眾作《左氏條例章句》，南郡太守馬融為三家同異之說，京兆尹延篤受《左氏》於賈逵之孫伯升，因而注之，汝南彭汪記先師奇說及舊注，大中大夫許叔、九江太守服虔、侍中孔嘉、魏司徒王朗、荊州刺史王基、大司農董遇、徵士敦煌周生烈並注解《左氏傳》。梓潼李仲欽著《左氏指歸》，陳郡穎容作《春秋條例》，又何休作《左氏膏肓》、《春秋墨守》、《穀梁廢疾》，鄭康成作《針膏肓》、《發墨守》、《起廢疾》，自是《左氏》大興。

【《經典釋文序錄·注解傳述人》】

漢興，齊人胡毋生（字子都，景帝時為博士，年老歸教於齊。齊之言《春秋》者宗事之，公孫弘亦頗受焉）、趙人董仲舒（官至江都、膠西相）並治《公羊春秋》。蘭陵褚大（梁相）、東平嬴公（諫大夫）、廣川段仲溫、呂步舒（步舒，丞相長史）皆仲舒弟子。嬴公守學不失師法，授東海孟卿及魯眭弘（字孟，符節令）。弘授嚴彭祖（字公子，東海下邳人，為博士，至左馮翊、太子太傅）及顏安樂（字翁孫，魯國薛人也，孟姊子也，為齊郡太守丞），由是公羊有嚴、顏之學。弘弟子百餘人，常曰：「《春秋》之意在二子矣。」彭祖授琅邪王中（少府，家世傳業）。中授同郡公孫文（東平太傅，徒眾甚盛）及東門雲（荊州刺史）。安樂授淮陽泠豐（字次君，蒥川太守）及淄川

任翁（少府）。豐授大司徒馬宮（字遊卿，東海戚人，封扶德侯）及琅邪左咸（郡守九卿，徒眾甚盛）。始貢禹（字少翁，琅邪人，御史大夫）事嬴公而成於睦、孟，以授潁川堂溪惠。惠授泰山冥都（丞相史）。又疏廣（字仲翁，東海蘭陵人，太子太傅）事孟卿，以授琅邪筦路。筦路及冥都又事顏安樂。路授大司農孫寶（字子嚴，潁川鄢陵人）。瑕丘江公受《穀梁春秋》及《詩》於魯申公，武帝時為博士（傳子至孫，皆為博士），使與董仲舒論，江公吶於口，而丞相公孫弘本為《公羊》學，比輯其義，卒用董生。於是上因尊《公羊》家，詔太子受。衛太子復私問《穀梁》而善之。其後寖微，唯魯榮廣（字王孫）、皓星公二人受焉。廣盡能傳其《詩》、《春秋》。蔡千秋（字少君，諫大夫、郎中戶將）、梁周慶（字幼君）、丁姓（字子孫，至中山太傅）皆從廣受。千秋又事皓星公，為學最篤。宣帝即位，聞衛太子好《穀梁》，乃召千秋與《公羊》家並說。上善《穀梁》說，後又選郎十人從千秋受。會千秋病死，徵江公孫為博士，詔劉向受《穀梁》，欲令助之。江博士復死，乃徵周慶、丁姓待詔，使卒授十人。十餘歲，皆明習。乃召「五經」名儒、太子太傅蕭望之等大議殿中，平《公羊》、《穀梁》同異（時《公羊》博士嚴彭祖、侍郎申輓、伊推、宋顯，《穀梁》議郎尹更始、待詔劉向、周慶、丁姓並論）。望之等多從《穀梁》，由是大盛，慶、姓皆為博士。姓授楚申章昌曼君（為博士，至長沙太傅）。初尹更始（字翁君，汝南邵陵人，議郎、諫大夫、長樂戶將）事蔡千秋，又受《左氏傳》，取其變理合者以為章句，傳子咸（大司農）及翟方進（字子威，汝南上蔡人，丞相，封侯）、房鳳（字子元，琅邪不其人，光祿大夫、五官中郎將、青州牧）。始江博士授胡常，常授梁蕭秉（字君房），王莽時為講學大夫。

　　左丘明作《傳》以授曾申。申傳衛人吳起（**魏文侯相**）。起傳其子期。期傳楚人鐸椒（楚太傅）。椒傳趙人虞卿（趙相）。卿傳同郡荀卿名況。況傳武威張蒼（漢丞相北平侯）。蒼傳洛陽賈誼（長沙梁王大傅）。誼傳至其孫嘉。嘉傳趙人貫公（《漢書》云：「賈誼授貫公，為河間獻王博士。」）。貫公傳其少子長卿（蕩陰令）。長卿傳京兆尹張敞（字子高，河東平陽人，徙杜陵）及侍御史張禹（字長子，清河人）。禹數為御史大夫蕭望之言《左氏》，望之善之，薦禹徵待詔，未及問，會病死。禹傳尹更始。更始傳其子咸及翟方進、胡常。常授黎陽賈護（字季君，哀帝時待詔為郎）。護授蒼梧陳欽（字子佚，以《左氏》授王莽，至將軍）。《漢書·儒林傳》云：「漢興，北平侯張蒼及梁太傅、賈誼、

京兆尹張敞、大中大夫劉公子皆修《春秋左氏傳》。」始劉歆（字子駿，向之子，王莽國師）從尹咸及翟方進受《左氏》（哀帝時歆與房鳳、王龔欲立《左氏》，為師丹所奏，不果，平帝世始得立）。由是言《左氏》者本之賈護、劉歆。歆授扶風賈徽（字符伯，後漢穎陰令，作《春秋條例》二十一卷）。徽傳子逵。逵受詔，列《公羊》、《穀梁》不如《左氏》四十事奏之，名曰《左氏長義》，章帝善之。逵又作《左氏訓詁》。司空南合祭酒陳元作《左氏同異》，大司農鄭眾作《左氏條例章句》，南郡太守馬融為三家同異之說。京兆尹延篤（字叔堅，南陽人）受《左氏》於賈逵之孫伯升，因而注之。汝南彭汪（字仲博）記先師奇說及舊注。太中大夫許淑（字惠卿，魏郡人）、九江太守服虔（字子慎，河南人）、侍中孔嘉（字山甫，扶風人）、魏司徒王朗（字景興，肅之父）、荊州刺史王基、大司農董遇、徵士燉煌周生烈並注解《左氏傳》。梓潼李仲欽著《左氏指歸》。陳郡潁容（字子嚴，後漢公車徵不就）作《春秋條例》。又何休（字邵公，任城人，後漢諫大夫）作《左氏膏肓》、《公羊墨守》、《穀梁廢疾》。鄭康成針《膏肓》，發《墨守》，起《廢疾》。自是，《左氏》大興。漢初，立《公羊》博士。宣帝又立《穀梁》。平帝始立《左氏》。後漢建武中，以魏郡李封為左氏博士，群儒蔽固者數廷爭之，及封卒，因不復補。和帝元興十一年，鄭興父子奏上左氏，乃立於學官，仍行於世，迄今遂盛行，二傳漸微（江左中興，立《左氏傳》杜氏、服氏博士，太常荀崧奏請立二傳博士，詔許立公羊，云：「《穀梁》膚淺，不足立博士。」王敦亂，竟不果立）。《左氏》今用杜預注，《公羊》用何休注，《穀梁》用范寧注。二傳近代無講者，恐其學遂絕，故為音以示將來。

【《國朝經師經義目錄·春秋》】

孔子作《春秋》，為之傳者，左丘明、公羊高、穀梁赤及鄒氏、夾氏。鄒氏無師，夾氏有錄無書，皆不顯於世。傳於世者，左氏、公、穀三家。邱明作《傳》，以授會申。申傳吳起。起傳其子期。期傳鐸椒。椒傳虞卿。卿傳荀況。況傳張蒼。蒼傳賈誼。誼傳至其孫嘉。嘉傳貫公。貫公傳少子長卿。長卿傳張敞及張禹。禹傳尹更始。更始傳其子成及翟方進、胡常。常授賈護。護授陳欽。劉歆從尹咸及雀方進受《左氏》。歆授賈徽。徽傳子逵。逵受詔列《公羊》、《穀梁》不如《左氏》四十事奏之，又作《左氏訓詁》。於是鄭眾、馬融、服虔並為左氏學。至和帝元典十一年，鄭興父子奏上《左氏》，乃立於學官，遂盛行。江左中興，用服氏注，後專用杜氏，而諸家之注廢矣。

傳《公羊》者，胡毋生、董仲舒。仲舒傳褚大、嬴公、段仲溫、呂步舒。嬴公授孟卿及眭宏。宏授嚴彭祖、顏安樂，由是《公羊》有嚴顏之學。數傳至孫寶，後漢何休為之注。傳《穀梁》者，瑕邱江公受於魯申公，其學寖微，惟榮廣、浩星公二人受焉。蔡千秋、周慶、丁姓皆從廣受《穀梁》。千秋又事浩星公，為學最篤。宣帝即位，聞衛太子好《穀梁》，乃詔千秋與《公羊》家並說。上善《穀梁》說，後又選郎十人從千秋受。會千秋病死，徵江公孫為博士，詔劉向受《穀梁》，欲命助之。江博士復死，乃徵周慶、丁姓待詔，使卒授十人。十餘歲，皆明習。乃召「五經」名儒、太子太傅、蕭望之等大議殿中，平《公羊》、《穀梁》同異。望之等多從《穀梁》，由是大盛。又有尹更始事千秋，傳其學。又受《左氏傳》，為《章句》十五卷。繼之者唐固、麋信。至隋時，《穀梁》用范寧注。是時，左氏學大行，二家鮮習之者。至唐趙匡、啖助、陸淳始廢傳談經，而「三傳」束諸高閣，《春秋》之一大厄也。有宋諸儒之說《春秋》，皆啖、趙之子孫而已。國朝為左氏之學者，吳江朱氏、無錫顧氏。而鶴齡雜取邵寶、王樵之說，而不采賈、服；震滄之《大事表》雖精，然實以宛斯之書為藍本，且不知著書之體，有不必表者亦表之，甚至如江湖術士之書，以七書為歌括，不值一噱矣。茲不著錄。宋以後貴文章，治《左氏》，《公》、《穀》竟為絕學。阮君伯元云孔君廣森深於公羊之學。然未見其書，不並著錄，餘仿此。

【原文】

漢興，顏芝子貞傳《孝經》，是為今文。長孫氏、博士江翁、少府后蒼、諫大夫翼奉、安昌侯張禹傳之，各自名家，凡十八章。又有古文出於孔氏壁中，孔安國作傳，劉向校書，定為十八。後漢馬融亦作《古文孝經傳》，而世不傳。世所行鄭注，相承以為鄭玄。按：《鄭志》及《中經簿》無，唯中朝穆帝集講《孝經》云：「以鄭玄為主。」檢《孝經注》，與康成注「五經」不同，未詳是非。竊按：《孝經注》出鄭小同。

【《經典釋文序錄·注解傳述人》】

《孝經》者，孔子為弟子曾參說孝道，因明天子庶人五等之孝，事親之法，亦遭焚燼。河間人顏芝為秦禁藏之，漢氏尊學，芝子貞出之，是為今文。長孫氏博士江翁少府后蒼諫大夫翼奉安昌侯張禹傳之，各自名家。凡十八章。又有古文出於孔氏壁中，別有《閨門》一章，自餘分析十八章，總為二十二

章。孔安國作傳，劉向校書，定為十八。後漢馬融亦作《古文孝經傳》，而世不傳。世所行鄭注，相承以為鄭玄。案《鄭志》及《中經簿》無，唯中朝穆帝集講《孝經》云：以鄭玄為主。檢《孝經》注，與康成注「五經」不同，未詳是非。《古文孝經》世既不行，今隨俗用鄭注十八章本。

【原文】

漢興，傳《論語》者有三家：《魯論語》者，魯人所傳，即今所行篇次是也。常山都尉龔奮、長信少府夏侯勝、丞相韋賢及次子元成、魯扶卿、太子少傅夏侯建、前將軍蕭望之並傳之，各自名家。《齊論語》者齊人所傳，昌邑中尉王吉、少府宋畸、琅琊王卿、御史大夫貢禹、尚書令五鹿充宗、膠東庸生並傳之。唯王陽名家。《古論語》者出自孔氏壁中，孔安國為傳，後漢馬融亦注之。安昌侯張禹受《魯論》於夏侯建，又從庸生、王吉受《齊論》，擇善而從，號曰《張侯論》，最後而行於漢世。禹以《論》授成帝。後漢包咸、周氏並為章句，王肅亦有注。

【《經典釋文序錄‧注解傳述人》】

漢興，傳者則有三家：《魯論語》者，魯人所傳，即今所行篇次是也。常山都尉龔奮、長信少府夏侯勝、丞相韋賢及子玄成、魯扶卿（鄭云扶先，或說先先生）、太子少傅夏侯建、前將軍蕭望之並傳之，各自名家。《齊論語》者，齊人所傳，別有《問王》、《知道》二篇，凡二十二篇，其二十篇中，章句頗多於《魯論》。昌邑中尉王吉、少府宋畸、琅邪王卿、御史大夫貢禹、尚書令五鹿充宗、膠東庸生並傳之，唯王陽名家。《古論語》者，出自孔氏壁中，凡二十一篇，有兩《子張》（如淳云：分《堯曰》篇後子張問「何如可以從政」以下為篇，名曰《從政》），篇次不與《齊魯論》同（《新論》云：「文異音四百餘字。」）。孔安國為傳，後漢馬融亦注之。安昌侯張禹受《魯論》於夏侯建，又從庸生、王吉受《齊論》，擇善而從，號曰《張侯論》，最後而行於漢世。禹以《論》授成帝。後漢包咸（字子長，吳人，大鴻臚）、周氏（不詳何人）並為章句，列於學官。鄭玄就《魯論》張、包、周之篇章，考之《齊》、《古》，為之注焉。魏吏部尚書何晏集孔安國、包咸、周氏、馬融、鄭玄、陳群（字長文，穎川人，魏司空）、王肅、周生烈（燉煌人，《七錄》云：字文逢，本姓唐，魏博士侍中）之說，並下己意，為《集解》，正始中上之，盛行於世，今以為主。

【《國朝經師經義目錄 · 論語》】

《論語》者，孔子應答弟子及時人所言，或弟子相與言而接聞夫子之語也。鄭康成云：仲弓、子夏等所撰定。漢興，傳者《魯論語》、《齊論語》、《古論語》三家。傳《魯論語》者：龔奮、夏侯勝、韋賢、賢弟元成、扶卿、夏侯建、蕭望之。《齊論語》則有《問王》、《知道》二篇，凡二十二篇。其二十篇中，章句頗多於《魯論》。傳之者：王吉、王卿、貢禹、五鹿充宗、膠東庸生。《古論語》出孔壁中，二十一篇。有兩《子張》篇，次與齊、魯不同。孔安國為傳，馬融亦注之。張禹受《魯論》於夏侯建，又從庸生、王吉受《齊論》，擇善而從，號曰《張侯論》。包咸、周氏並為章句，鄭玄就《魯論》張、包、周之篇章，考之齊、古，為之注焉。魏何晏又為集解。梁、陳、鄭、何並立於學官。唐則專用何注，而鄭注亡矣。至南宋，朱子始以《論語》、《孟子》及《禮記》中之《中庸》、《大學》二篇，合為《四書》，盛行於世，凡四書類及經總義類，皆附於此。

【本篇結論】

《兩漢傳經諸儒》篇近抄《國朝經師經義目錄》，遠襲《經典釋文序錄 · 注解傳述人》。其實，江藩《國朝經師經義目錄》、焦袁熹《儒林譜》等，也不過是《經典釋文序錄 · 注解傳述人》的翻版。江懋鈞《國朝經師經義目錄跋》云：「家大人既為《漢學師承記》之後，復以傳中所載譜家撰述，有不盡關經傳者，有雖關經術而不醇者，乃取其專論經術，而一本漢學之書，仿唐陸元朗《經典釋文》傳注姓氏之例，作《經師經義目錄》一卷附於記後，俾治實學者，得所取資，尋其宗旨，庶不致混莠於苗，以砆為玉也。著錄之意，大凡有四：一、不關乎經義小學，意不純乎漢儒古訓者，不著錄；一、書雖存其名而實未成者，不著錄；一、書已行於世，而未及見者，不著錄；一、其人尚存，著述僅附見於前人傳後者，不著錄。凡在此例，不欲濫登，固非以意為棄取也。」可見，江藩既仿《經典釋文》之例，又有自己的取捨標準。

考鏡源流，我們還是以陸德明《經典釋文序錄》為源頭（《經典釋文序錄》又根據前後《漢書》等相關材料爬梳而成，詳見吳承仕《經典釋文序錄疏證》一書）。《兩漢通經諸儒》開門見山：「予既遵陸氏元朗錄傳經諸儒，以明家法。」可謂不打自招，所言當不誣矣。

《兩漢通經諸儒》抄自《通經表》

【原文】

畢氏秋帆作《傳經表》，並作《通經表》，自通一經以上至十數經者皆錄焉。其尊漢經師，蓋不言而喻矣。予既遵陸氏元朗錄傳經諸儒，以明家法；因又錄通經者，以示博約。

【今按】

舊本題鎮洋畢沅撰《傳經表序》曰：「六經權輿於孔子，六經之師亦權輿於孔子。《易》，孔子十五傳至劉軼；《尚書》家學，二十一傳至孔昱；《詩》，《魯》十五傳至許晏，《毛》十六傳至賈逵；《春秋經》，《左氏》十九傳至馬嚴，《公羊》十三傳至孫貢，《穀梁》十一傳至侯霸；他若《今文尚書》，伏勝十七傳至王肅；《齊詩》，轅固七傳至伏恭；《韓詩》，韓嬰六傳至張就；《禮》，高堂生六傳至慶咸。上自春秋，迄於三國，六百年中，父以傳子，師以授弟，其耆門高義開門授徒者，編牒不下萬人，多者至著錄萬六千人，少者亦數百人，盛矣。降自典午，則無聞焉。豈非孔氏之學專門授受，逮孫炎、王肅以後始散絕乎？暇日，採綴群書，第其本末，校正訛漏，作《傳經表》一卷。其師承無可考者，復以《通經表》一卷綴之，而通二經以上至十數經者咸附錄焉。明朱睦㮷《授經圖》、國朝朱彝尊《經義考·師承》所錄詳實倍之。蓋周秦漢魏經學授受之原，至此乃備也。乾隆四十六年歲在辛丑八月望日序。」中華書局本《洪亮吉集》第三冊第 1143 頁所收《傳經表序》一文，除了未注明時間之外，與此序大致相同，僅有少量文字有所出入，應該是洪亮吉擬稿，畢沅點竄而成。署名畢沅撰的《傳經表》、《通經表》，當為洪亮吉捉刀，均收入《洪北江全集》本。

【原文】

漢承秦火而後，經籍盡亡，治一經為難。故田、齊之《易》，伏生之《書》，毛公之《詩》，高堂生之《禮》，公、穀之《春秋》，皆止一經。

【今按】《傳經表》分《易》、《書》、《詩》、《春秋》、《禮》五欄排列，文繁不錄。

【原文】

「而通二經者則有」至「其治十一經者則有茂陵馬融」一大段，文詳前。

【《通經表》分欄排列】

二經：申培公，魯人，《魯詩》、《穀梁》。孟卿，東海人，《春秋》、《禮》。韓嬰，燕人，《詩》、《易》。司馬遷，字子長，《易》、《古文尚書》。博士江生，《魯詩》、《孝經》。夏侯建，字長卿，《尚書》、《論語》。徐敖，號人，《古文尚書》、《毛詩》。王璜，字平中，琅邪人，《易》、《古文尚書》。賈嘉，洛陽人，《尚書》、《左氏》。榮廣，魯人，字王孫，《詩》、《穀梁》。主父偃，臨淄人，《易》、《春秋》。丙吉，《詩》、《禮》。貢禹，《公羊》、《論語》。王駿，《易》、《論語》。翼奉，《詩》、《孝經》。尹更始，字翁君，汝南人，《左氏》、《穀梁》。尹咸，同上。朱雲，《易》、《論語》。梅福，字子真，壽春人，《尚書》、《穀梁》。嚴彭祖，字公子，下邳人，《左氏》、《穀梁》。王尊，字子贛，高陽人，《書》、《論語》。五鹿充宗，字君孟，《易》、《論語》。房鳳，字子元，琅邪人，《左氏》、《穀梁》。翟方進，《左氏》、《穀梁》。劉嘉，字孝孫，光武族兄，《尚書》、《春秋》。劉昆，字桓公，東昏人，《施氏易》、《徐氏容禮》。卓茂，字子康，宛人，《魯詩》、《禮》。虞俊，字仲卿，無錫人，《公羊》、《左氏》。《姓譜》。馮豹，字仲文，衍子，《詩》、《春秋》。郅惲，字君章，西平人，《韓詩》、《嚴氏春秋》。第五元〔先〕，京兆人，《京氏易》、《公羊》。孫期，字仲彧，成武人，《京氏易》、《古文尚書》。張馴，字子俊，定陶人，《大夏侯尚書》、《左氏》。李育，字元春，扶風人，《左氏》、《公羊》。孔子建，魯人，《古文尚書》、《毛詩》。右師細君，長安人，《魯詩》、《論語》。包咸，字子良，會稽人，同上。徐巡，濟南人，《古文尚書》、《毛詩》。張楷，成都人，《古文尚書》、《嚴氏春秋》。宋均，字叔庠，安眾人，《詩》、《禮》。楊秉，字叔節，弘農人，治《京氏易》、《古文尚書》。劉陶，字子奇，定陰人，《古文尚書》、《春秋》。鄧宏，新野人，《易》、《歐陽尚書》。鄧德甫，經同上。皇甫規，字威明，朝那人，《易》、《詩》。楊賜，字伯獻，《尚書》、《左氏》。夏恭，字敬公，蒙人，《孟氏易》、《韓詩》。樵元，字君黃，閬中人，《易》、《春秋》。廖扶，字文起，平輿人，《歐陽尚書》、《毛詩》。公沙穆，字文又，膠東人，《韓詩》、《公羊》。樂恢，字伯起，長陵人，《齊詩》、《春秋》。趙牧，經同上。陳重，字景公，宜春人，《魯詩》、《嚴氏春秋》。雷義，字仲公，鄱陽人，經同上。郭恩，《周易》、《春秋》。陳紀，字元方，許人，《齊詩》、《左氏》。賈復，字君文，冠軍人，《易》、《尚書》。孔喬，字子松，宛人，《古文尚書》、《左氏》。（以下謝承書）韋著，京兆人，《京氏易》、《韓詩》。李昺，字子然，鄭人，《京氏易》、《魯詩》。

宗資，字叔都，南陽人《孟氏易》、《歐陽尚書》。度尚，字博平，湖陸人，《京氏易》、《古文尚書》。（司馬彪《續漢書》）杜真，字孟宗，綿竹人，《周易》、《春秋》。（《益都耆舊傳》）耿弇，字伯昭，茂陵人，《詩》、《禮》。（袁崧書）祝睦，《韓詩》、《公羊嚴氏春秋》。韓歆，字翁君，南陽人，《費易》、《左氏》。任安，字定祖，綿竹人，《孟氏易》、《夏侯尚書》。（以下《益都耆舊傳》）李孟元，《易》、《論語》。董扶，字茂安，綿竹人，《易》、《歐陽尚書》。韓宗，《京氏易》、《歐陽尚書》。杜暉，梁丘人，《公羊》。《隸釋》。〔註47〕田君，東平陽人，《京氏易》、《韓詩》。《集古錄》〔註48〕《隸釋》〔註49〕。夏承，《尚書》、《詩》。《金石錄》〔註50〕。魯峻，《魯詩》、《顏氏春秋》。《隸釋》。衛宏，《漆書古文尚書》、《毛詩》。（《後漢書》、《經典釋文》）許淑，字惠卿，魏郡人，《費氏易》、《左氏》。杜瓊，字伯瑜，成都人，《尚書》、《韓詩》。（以下《三國志》）士燮，字彥威，廣信人，《尚書》、《左氏》。高誘，《禮》、《孝經》。董遇，

〔註47〕宋洪适《隸釋》卷十一《綏民校尉熊君碑》：「故桂陽陰山豫章（闕）長重安侯相杜暉，字慈明，體質弘亮，敦仁好道，治《易梁丘》、《春秋公羊氏》，綜覽百家，無所衣甄，典歷三城，居官清惠，遺愛□民，春秋六十，終□後術（闕），故因顯德，以示來胤。」原按：「碑後載茶陵長文春重安侯相杜暉二人官壽行事各數十言，似是同郡盛德之士，作文者惜其無所記錄，故附之左方也。」今按：表中「杜暉，梁丘人，《公羊》」，顯然誤解《隸釋》原意，梁丘並非「梁丘人」，而是指《易梁丘》（即《梁丘易》），公羊指《春秋公羊傳》，所治正好是二經。此二經在漢代曾立為博士之學。

〔註48〕《集古錄》卷三：「右漢田君碑，今在沂州，其名字皆已磨滅，惟云其先出自帝舜之苗裔，自完適齊，因以為氏，乃知為姓田爾。又云周秦之際家於東平陽君總角，修《韓詩》、《京氏易》（真蹟作《易京氏》），究洞神變，窮奧極微，為五官掾功曹州從事，辟太尉，延熹二年辛亥，詔書泰山琅琊盜賊未息，州郡吏有仁惠，公清撥煩整化者，試守滿歲，為真州言名時牧劉君知君宿操表上試守費，自此以後，殘缺不可次第，而隱隱可見，蓋無年壽卒葬月日，而有故吏薛咸等立石勒銘之語，乃費縣令長德政去思碑爾。治平元年六月二十九日書。」

〔註49〕見宋洪适《隸釋》卷二十一。

〔註50〕宋趙明誠《金石錄》卷十六：「君諱承，字仲兗，東萊府君之孫，太尉掾之中子，中郎將弟也。累葉牧守印紱典據十有餘人，皆德任其位，名豐其爵，是故寵祿傳於歷世，策勳著於王室，君鍾其美，受性淵懿，含和履仁，治《詩》、《尚書》，兼覽群藝，靡不尋暢，州郡吏請屈已匡君為主簿督郵，五官掾功曹，上計掾守令冀州從事。又云察孝不行，太傅胡公歆其德美，旌招俯就羔羊，在公四府，歸高除淳于長。又云年五十有六建寧三年六月癸巳淹疾卒官碑在今洺州元祐間因治河堤得於土壤中建寧靈帝時年號也距今千歲矣而刻畫完好如新餘家所藏漢碑二百餘卷獨此碑最完。」原注：第一百十七漢淳于長夏承碑，建寧三年六月。

字季直，弘農人，《費氏易》、《左氏》。周生烈，字文逢，敦煌人，《左氏》、《古論語》。鄭小同，高密人，玄孫，《小戴記》、《孝經》。徵崇，字子和，河南人，《易》、《左氏》。《吳錄》。唐固，字子正，丹陽人，《公羊》、《穀梁》。虞翻，字仲翔，餘姚人，《易》、《論語》。杜寬，字務叔，杜陵人，《禮記》、《左氏》。鍾繇，字元常，長社人，《易》、《左氏》。郭恩，字義博，利漕人，《易》、《春秋》。何晏，字平叔，南陽人，《易》、《論語》。張昭，字子布，彭城人，《左氏》、《論語》。王弼，字輔嗣，山陽人，《易》、《論語》。（《魏志》、《隋書》、《釋文》）

　　三經：后蒼，字近君，郯人，《齊詩》、《禮》、《孝經》。江公，瑕邱人，《魯詩》、《穀梁》、《論語》。周霸，魯人，《易》、《尚書》、《魯詩》。胡常，清河人，《古文尚書》、《左氏》、《穀梁》。蕭望之，字長倩，東海蘭陵人，《齊詩》、《禮服》、《論語》。韋元成，字XX（原文如此——引者），鄒人，《魯詩》、《禮》、《論語》。班伯，扶風人，《齊詩》、《尚書》、《論語》。范升，字辯卿，代郡人，《梁丘易》、《論語》、《孝經》。周磐，字堅伯，汝南安成人，《古文尚書》、《詩》、《左氏》。崔駰，字亭伯，安平人，《易》、《詩》、《春秋》。孔僖，字仲和，魯人，《古文尚書》、《毛詩》、《春秋》。馬續，字季則，茂陵人，《尚書》、《詩》、《論語》。景鸞，字漢伯，梓潼人，《施氏易》、《齊詩》、《禮》。唐檀，字子產，南昌人，《京氏易》、《韓詩》、《顏氏春秋》。崔瑗，字子玉，駰子，《京氏易》、《詩》、《春秋》。濮陽闓，《韓詩》、《左氏》、《禮記》。任延，字長孫，宛人，《易》、《詩》、《春秋》。劉寬，字文饒，華陰人，《京氏易》、《歐陽尚書》、《韓詩外傳》。（以下謝承書）劉祐，字伯祖，中山人，《古文尚書》、《嚴氏春秋》、《小戴禮》。徐稺，字孺子，南昌人，《京氏易》、《歐陽尚書》、《嚴氏春秋》。杜喬，字叔榮，林慮人，《京氏易》、《歐陽尚書》、《韓詩》。諸葛瑾，字子瑜，陽都人，《尚書》、《毛詩》、《左氏》。《吳志》。樊安，字子祜，南陽人，《韓詩》、《論語》、《孝經》。《集古錄》。武榮，字含和，治《魯詩韋君章句》、《孝經》、《論語》。《隸釋》。袁準，字孝尼，扶樂人，《易》、《書》、《周官經》。（以下《三國志》）韋昭，字宏嗣，雲陽人，《毛詩》、《孝經》、《魯論》。《隋書》、羅願《爾雅翼》。辛繕，字公文，弘農人，《易》、《詩》、《春秋》。《三輔決錄》。〔註51〕

〔註51〕四庫本《說郛》卷五十九下「白鹿甚馴」條：「辛繕字公文，少治《春秋》、《詩》、《易》，隱居弘農華陰，弟子受業者六百餘人。所居旁有白鹿，甚馴，不畏人。」

四經：孔安國，魯人，《詩》、《尚書》、《古文孝經》、《古文論語》。庸譚，膠東人，《古文尚書》、《左氏》、《穀梁》、《論語》。夏侯勝，字長公，東平人，《尚書》、《禮》、《穀梁》、《論語》。張禹，字子文，河內人，《易》、《論語》、《孝經》、〔《左氏》〕。鄭興，字少贛，河南人，《漆書古文》、《周官經》、《左氏》、《公羊》。鄭眾，字仲師，《費氏易》、《毛詩》、《周官經》、《左氏》。賈徽，字元伯，扶風人，《古文尚書》、《毛詩》、《周官經》、《左氏》。延篤，字叔堅，犨人，《易》、《尚書》、《左氏》、《禮》。盧植，字子幹，《尚書》、「三禮」。徐淑，海西人，《孟氏易》、《周官經》、《公羊傳》、《禮記》。（謝承書）文立，字廣休，巴郡人，《毛詩》、「三禮」。（《蜀志》）

五經：董仲舒，廣川人。劉向，字子政，《漢書》：向書《五行傳記》十一卷，《舊唐書》：《五經要義》五卷、《周易繫辭義》五卷，又《春秋說》見《晉書》，《孟子注》見《文選注》。褚大，蘭陵人。王吉，字子陽，琅琊人，兼通「五經」，能為《鄒氏春秋》，以《詩》、《論語》教授。龔勝，字君實，楚人，勝、舍皆通「五經」。龔舍，字君倩，楚人，通「五經」，以《魯詩》教授。夏侯始昌，魯人，通「五經」，以《齊詩》、《尚書》教授。魯丕，字叔陵，平陵人，兼通「五經」，以《魯詩》、《尚書》教授。桓譚，字君山，沛國人，遍習「五經」，皆訓詁大義，不為章句。尹敏，字幼平，堵陽人，《古文尚書》、《歐陽尚書》、《毛詩》、《左氏》、《穀梁》、《論語》。賈逵，字景伯，平陵人，《古文尚書》、《大小夏侯尚書》、《毛詩》、《周官》、《左氏》、《穀梁》。張霸，字文饒，成都人，從樊鯈受《嚴氏公羊》，遂博覽「五經」。張恭祖，東郡人，《古文尚書》、《韓詩》、《周官經》、《禮記》、《左氏》。姜肱，字伯淮，廣戚人，博通「五經」，兼明星緯。張衡，字平子，西鄂人，通五經，貫六藝。申屠蟠，字子龍，外黃人，博通「五經」，兼明圖緯。許慎，字叔重，召陵人，撰《五經異義》，《初學記》引慎《五經通義》。劉淑，字伯承，河間人，明「五經」，講授諸生常百餘人。蔡元，字叔陵，南頓人，學通「五經」，門徒常千人，其著錄者萬六千人。李郃，字孟節，南鄭人，通「五經」，善河洛風星。樊英，字秀齊，魯陽人，習《京氏易》，兼明「五經」。韓說，字叔儒，會稽山陰人，博通「五經」，尤善星緯之學。井丹，字大春，郿人，少受業太學，通「五經」。法真，字高卿，郿人。玉況，字文伯，京兆人，該總「五經」，志節高亮。〔註52〕胡

〔註52〕清姚之駰《後漢書補逸》卷十《謝承後漢書第二》：「玉況，字文伯，京兆杜陵人也，代為三輔名族，該總『五經』，志節高亮。為陳留太守。性聰敏，善

廣，字伯始，華容人，學究「五經」，古今術藝皆畢覽之。謝承書。〔註53〕施
延，字君子，蘄縣人，明於「五經」，星官風角靡有不綜。謝承書。〔註54〕朱
穆，字公叔，宛人，少有英才，學明「五經」。謝承書。〔註55〕劉虞，字伯安，
郯人，學通「五經」。謝承書。〔註56〕王奐，字子昌，武德人，明「五經」，
負笈追業。謝承書。〔註57〕李固，字子堅，郃子，學「五經」，積十餘年，博
覽古今。謝承書。〔註58〕李咸，字元卓，西平人，《魯詩》、《公羊》、「三禮」。
〔註59〕尹默，字思潛，涪人。學通「五經」，尤精《左氏春秋》。梓潼人。〔註60〕

行德教。永平十五年，蝗蟲起泰山彌衍兗豫，過陳留界，飛逝不集，五穀獨
豐。章和元年，詔以況為司徒。案：范書況無傳，惟見虞延、班彪傳中二人
皆況所辟也，東閣招賢，況不愧矣。又光武紀建武二十三年九月，陳留太守
玉況為大司徒。二十七年四月，司徒玉況薨，與謝書不合，必有一誤。玉姓
音宿。」

〔註53〕清姚之駰《後漢書補逸》卷十一《謝承後漢書第三》：「廣有雅才，學究五經，
古今術藝皆畢覽之。年二十七舉孝廉。」

〔註54〕清姚之駰《後漢書補逸》卷十《謝承後漢書第二》：「延字君子，蘄縣人，少
為諸生，明於五經，星官風角靡有不綜。」

〔註55〕清姚之駰《後漢書補逸》卷十一《謝承後漢書第三》：「朱穆字公叔，南陽宛人，
亦稱文忠先生。祖暉范書有傳，穆附焉，避弓事，續書作桓帝臨雍與此不同。
夫小人假密神器侮弄大臣，往往有之，公叔臨事不惑，可為士大夫吐氣。」

〔註56〕清姚之駰《後漢書補逸》卷十一《謝承後漢書第三》：「虞父舒丹陽太守。案：
虞字伯安，東海郯人。范載虞祖嘉為光祿勳，而佚其父名。虞通五經。東海
恭王之後。案范稱虞守道慕名，為季漢之名宗子，信然。」

〔註57〕清姚之駰《後漢書補逸》卷十一《謝承後漢書第三》：「王奐字子昌，河內武
德人，明五經，負笈追業，常賃灌園，恥交勢利，為考城令，遷漢陽太守，
徵拜議郎卒。案：奐亦獨行之士也，故與范丹友善，別見丹傳。」

〔註58〕清姚之駰《後漢書補逸》卷十一《謝承後漢書第三》：「固改易姓名，杖策驅
驢，負笈追師三輔，學五經，積十餘年，博覽古今，明於風角星算、河圖讖
緯，仰察俯占，窮神知變，每到太學，密入公府，定省父母，不令同業諸生
知是郃子。案：固字子堅，漢中南鄭人，司徒郃之子。固忠烈彪炳，史冊彰
彰，而密入定省，不令同業知姓名一事尤為高畸，范書獨乃遺此，何也？」

〔註59〕清姚之駰《後漢書補逸》卷十一《謝承後漢書第三》：「咸字符卓，汝南西平
人，孤特自立，家貧，母老，常躬耕稼以奉養，學《魯詩》、《春秋公羊》，傳
三禮，三府並辟，司徒胡廣舉茂才，除高密令，政多奇異，青州表其狀，建
寧三年自大鴻臚拜太尉，自在相位，約身率下，常食脫粟飯醬菜而已，不與
州郡交通，刺史二千石箋記非公事不發省，以老乞骸骨。」

〔註60〕《三國志》卷四十二《蜀書》卷十二：「尹默，字思潛，梓潼涪人也。益部多
貴今文，而不崇章句，默知其不博，乃遠遊荊州，從司馬德操、宋仲子等受
古學，皆通諸經史，又專精於《左氏春秋》，自劉歆條例、鄭眾、賈逵父子、
陳元方、服虔注說咸略誦述，不復按本。」

張紘，字子綱，廣陵人，《京氏易》、《歐陽尚書》、《韓詩》、《左氏》、《禮記》。《吳志》。〔註61〕嚴畯，字曼才，彭城人，《詩》、《書》、「三禮」。同上。〔註62〕程秉，字德樞，南頓人，博通「五經」，著《周易摘》、《尚書駁》、《論語弼》，凡三萬餘言。〔註63〕王朗，字景興，東海人，通《易經》、《歐陽尚書》、《周官經》、《春秋》、《孝經》。《魏志》。〔註64〕任嘏，字昭光，樂安人，誦「五經」皆究其義。嘏別傳見王昶傳注。〔註65〕

六經：劉歆，字子駿，向子，《易》、《尚書》、《詩》、《左氏》、《公羊》、《穀梁》、《爾雅》。何休，字邵公，樊人，精研六經，世儒無及者，作《春秋公羊解詁》，又注訓《孝經》、《論語》，作《公羊墨守》、《左氏膏肓》、《穀梁廢疾》。

七經：張寬〔註66〕。荀爽，字慈明，汝陰人，《易》、《尚書》、《左氏》、《公羊》、《禮》、《論語》。〔註67〕趙典，字仲經，成都人，典學孔子七經，河圖洛書，內外藝術，靡不貫綜。受業者百有餘人。謝承書。〔註68〕楊克，字盛國，梓潼人，受古學於扶風馬季長、呂叔公、南陽朱明叔、潁川白仲職，精究七經。《梓潼志》。〔註69〕李撰，字欽仲，涪人，《古文周易》、《尚書》、《毛

〔註61〕《三國志》卷五十三《吳志》卷八引《吳書》曰：「紘入太學，事博士韓宗，治《京氏易》、《歐陽尚書》，又於外黃從濮陽闓受《韓詩》及《禮記》、《左氏春秋》。」

〔註62〕《三國志》卷五十三《吳志》卷八：「嚴畯字曼才，彭城人也，少耽學，善《詩》、《書》、三禮，又好《說文》。避亂江東，與諸葛瑾、步騭齊名。」

〔註63〕見《三國志》卷五十三《吳志》卷八。

〔註64〕見《三國志》卷十三《魏志》卷十三。

〔註65〕四庫本《欽定大清一統志》卷一百三十六：「任嘏，字昭光，旎子，八歲喪母，以至性見稱。年十四始學，三年中誦『五經』，皆究其義，兼包群言，無不綜覽。邑中爭訟，皆詣嘏質之，其子弟有不順者，父母竊數之曰：『汝所行豈可令任君知耶？』其禮教所化率如此。時訪召海內至德，嘏應舉，為臨淄侯庶子相國東曹屬尚書郎，文帝時為黃門侍郎，每納忠言，帝嘉其淑慎，累遷河東太守，所在化行。」

〔註66〕宋宋祁《景文集》卷五十七《成都府新建漢文公祠堂碑》：「蜀之廟食千五百年不絕者，秦李公冰、漢文公翁兩祠而已……其後司馬相如、王褒、揚雄以文書倡，張寬以博聞顯，嚴遵、李仲元以有道稱。」

〔註67〕《後漢書》卷九十二：「爽字慈明，潁川潁陰人也，幼而好學，年十二能通《春秋》、《論語》，太尉杜喬見而稱之曰可為人師。著《禮》、《易傳》、《詩傳》、《尚書正經》、《春秋條例》。又集漢事成敗可為鑒戒者，謂之《漢語》。又作《公羊問》及辨讖，並他所論敘，題為《新書》，凡百餘篇。」

〔註68〕見《後漢書》卷五十七。

〔註69〕晉常璩《華陽國志》卷十下：楊充，字盛國，梓潼人也。少好學，求師遂業，受古學於扶風馬季長、呂叔公、南陽朱明叔、潁川白仲職，精究七經。其朋

詩》、「三禮」、《左氏》。《蜀志》。〔註70〕許慈，字仁篤，南陽人，《鄭氏易》、
《尚書》、《三禮》、《毛詩》、《論語》。同〔上〕。〔註71〕

八經：孫炎，字叔然，樂安人。《易》、《毛詩》、《禮記》、《春秋》三傳、
《爾雅》。陳祥道《禮書》引炎《周禮注》。〔註72〕

九經：王肅，字子雍，朗子。《易》、《尚書》、《毛詩》、「三禮」、《左氏》、
《論語》、《孝經》。《魏志》、《隋志》。

十經：鄭玄，字康成，高密人，從第五元先通《京氏易》、《公羊春秋》，
又從張恭祖受《周官經》、《禮記》、《左氏春秋》、《韓詩》、《古文尚書》，凡玄
所注《周易》、《尚書》、《毛詩》、《儀禮》、《禮記》、《論語》、《孝經》、《尚書大
傳》、《中候》、《乾象歷》，又著《天文七政論》、《魯禮禘祫義》、《六藝論》、
《毛詩譜》、《駁許慎五經異義》、《答臨孝存周禮難》，又《針左氏膏肓》、《發
公羊墨守》、《起穀梁廢疾》，凡百餘萬言。又《周禮疏》引玄《爾雅注》。按：
《鄭志》及謝承書、《中經簿》皆不言注《孝經》，惟范書有之。今從國史志，
以《孝經》為玄孫小同所注。

十一經：馬融，字季長，茂陵人，《周易》、《尚書》、《詩》、「三禮」、《左
氏》、《公羊》、《穀梁》、《論語》、《古文孝經》。

【《通經表》分帝紀、后紀、諸王、列女、宦官五欄列表〔註73〕】

帝紀：孝武帝，從兒寬問《尚書》。孝昭帝，從韋賢受《魯詩》，從蔡義受
《韓詩》，從夏侯勝受《尚書》。孝宣帝〔註74〕，從澓中翁〔註75〕受《詩》，並
通《論語》、《孝經》。孝元帝，從歐陽地餘、孔霸受《尚書》，張游卿、高嘉受

友則潁川荀慈明、李元禮、京兆羅叔景、漢陽孫子夏、山陽王叔茂，皆海內
名士。還，以教授州里。常言圖緯空說，去事希略，疑非聖不以為教，察孝
廉，為郎卒。

〔註70〕見《三國志》卷四十二《蜀志》卷十二。

〔註71〕見《三國志》卷四十二《蜀志》卷十二。

〔註72〕宋鄭樵《通志》卷一百十五上：「時樂安孫炎，字叔然，授學鄭玄之門人，稱
東州大儒，徵為秘書監，不就。肅集《聖證論》以譏短玄，炎駁而釋之，及
作《周易》、《春秋例》、《毛詩》、《禮記》、《春秋三傳》、《國語》、《爾雅》諸
注，又著書十餘篇，頗傳於世。」

〔註73〕《傳經表·通經表》第 191～196 頁，北京：中華書局，1985 年影印《叢書
集成初編》本。

〔註74〕《經解入門》刪去孝宣帝。

〔註75〕服虔曰：「澓音馥。」師古曰：「東海人，姓澓，字中翁也。澓音房福反，中
讀曰仲。」

《詩》，疏廣受《論語》、《孝經》，蕭望之受《論語》、《禮服》。孝成帝〔註76〕，從鄭寬中受《尚書》，伏理受《齊詩》，張禹受《論語》。孝哀帝，從韋元成、韋賞受《魯詩》。光武帝，從許子威受《尚書》。孝明帝，從譙瑛、劉昆受《易》，桓榮受《尚書》，鍾興受《公羊嚴氏》，包咸受《論語》。孝章帝，從桓郁、張酺受《尚書》。孝和帝，從張酺受《尚書》，又從桓郁問疑義，從包福問《論語》。孝安帝，從桓焉、鄧宏受《歐陽尚書》，並通《論語》。孝順帝，亦從桓焉。孝桓帝，從周福受經。孝靈帝。蜀先主，從盧植受經。蜀後主，從尹默受《左氏》。

后紀：孝昭上官后，從夏侯勝受《尚書》。孝成趙后，從曹宮受《詩》。班婕妤（附），《詩》。明德馬后，《易》、《春秋》、《周官經》。和熹鄧后，《詩》、《論語》，又從曹大家受經書。順烈梁后，《韓詩》、《論語》。

諸王：楚元王交，從浮丘伯受《詩》。夷王郢客，同上。梁襄王揖，本傳好《詩》、《書》。淮南王安，安聘明《易》者九人，號九師法〔註77〕。河間獻王德，本傳：修學好古，實事求是，所得皆古文，先秦舊書《周官》、《尚書》、《禮》、《禮記》、《孟子》、《老子》之屬。其學舉六藝，立《毛詩》、《左氏》博士。燕刺王旦，本傳：為人辯略，博學經書雜說。淮陽憲王欽，本傳：好經書法律，聰明有才。廣川王去，本傳：師授《易》，《論語》、《孝經》皆通。齊武王縯。千乘王伉，從魏應受《詩》。東海王彊，從郅惲受《韓詩》。東平獻王蒼。沛憲王輔，《京氏易》、《論語》、《孝經》。北海敬王睦，《春秋》。陳敬王羨。濟南孝王香，本傳：香篤行好經書。琅琊孝王京。

列女：伏勝女。曹宮，通《詩》。文季姜，《詩》、《禮》。《梓潼志》。崔發母師氏。崔寔母。張雨。班昭。

宦官：趙祐〔註78〕。

【本篇結論】

《兩漢通經諸儒》篇完全根據《通經表》表格中的文字改編成，刪去了大量原書中具有學術價值的注釋文字，又抄錯了不少字。在普及《通經表》的同時，無疑也降低了《通經表》的學術價值。

〔註76〕《經解入門》刪去孝成帝。
〔註77〕《漢書・藝文志》引《淮南・道訓》二篇注。
〔註78〕《後漢書》卷十下：「熹平四年，小黃門趙祐、議郎卑整上言：『春秋之義，母以子貴。隆漢盛典，尊崇母氏，凡在外戚，莫不加寵。今沖帝母虞大家、質帝母陳夫人，皆誕生聖皇，而未有稱號。夫臣子雖賤，尚有追贈之典，況二母見在，不蒙崇顯之次，無以述遵先世，垂示後世也。』」

《南北經術流派》抄自《六朝經術流派論》

【原文】

　　六朝經術流派，見於《北史·儒林傳序》者甚詳。〔雖短長互見，〕而宗法所在，孰得孰失，誠不可以無辨，嘗試論之。王弼，名士也，非經師也；杜預，名將也，亦非經師。非經師則學無所授，信心而談，空疏混漾，游衍無歸，撥棄舊詁，競標新說，何足稱專門之業？若孔安國，則真經師矣，使果為真孔氏，雖康成亦應俯首，而無如其偽也。今習古文，是率天下而偽也，烏乎可！然而揆其所始，厥由東晉。方晉氏渡江而東，修學校，簡省博士，置《周易》王氏，《尚書》鄭氏，《古文尚書》孔氏，《毛詩》鄭氏，《周官》、《禮記》鄭氏，《春秋左傳》杜氏、服氏，《論語》、《孝經》鄭氏，博士各一人。太常荀崧上疏，請增置鄭《易》、《儀禮》及《春秋公羊》、《穀梁》博士各一人，會王敦之難，不果行。蓋鄭《易》之廢，實始於此。故張璠所集二十二家，僅依向秀之本，而謝萬等各注《繫辭》，以續王弼之書，玄風大暢，古義遂湮。陸澄貽王儉書云：「《易》自商瞿之後，雖有異家之學，同以象數為宗，後乃有王弼之說。」王濟云：「弼所誤者多，何必能頓廢前儒？」是鄭氏之不可〔廢，王氏之不可〕行，南人固有知之〔者〕矣。猶幸河北學者〔專〕習鄭《易》，故其書至唐猶存，陸氏《釋文》、李氏《集解》，間述一二，而王注傳習既久，終不能奪，竟至失傳，豈不深可惜哉？然晉時鄭《易》雖廢，而《尚書》猶兼習鄭、孔，《春秋》猶兼習服、杜，其後乃廢鄭、服而專用孔、杜。《釋文》云：「江左中興，梅頤奏上《孔傳》，學徒遂盛。」後范寧變為今文集注，俗間或取《舜典》篇以續孔氏。夫范寧固號為能遵守鄭學者，而古文孔傳則梅頤之徒偽撰者，乃篤信不疑，且為之集注，是表章《孔傳》，偏自遵守鄭學者為之倡始，異哉！而一時趨向亦於此可卜矣。然劉宋時鄭氏猶未廢絕，故裴駰《史記集解》兼採鄭、孔兩家，無所偏（立）〔主〕。《釋文》又云：「近惟崇尚古文，馬、鄭、王注遂廢。」《釋文》之作，在於陳末，而曰「近」，則崇孔廢鄭，實在齊、梁之後矣。其《春秋》服氏之廢，不知始於何時，裴駰注《史記》引〔服〕解頗多，梁、陳間未有習服氏《春秋》者。李延壽曰：「晉世杜預注《左氏》，預玄孫坦，坦弟驥，於宋朝並為青州刺史，傳其家業，故齊地多習之。」是預之子孫多貴顯，故其學且流入北方，宜服氏之不能與爭。崔靈恩申服難杜，虞僧誕申杜難服，莫能相勝，而小劉規杜過至三百餘事，則公論不可誣也。夫江左儒風，淵源典午，專尚浮華，務析名理，其去繁就簡，理固宜然。

若謂經籍英華盡在於是，是以漢學為糟粕也。蓋已隱然開駕空立說之端矣。按《隋‧經籍志》於《易》云：「梁、陳，鄭玄、王弼二注列於國學，齊代唯傳鄭義，至隋，王注盛行，鄭學寖微。」於《書》云：「梁、陳所講，有孔、鄭二家，齊代唯傳鄭誼，至隋，孔、鄭並行，而鄭氏甚微。」於《春秋》云：「《左傳》唯傳服誼，至隋，杜氏盛行，服誼寖微。」是梁、陳間非不言鄭學，但甚微耳。其謂《左傳》唯傳服誼者指北朝也。獨惜隋氏起北方，混一華夏，而《易》、《書》、《春秋》徇南人之浮誇，損北學之精實，甚至以姚方興之《舜典》竄入《孔傳》，於偽之中又有偽焉。唐貞觀中奉詔撰《五經正義》，因循不革。案：康成聞服虔解《左傳》多與己同，遂以所注畀之，是服學即鄭學，行鄭、服，則學出於一，行王、杜、偽孔，則學分為三。故有兩經之疏，同為一人所作，而互相矛盾，使學者茫然不知真是之歸，此宋儒所以乘間而起也。要之，儒林之卓絕者，南北各有〔其〕人。以南言之，如雷次宗禮服與康成並稱，號為「雷、鄭」。釋慧遠遁跡沙門，周續之事之，作《詩序誼》，獨得毛、鄭微旨。庾蔚之《喪服要記》載在《通典》，最為詳嚴。何承天《禮論》多至三百卷，〔而何佟之略皆上口，〕至孔子袪又續成一百五十卷。崔靈恩《三禮義宗》，說《禮》之總龜也。其以渾蓋為一，在僧一行前，可謂卓識。或謂其書當於零陵、桂陽間求之。嗜古之士，曷留意焉。他若沈麟士、沈峻、沈文阿、太史叔明，博通「五經」，非其彰彰者乎？北則劉獻之、徐遵明，蔚為名儒，劉焯、劉炫，後來之秀。至如釋《論語》八寸策為八十宗，撰《孝經閨門章》目為古文，雖有小疵，無傷大體。且盧廣以北人而光價江南，沈重以南人而勝芳河朔，傑出之才又可以地限哉？抑猶有可憾者，施讎、梁丘之《易》亡矣，孟、京不〔尚〕存乎？歐陽、夏侯之書亡矣，馬融不尚存乎？《齊詩》久亡，《魯詩》不至江左，不有《韓詩》薛君章句乎？《左氏》之外，猶有《公羊》、《穀梁》。服虔之外，猶有賈逵。《禮記》有盧氏，與鄭氏同師。若此之類，南人既未暇及，北學亦寂寂無聞，徒守一先生之言，斤斤然唯恐失之。經術之不逮魏、晉，亦奚足怪？義疏之學，自為一派，惟六朝為最盛。宋明帝之《周易》，雷肅之之《禮記》，其尤著者。《易》則褚仲都，《書》則費甝、三劉、顧彪，《詩》與《春秋》則劉炫，《禮》則黃慶、李孟悊，《禮記》則皇侃、熊安生、賀瑒。凡所發明，俱有可觀。其確守一家，不使稍有出入，亦古來釋經之通例，非其弊也。唯自二劉、熊安生之外，率皆南人，故未有為鄭氏《書》、《易》、服氏《春秋》作疏者。唐之《正義》，不能改用鄭、服，殆亦以前無所

承，難於倡造，故與六朝經學之書散佚略盡，惟《經典釋文》巋然獨存，前此止作音，惟陸氏兼釋經義；前此止音經，惟陸氏兼音注。體例獨別於諸家，而能集諸家之成，故為不刊之典。其中《周易音義》最為精博，雖以王為主，特採子夏、京房、孟喜、馬、鄭、劉表、荀爽、虞翻、陸績、王肅、董遇、姚信、王廙、干寶、蜀才、黃穎，旁及《九家易》、張璠《集解》，萃十數家於兩卷之中，視李鼎祚尤簡而該。窺其微意，似嫌王注空疏，故博徵古訓以彌縫之。餘如《書》之馬融，《詩》之韓嬰，亦存其概。不幸生於南國，故鄭、服之學不得賴以流傳。然音訓之詳，無逾於此，非徐爰、沈重、戚袞、王元規輩所可同年而語矣！皇侃《論語義疏》雖非正經，亦經解之類。竊謂何晏本清談之祖，而《論語集解》獨能存漢學之什一，其體例謹嚴，迥非王弼《易注》可比。而皇氏乃取江熙《集解》以為之疏，制度、名物略而不詳，惟以清言取勝，似欲補平叔所未及者，與所作《禮記疏》大相徑庭。只以秘籍流傳，罕而見珍，故不以空談廢云。崔氏《義宗》，王伯厚、周草窗俱徵引及之，則宋末尚存。今去宋世不過四百餘年，故以為不應遽佚。兩漢傳業，各有專家，故三史作《儒林傳》，分經敘述，於授受源流載之特詳。魏、晉以降，稍渙散矣。蓋經術既不如古，而史才又不逮前，故記載有所未詳。要其師友淵源，初未嘗絕，讀《北史》所序，居然有兩漢遺風。勝國西亭王孫著《授經圖》，因章氏《考索》而加詳焉。然止述兩漢，不及魏、晉以降，未為賅備。且南北區分，風尚不一，苟非支分派別，兼綜條貫，則承學之士，何繇考其異同，定其得失耶？試取朱氏之書，次第續續，必更有可觀者。

【邵保初〔註79〕《六朝經術流派論》〔註80〕】

南北朝經術流派，見於《北史‧儒林傳序》者甚詳。雖短長互見，而宗法所在，孰得孰失，誠不可以無辨，嘗試論之。王弼，名士也，非經師也；杜預，名將也，亦非經師也。非經師則學無所授，信心而談，空疏淴漾，游衍無歸，撥棄舊詁，競標新說，何足稱顓門之業？若孔安國，則真經師矣。使果為真孔氏，雖康成亦應低首，而無如其偽也。今習古文，是率天下而偽也，烏乎可？然而揆其所始，厥由東晉。方晉氏渡江而東，修學校，簡省博士，置《周易》王氏，《尚書》鄭氏，《古文尚書》孔氏，《毛詩》鄭氏，《周官》、《禮記》

〔註79〕【邵保初】字履咸，號春臬，浙江歸安人。事蹟見《(同治)湖州府志》卷七六。

〔註80〕見《清經解》卷一三八五。

鄭氏，《春秋左傳》杜氏、服氏，《論語》、《孝經》鄭氏，博士各一人。太常荀崧上疏請增置鄭《易》、《儀禮》及《春秋公羊》、《穀梁》博士各一人，會王敦之難，不果行。蓋鄭《易》之廢，實始於此。故張璠所集二十二家，僅依向秀之本，而謝萬等各注《繫辭》，以續王弼之書，玄風大暢，古義遂湮。陸澄貽王儉書云：「《易》自商瞿之後，雖有異家之學，同以象數為宗，後乃有王弼之說。」王濟云：「弼所誤者多，何必能頓廢前儒？」是鄭氏之不可廢，王氏之不可行，南人固有知之者矣。猶幸河北學者專習鄭《易》，故其書至唐猶存，陸氏《釋文》、李氏《集解》間述一二，而王注傳習既久，終不能奪，竟至失傳，豈不深可惜哉？然晉時鄭《易》雖廢，而《尚書》猶兼習鄭、孔，《春秋》猶兼習服、杜，其後乃廢鄭、服而專用孔、杜。《釋文》云：「江左中興，梅頤奏上《孔傳》，學徒遂盛。」後范寧變為今文集注，俗間或取《舜典》篇以續孔氏。夫范寧固號為能遵守鄭學者，而古文孔傳則王肅之徒偽撰以難鄭氏者，乃篤信不疑，且為之集注，是表章《孔傳》，偏自遵守鄭學者為之倡始，異哉！而一時趨向，亦於此可卜矣。然劉宋時鄭氏猶未廢絕，故裴駰《史記集解》兼採鄭、孔兩家，無所偏主。《釋文》又云：「近惟崇尚古文，馬、鄭、王注遂廢。」《釋文》之作，在於陳末，而曰「近」，則崇孔廢鄭實在齊、梁之後矣。其《春秋》服氏之廢，不知始於何時，裴駰注《史記》引服解頗多，梁、陳間未有習服氏《春秋》者。李延壽曰：「晉世杜預注左氏，預元孫坦，坦弟驥，於宋朝並為青州刺史，傳其家業，故齊地多習之。」是預之子孫多貴顯，故其學且流入北方，宜服氏之不能與爭。崔靈恩申服難杜，虞僧誕申杜難服，莫能相勝，而小劉規杜過至三百餘事，則公論不可誣也。夫江左儒風淵源典午，專尚浮華，務析名理，其去繁就簡，理固宜然。若謂經籍英華盡在於是，是以漢學為糟粕也。蓋已隱然開駕空立說之端矣。按：《隋·經籍志》於《易》云：「梁、陳，鄭玄、王弼二注列於國學，齊代唯傳鄭義，至隋，王注盛行，鄭學浸微。」於《書》云：「梁、陳所講，有孔、鄭二家，齊代唯傳鄭義，至隋，孔、鄭並行，而鄭氏甚微。」於《春秋》云：「《左傳》唯傳服義，至隋，杜氏盛行，服義浸微。」是梁、陳間非不言鄭學，但甚微耳。其謂《左傳》唯傳服義者指北朝也。獨惜隋氏起北方，混一區夏，而《易》、《書》、《春秋》徇南人之浮誇，損北學之精實，甚至以姚方興之《舜典》竄入《孔傳》，於偽之中又有偽焉。唐貞觀中奉詔撰《五經正義》，因循不革。按：康成聞服虔解《左傳》多與己同，遂以所注畀之，是服學即鄭學，行鄭、服，則學出於一，行王、

杜、偽孔，則學分為三。故有兩經之疏，同為一人所作，而互相矛盾，使學者茫然不知真是之歸，此宋儒所以乘間而起也。要之，儒林之卓絕者，南北各有其人，以南言之，如雷次宗禮服與康成並稱，號為「雷、鄭」。釋慧遠遁跡沙門，周續之事之，作《詩序義》，獨得毛、鄭微旨。庾蔚之《喪服要記》載在《通典》，最為詳覈。何承天《禮論》多至三百卷，而何佟之略皆上口，孔子袪又續成一百五十卷。崔靈恩《三禮義宗》，說《禮》之總龜也。其以渾蓋為一，在僧一行前，可謂卓識。或謂其書當於零陵、桂陽間求之。嗜古之士，曷留意焉。他若沈麟士、沈峻、沈文阿、太史叔明，博通「五經」，非其彰彰者乎？北則劉獻之、徐遵明，蔚為名儒，劉焯、劉炫，後來之秀。至如釋《論語》八寸策為八十宗，撰《孝經閨門章》目為古文，雖有小疵，無傷大體。且盧廣以北人而光價江南，沉重以南人而勝芳河朔，傑出之才又可以地限哉？抑猶有可憾者，施讎、梁丘之《易》亡矣，孟、京不尚存乎？歐陽、夏侯之書亡矣，馬融不尚存乎？《齊詩》久亡，《魯詩》不至江左，不有《韓詩》薛君章句乎？《左氏》之外，猶有《公羊》、《穀梁》。服虔之外，猶有賈逵。《禮記》有盧氏，與鄭氏同師。若此之類，南人既未暇及，北學亦寂寂無聞，徒守一先生之言，斤斤然唯恐失之。經術之不逮魏、晉，亦奚足怪？義疏之學，自為一派，唯六朝為最盛。宋明帝之《周易》，雷肅之之《禮記》，其尤著者。《易》則褚仲都，《書》則費甝、三劉、顧彪，《詩》與《春秋》則劉炫，《禮》則黃慶、李孟惁，《禮記》則皇侃、熊安生、賀瑒。凡所發明，俱有可觀。其確守一家，不使稍有出入，亦古來釋經之通例，非其弊也。唯自二劉、熊安生之外，率皆南人，故未有為鄭氏《書》、《易》、服氏《春秋》作疏者。唐之《正義》，不能改用鄭、服，殆亦以前無所承，難於倡造，故與六朝經學之書散佚略盡，惟《經典釋文》巋然獨存，前此止作音，惟陸氏兼釋經義；前此止音經，惟陸氏兼音注。體例獨別於諸家，而能集諸家之成，故為不刊之典。其中《周易音義》最為精博，雖以王為主，特採子夏、京房、孟喜、馬、鄭、劉表、荀爽、虞翻、陸績、王肅、董遇、姚信、王廙、干寶、蜀才、黃穎，旁及《九家易》、張璠《集解》，萃十數家於兩卷之中，視李鼎祚尤簡而該。窺其微意，似嫌王注空疏，故博徵古訓以彌縫之。餘如《書》之馬融，《詩》之韓嬰，亦存其概。不幸生於南國，故鄭、服之學不得賴以流傳。然音訓之詳，無逾於此，非徐爰、沉重、戚袞、王元規輩所可同年而語矣！皇侃《論語義疏》雖非正經，亦經解之類。竊謂何晏本清談之祖，而《論語集解》獨能存漢學之什

一，其體例謹嚴，迥非王弼《易注》可比。而皇氏乃取江熙《集解》以為之疏，制度、名物略而不詳，惟以清言取勝，似欲補平叔所未及者，與所作《禮記疏》大相徑庭。只以秘籍流傳，罕而見珍，故不以空談廢云。崔氏《義宗》，王伯厚、周草窗俱徵引及之，則宋末尚存。今去宋世不過四百餘年，故以為不應遽佚。兩漢傳業，各有專家，故三史作《儒林傳》，分經敍述，於授受源流載之特詳。魏、晉以降，稍渙散矣。蓋經術既不如古，而史才又不逮前，故紀載有所未詳。要其師友淵源，初未嘗絕，讀《北史》所序，居然有兩漢遺風。勝國西亭王孫著《授經圖》，因章氏《考索》而加詳焉。然止述兩漢，不及魏、晉以降，未為賅備。且南北區分，風尚不一，苟非支分派別，兼綜條貫，則承學之士，何緣考其異同，定其得失耶？試取朱氏之書，次第續續，必更有可觀者。

【本篇結論】

經過仔細比勘，《南北經術流派》篇完全抄自《六朝經術流派論》，僅有幾處文字點竄，如改「南北朝」為「六朝」，改「義」為「誼」。其他刪改之處，在《南北經術流派第十四》文中以〔　〕表示，不一一贅述。奇怪的是，又將邵保初原文「鄭氏之不可廢，王氏之不可行」一句刪為「鄭氏之不可行」，語義正好相反，留下笑柄。

《國朝治經諸儒》抄自《書目答問》

【原文】

窮經之士，莫盛於我朝，其專門漢學，確守師法者，自崑山顧氏、太原閻氏倡之於前，而諸儒繼之於後，魏、晉以下無匹焉。余是以有《國朝漢學師承記》之作。茲於《師承記》外，記錄諸儒姓氏，俾學者易於尋檢，而《師承記》所已見，亦備錄焉。雖虞經無益，要亦睹記之一道也。

【張之洞《書目答問·國朝著述諸家姓名略》】

經學家

顧炎武。亭林，崑山。張爾岐。稷若，濟陽。陳啟源。長發，吳江。馬驌。宛斯，鄒平。

王爾膂。止菴，掖縣。毛奇齡。大可，蕭山。朱彝尊。竹垞，秀水。胡渭。朏明，德清。

閻若璩。百詩，太原。徐善。敬可，秀水。**臧琳**。玉林，武進。**臧鏞堂**。在東，琳元孫。

臧禮堂。和貴，鏞堂弟。**惠士奇**。天牧，吳縣。**惠棟**。定宇，士奇子。**諸錦**。襄七，秀水。

汪師韓。韓門，錢塘。杭世駿。大宗，仁和。齊召南。次風，天台。秦蕙田。諡文恭，金匱。

莊存與。方耕，陽湖。莊述祖〔註81〕。葆琛，存與弟。莊綬甲。卿珊，存與孫。褚寅亮。搢升，長洲。

盧文弨。抱經，餘姚。江聲。艮庭，吳縣。余蕭客。古農，吳縣。翁方綱。覃溪，大興。

王鳴盛。鳳喈，嘉定。朱筠。竹君，大興。紀昀。諡文達，獻縣。王昶。德清，青浦。

范家相。蘅洲，會稽。翟灝。晴江，仁和。錢大昕。竹汀，嘉定。錢大昭。可廬，大昕弟。

錢塘。學淵，大昭兄子。錢坫。獻之，塘弟。周春。松藹，海寧。盛百二。柚堂，秀水。

畢沅。秋帆，鎮洋。孫志祖。頤谷，仁和。任大椿。幼植，興化。孔繼涵。葒谷，曲阜。

孔廣森。顨軒，曲阜。孔廣林。叢伯，廣森（弟）〔兄〕。邵晉涵。二雲，餘姚。金榜。輔之，歙縣。

戴震。東原，休寧。段玉裁。懋堂，金壇。程瑤田。易疇，歙縣。胡匡衷。樸齋，績溪。

胡培翬。竹村，匡衷孫。胡秉虔。春喬，績溪。胡承珙。墨莊，涇縣。周炳中。燭齋，溧陽。

劉台拱。端臨，寶應。王念孫。石臞，高郵。王引之。諡文簡，念孫子。洪榜。初堂，歙縣。

〔註81〕 【莊述祖】（1750～1816），字葆琛，學者稱珍藝先生，江蘇武進人。乾隆四十五年進士。述祖傳存與之學。著《夏小正經傳考釋》十卷、《尚書今古文考證》七卷、《毛詩考證》四卷、《毛詩周頌口義》三卷、《五經小學述》二卷、《歷代載籍足徵錄》一卷、《弟子職集解》一卷、《漢鐃歌句解》一卷、《石鼓然疑》一卷、《文鈔》七卷、《詩鈔》二卷。

洪梧。桐生，榜弟。金曰追。璞園，嘉定。汪中。容甫，江都。汪喜孫。孟慈，中子。

宋綿初。守端，高郵。李惇。孝臣，高郵。武億。虛谷，偃師。丁傑。小雅，歸安。

顧九苞。文子，興化。周廣業。耕崖，海寧。汪龍。蟄泉，歙縣。汪萊。孝嬰，歙縣。

程際盛。煥若，長洲。許鴻磐。漸逵，濟寧。許珩。楚生，儀徵。孫星衍。伯淵，陽湖。

梁玉繩。曜北，錢塘。梁履繩。處素，玉繩弟。阮元。諡文達，儀徵。桂馥。未谷，曲阜。

洪亮吉。稚存，陽湖。凌廷堪。次仲，歙縣。李賡芸。許齋，高郵。鍾褱。菽崖，甘泉。

趙曦明。敬夫，江陰。嚴可均。鐵橋，烏程。馬瑞辰。〔文登，〕桐城。王聘珍〔註82〕。實齋，南城。

畢〔以〕珣。九水，文登。姚文田。諡文僖，歸安。郝懿行。蘭皋，棲霞。張惠言。皋文，武進。

陳壽祺。恭甫，侯官。陳喬樅。橫園，壽祺子。張澍。介侯，武威。朱珔。蘭坡，歙縣。

周用錫。晉園，平湖。焦循。里堂，甘泉。李鍾泗。濱石。馬宗槤。魯陳，桐城。

朱彬。〔武曹，〕寶應。江藩。鄭堂，甘泉。李貽德。次白，嘉興。崔應榴。〔秋谷，〕海鹽。

劉玉麐。〔又徐，〕寶應。劉寶楠。楚楨，寶應。劉文淇。孟瞻，儀徵。劉毓崧。伯山，文淇子。

劉逢祿。申受，陽湖。宋翔鳳。於庭，長洲。沈欽韓。文起，吳縣。柳興宗。賓叔，丹徒。

許桂林。月南，海州。趙坦〔註83〕。寬夫，仁和。洪頤煊。筠軒，臨海。洪震煊。堂，頤煊弟。

〔註82〕 【王聘珍】（1746～？），字貞吾，號實齋，江西南城人。乾隆五十四年拔貢。為謝啟昆、阮元參訂古籍。治經確守後鄭之學。著有《大戴禮記解詁》十三卷、《目錄》一卷、《經義考補》、《九經學》三卷、《周禮學》二卷、《儀禮學》一卷。

〔註83〕 【趙坦】（1765～1828），字寬夫，號石侶，浙江仁和人。著有《周易鄭注引義》十二卷、《春秋三傳異文箋》四卷、《石經考續》、《寶甓齋劄記》一卷。

凌曙。曉樓，江都。凌堃。厚堂，烏程。胡世琦。玉樵，涇縣。俞正燮。理初，黟縣。

臧壽恭。梅溪，長興。劉履恂。寶應。金鶚。秋史，臨海。周中孚。信之，烏程。

宋世犖。〔碻山，〕臨海。李銳。尚之，元和。徐養（源）〔原〕。〔飴庵，〕德清。沈夢周。〔谷春，歸安。〕方觀旭。桐城。李黼平。子黼，嘉應。李富孫。香子，嘉興。馮登府。柳東，嘉興。龔自珍〔註84〕。定庵，仁和。陳奐。碩甫，長洲。薛傳均。子韻，甘泉。張宗泰。登封，甘泉。

姚配中〔註85〕。仲虞，旌德。包世榮〔註86〕。季懷，涇縣。徐卓〔註87〕。犖生，休寧。張穆〔註88〕。石舟，平定。

汪家禧〔註89〕。選樓，仁和。侯康。君（謨）〔模〕，番禺。林伯桐〔註90〕。月亭，番禺。丁傳經。歸安。

陳塚。〔小蓮〕，嘉定。馬國翰〔註91〕。竹吾，歷城。周學濂〔註92〕。〔元緒，〕烏程。魏源。默深，邵陽。

〔註84〕 【龔自珍】（1792～1841），字璱人，號定庵，著籍仁和。著有《定庵文集》等。

〔註85〕 【姚配中】（1792～1844），字仲虞，安徽旌德人。以治《易》名於嘉道間。著有《周易姚氏學》十六卷、《周易通論月令》二卷、《易學闡元》一卷、《一經廬文鈔》不分卷。

〔註86〕 【包世榮】（1784～1826），字季懷，安徽涇縣人。道光元年舉人。撰《詩禮徵文》十卷、《學詩識小錄》十三卷。

〔註87〕 【徐卓】字犖生，安徽休寧人。撰《經義未詳說》五十四卷。

〔註88〕 【張穆】（1805～1849），字石洲，平定州人。道光中優貢生。著《蒙古游牧記》十六卷、《顧亭林年譜》四卷、《閻潛丘年譜》四卷、《月齋文集》八卷、詩集四卷。

〔註89〕 【汪家禧】（1775～1816），字漢郊，號選樓，浙江仁和人。通漢《易》，作《易消息解》。所著書數十卷，毀於火。其友秀水莊仲方、門人仁和許乃谷輯其遺文，為《東里生爐餘集》三卷。又有《三詞志》。

〔註90〕 【林伯桐】（1778～1847），字桐君，番禺人。嘉慶六年舉人。著有《毛詩通考》三十卷、《毛詩傳例》二卷、《毛詩識小》三十卷、《鄭氏詩譜考正》一卷、《易象釋例》十二卷、《易象雅訓》十二卷、《三禮注疏考異》二十卷、《冠昏喪祭儀考》十二卷、《左傳風俗》二十卷、《古音勘學》三十卷、《史學蠡測》三十卷、《供冀小言》二卷、《古諺箋》十卷、《學海堂志》一卷等。

〔註91〕 【馬國翰】（1794～1857），字詞溪，號竹吾，山東歷城人。著有《玉函山房全集》四十卷，輯有《玉函山房輯佚書》580種689卷。

〔註92〕 【周學濂】（1809～1861），字符緒，改名學汝，浙江烏程人。著有《說文經字考》、《校勘北堂書抄》。

鄭珍。子尹，遵義。**朱右曾**〔註93〕。亮甫，嘉定。**陳立**〔註94〕。卓人，句容。**鄒漢勳**〔註95〕。叔績，新化。

右漢學專門經學家諸家皆篤守漢人家法，實事求是，義據通深者。

〔《傳經表》一卷，《通經表》一卷。洪亮吉撰。《西漢儒林傳經表》二卷。周廷採撰。《漢西京博士考》二卷。胡秉虔撰。《兩漢五經博士考》三卷。張金吉撰。《兩漢傳經表》二卷。蔣日豫撰。〕

黃宗羲。梨洲，餘姚。**黃宗炎**。晦木，宗羲弟。**王夫之**。船山，衡陽。**錢澄之**。飲光，桐城。

朱鶴齡。長孺，吳江。**萬斯大**。充宗，鄞縣。**萬斯同**。季野，斯大弟。**萬經**。九沙，斯大子。

徐乾學。健庵，崑山。**陸元輔**。翼王，嘉定。**徐嘉炎**。勝力，秀水。**惠周惕**。元龍，吳縣。

王叔琳。崑圃，大興。**陳景雲**。少章，吳江。**張尚瑗**。損持，吳江。**方苞**。望溪，桐城。

陳厚耀。泗源，泰州。**吳廷華**。中林，錢塘。**盛世佐**〔註96〕。庸三，秀水。**胡煦**。諡文良，光山。

王懋竑。白田，寶應。**陸奎勳**〔註97〕。陸堂，平湖。**顧棟高**。震滄，無錫。**陳祖**

〔註93〕 【朱右曾】（1799～1858），字尊魯，號亮甫，江蘇嘉定人。道光十八年（1838）進士。精於訓詁、輿地。著有《逸周書集訓校釋》十卷、《詩地理徵》二卷、《春秋左傳地理徵》二十卷、《春暉軒古文》四卷、《吟草》八卷。

〔註94〕 【陳立】（1809～1869），字卓人，句容人。道光二十一年進士，選翰林院庶吉士。師凌曙、劉文淇，受《公羊春秋》、許氏《說文》、鄭氏《禮》，而於《公羊》致力尤深。著有《公羊義疏》七十六卷、《白虎通疏證》十二卷、《爾雅舊注》二卷、《說文諧聲孳生述》三卷、《句溪雜著》六卷。

〔註95〕 【鄒漢勳】（1805～1853），字叔績，湖南新化人。所著《讀書偶識》三十六卷，自言破前人之訓故，必求唐前之訓故方敢用。違箋傳之事證，必求漢前之事證，方敢從。以漢人去古未遠，諸經注皆有師承，故推闡漢學，不遺餘力。尤深音均之學，初著《廣韻表》十卷，晚為《五均論》，說尤精粹。生平於《易》、《詩》、《禮》、《春秋》、《論語》、《說文》、《水經》皆有撰述。凡二十餘種，合二百餘卷。同治二年，土匪焚其居。今存者《讀書偶識僅》八卷、《五均論》二卷、《顓頊曆考》二卷、《教藝齋文》三卷、《詩》一卷，《紅崖石刻釋文》一卷、《南高平物產記》二卷。

〔註96〕 【盛世佐】字庸三，浙江秀水人。乾隆十三年進士。撰《儀禮集編》四十卷，集眾解而研辨之，持論謹嚴。又楊復《儀禮圖》久行於世，然其說本注疏，而時有並注疏之意失之者，一一是正，至於諸家謬誤，辨之尤詳。

〔註97〕 【陸奎勳】（1663～1758），字聚侯，號坡星，又號陸堂，浙江平湖人。康熙

範。亦韓，常熟。

蔡德晉。仁錫，無錫。任啟運。釣臺，宜興。江永。慎修，婺源。汪紱。雙池，婺源。

王坦。吉途，通州。沈彤。果堂，吳江。全祖望。謝山，鄞縣。徐文靖。位山，當塗。

程廷祚。綿莊，上元。金文淳。質甫，錢塘。車文。彬若，太康。程恂〔註98〕。栗也，休寧。

吳鼐。岱岩，金匱。吳鼎。尊彝，鼐弟。趙祐。鹿泉，仁和。顧鎮。古湫，常熟。

姚培謙〔註99〕。平山，華亭。張聰咸〔註100〕。〔阮林，桐城。〕姚鼐〔註101〕。

辛丑進士，官翰林院檢討。著有《陸堂易學》十卷、《今文尚書說》三卷、《陸堂詩學》十二卷、《戴記緒言》四卷、《春秋義存錄》十二卷、《陸堂文集》二十卷、詩集十六卷、續詩集八卷。

〔註98〕【程恂】字栗也，安徽休寧人。乾隆元年，御史吳元安言：「薦舉博學鴻詞，原期得湛深經術、敦崇實學之儒，詩賦雖取兼長，經史尤為根柢。若徒駢綴儷偶，推敲聲律，縱有文藻可觀，終覺名實未稱。」取一等五人，劉綸、潘安禮、諸錦、於振、杭世駿等，授編修。二等十人，陳兆崙、劉藻、夏之蓉、周長發、程恂等，授檢討。

〔註99〕【姚培謙】（1693～1766），字平山，號松桂、鱸香，華亭人。喜刻巾箱小本，亦好事之士。所著有《春帆集》，刻於康熙庚子（1720）。《自知集》，刻於雍正甲辰（1724）。《樂府》及《覽古詩》，刻於乾隆己未（1739）。《松桂讀書堂集》八卷，乃乾隆庚申（1740）裒合諸編，刪為一集。又撰《李義山詩集注》十六卷。

〔註100〕【張聰咸】字阮林，桐城人。著有《經史質疑錄》二卷。張維屏《國朝詩人徵略》卷五十八：「張聰咸，字阮林，號傅岩，江南桐城人。嘉慶十五年舉人。有《傅岩詩集》。阮林，太傅文端公五世孫也。張氏為吾邑巨族，世有達官，才人亦不乏，而文辭能直追古人，則自阮林始。為詩宗法少陵，姚惜抱先生見所作，歎為異才。著有《左傳杜注辨正》及《經史質疑錄》，積勞以死，年僅三十有二。（《劉孟塗文集》）」馬其昶《抱潤軒文集》卷六《贈道銜原任工部員外郎馬公墓表》亦云：「同時長洲陳氏奐著《詩毛氏傳疏》，亦為顓門之學，故世之治《毛詩》者多推此兩家之書。其在桐城，有張聰咸阮林、徐璈六襄，學業差近，皆與公善，然皆早世。」（光緒）重修安徽通志》卷二百二十三：「張聰咸，字阮林，桐城人。以舉人補覺羅教習。詩文宗法古人，於經通《左氏傳》，於小學通音韻，於史熟漢、晉逸事。著有《左傳杜注辯證》、《經史質疑錄》及《傅岩詩集》。卒於京師，年僅三十有二。」

〔註101〕【姚鼐】（1731～1815），字姬傳，桐城人。乾隆二十八年進士。四庫館開，充纂修官。主講江南紫陽、鍾山書院四十餘年。著有《九經說》十七卷、《惜抱軒文集》二十卷、《詩集》二十卷等。

姬傳，范弟子。崔述〔註102〕。東壁，大名。

徐璈。六襄，桐城。丁履恒〔註103〕。道久，武進。許宗彥。周生，德清。雷學淇〔註104〕。介庵，通州。

錢儀吉〔註105〕。衎石，嘉興。黃式三。薇香，定海。

右漢、宋兼採經學家諸家皆考博綜眾說，確有心得者。

小學家國朝經學家，皆通小學，舉其尤深者：《說文》嚴、段、鈕為最，音韻顧、江永為最，訓詁郝、王引之為最。

顧炎武。張弨。力臣，山陽。吳玉搢。山夫，山陽。潘耒。次耕，吳江。臧琳。臧鏞堂。黃生〔註106〕。扶孟，歙縣。江永。劉淇。武仲，濟寧。謝墉〔註107〕。金圃，嘉善。江聲。江沅。子蘭，聲孫。朱筠。翟灝。錢大昕。錢坫。錢繹。小廬，大昕弟子。錢侗。畢沅。謝啟昆。任大椿。任兆麟。心齋，興化。邵晉涵。戴震。宋鑒。半塘，安邑。吳穎芳。西林，仁和。段玉裁。朱文藻。朗齋，仁和。胡秉虔。莊炘。盧庵，陽湖。王念孫。王引之。洪榜。洪梧。李威。畏吾，龍溪。程際盛。

〔註102〕【崔述】（1740～1816），字武承，號東壁，直隸大名人。乾隆二十七年舉人。著書三十餘種，而《考信錄》一書，尤生平心力所專注。又有《王政三大典考》三卷、《讀風偶識》四卷、《尚書辨偽》二卷、《論語餘說》一卷、《讀經餘論》二卷、《易卦圖說》一卷、《五服異同匯考》三卷、《大名水道考》一卷、《聞見雜記》四卷、《知味錄》二卷、《知非集》三卷、《無聞集》五卷、《小草集》五卷。

〔註103〕【丁履恒】（1770～1832），字道久，號若士，晚號東心，江蘇武進人。著有《說文諧聲類編》五卷、《春秋公羊例》、《左傳通釋》。

〔註104〕【雷學淇】（1740～1829），字瞻叔，順天通州人。嘉慶十九年（1814）進士。著《介庵經說》十卷、《夏小正經傳考》二卷、《夏小正本義》四卷、《考訂竹書紀年》十四卷、《竹書紀年義證》四十卷、《校輯世本》二卷、《古今天象考》十二卷附《圖說》二卷、《亦器器齋經義考》及《文集》三十二卷。

〔註105〕【錢儀吉】（1780～1850），初名遠吉，字新梧，號衎石，浙江嘉興人。嘉慶十三年進士。儀吉治經，先求古訓，博考眾說，一折衷本文大義，不持漢、宋門戶。著《經苑》、《經典證文》、《說文雅厵》、《三國會要》、《南北朝會要》、《三國志證聞》二卷、《補晉書兵志》一卷、《錢文端公年譜》三卷、《廬江錢氏藝文略》一卷、《衎石齋紀事稿》十卷、《續稿》十卷、《刻楮集》四卷、《旅逸小稿》二卷。又仿宋大珪《名臣琬琰碑傳集》，得清臣工文儒等八百餘人，輯錄之為《碑傳集》一百六十卷。

〔註106〕【黃生】（1622～1696），字扶孟，號白山，安徽歙縣人。著有《字詁》一卷、《義府》二卷、《杜詩說》十二卷。

〔註107〕【謝墉】（1719～1795），字昆城，號金圃、東墅，浙江嘉善人。乾隆十六年賜舉人，授內閣中書。十七年成進士，改庶吉士，授編修。撰《荀子楊倞注校》二十卷附《校勘補遺》一卷。

葉敬。去病，諸暨。孫星衍。阮元。桂馥。洪亮吉。嚴可均。鈕樹玉〔註108〕。
匪石，吳縣。魏茂林。笛生，龍巖。顧鳳毛。超宗，興化。程敦。彝齋，歙縣。姚文田。
郝懿行。胡世琦。薛傳均。戚學標。鶴泉，德清。王煦〔註109〕。〔汾泉，上虞。〕
胡重。菊圃，秀水。胡祥麟。仁圃，秀水。嚴元照。〔九能，歸安。〕朱駿聲〔註110〕。
豐芑，元和。錢馥。廣伯，海寧。陳瑑。沈道寬。栗仲，鄞縣。王筠〔註111〕。菉友，
安丘。苗夔。仙麓，肅寧。鄭珍。許瀚〔註112〕。印林，日照。

【本篇結論】

《國朝治經諸儒》篇抄自《書目答問》，僅在前面加上門面語，雖模擬江
藩口氣，但與其學術觀點背道而馳。

《近儒說經得失》抄自《國朝經師經義目錄》

【原文】

予既錄治經諸儒，以明國朝經學之盛，乃復就諸儒著述之行世者，略分
軒輊，俾學者知所率從。

【今按】此段係偽造者模擬江藩語氣而為之。下面主體部分確實是通篇
抄襲江藩《國朝經師經義目錄》一書，但有小的刪改。下面逐一比勘。

【原文】

國朝治《易》諸老，亦有攻王弼之《注》，擊陳摶之《圖》者。如黃宗羲

〔註108〕 【鈕樹玉】（1760～1827），字藍田，號匪石，江蘇吳縣人。著《說文新附考》
　　　　　 六卷、《續考》一卷、《說文廣解字校錄》三十卷、《段氏說文注訂》八卷。

〔註109〕 【王煦】字汾泉，一字汾原，上虞人。著有《小爾雅疏》八卷、《說文五翼》
　　　　　 七卷。

〔註110〕 【朱駿聲】（1788～1858），字豐芑，江蘇吳縣人。從錢大昕遊，錢一見奇之，
　　　　　 曰：「衣缽之傳，將在子矣！」嘉慶二十三年舉人，官黟縣訓導。著有《說
　　　　　 文通訓定聲》、《左傳旁通》、《左傳識小錄》等。

〔註111〕 【王筠】（1784～1854），字貫山，安丘人。道光元年舉人。少喜篆籀，及長，
　　　　　 博涉經史，尤長於《說文》。《說文》之學，世推桂、段兩家。嘗謂：「桂氏
　　　　　 專臚古籍，取足達許說而止，不下己意。惟是引據失於限斷，且泛及藻繢之
　　　　　 詞。段氏體大思精，所謂通例，又前人所未知。惟是武斷支離，時或不免。」
　　　　　 筠治《說文》之學垂三十，年其書獨闢門徑，折衷一是，不依傍於人。論者
　　　　　 以為許氏之功臣，桂、段之勁敵。又有《說文繫傳校錄》、《文字蒙求》、《說
　　　　　 文釋例》、《說文補正》、《說文解字句讀》、《句讀補正》、《說文韻譜校》等。

〔註112〕 【許瀚】（1797～1866），字印林，山東日照人。道光十五年舉人。博綜經史
　　　　　 及金石文字，訓詁尤深。至校勘宋、元、明本書籍，精審不減黃丕烈、顧廣
　　　　　 圻。著有《別雅訂》、《韓詩外傳勘誤》、《攀古小廬文》、《古今字詁疏證》等。

之《易學象數論》，雖闢陳摶、康節之學，而以納甲、動爻為假象，又稱輔嗣注簡當無浮詞，失之。黃宗炎之《周易象數圖書辨惑》，亦力闢宋人圖書之說，然不宗漢學，皆非篤信之儒。毛奇齡《仲氏易》、《推易始末》、《春秋占筮書》、《易小帖》四書，頗宗舊旨，不雜巵詞，然以「交易」為伏羲之《易》，「反易」、「對易」之外又增「移易」為文王、周公之《易》，牽合附會，不顧義理，務求勝詞。凡此諸書，皆不取。惟胡渭《易圖明辨》、惠士奇《易說》、惠定宇《易漢學》、《易例》、《周易本義辯證》、洪榜《易述贊》、張惠言《周易虞氏學》、《虞氏消息》、顧炎武《易音》為善。

【江藩《國朝經師經義目錄‧易》】

國初老儒，亦有攻王弼之《注》，擊陳摶之《圖》者。如黃宗羲之《易學象數論》，雖闢陳摶、康節之學，而以納甲、動爻為假象，又稱王輔嗣《注》簡當無浮（義）〔詞〕〔註113〕。黃宗炎之《周易象（辭）〔數〕圖書辨惑》，亦力闢宋人圖書之說，可謂不遺餘力矣〔註114〕。然不宗漢學，皆非篤信之士〔註115〕也。惟毛奇齡《仲氏易》、《推易始末》、《春秋占筮書》、《易小帖》四書，頗宗舊旨，不雜巵詞；但以「變易」、「交易」為伏羲之《易》，「反易」、「對易」之外，又增「移易」為文王、周公之《易》，牽合附會，不顧義理，務求勝詞而已。凡此諸書，不登茲錄。

《易圖明辨》十卷，胡渭撰。《易說》六卷，惠士奇撰。《周易述》二十三卷、《易漢學》八卷、《易例》二卷、《周易本義辯證》五卷，惠定宇撰。《易述贊》二卷，洪榜撰。《周易虞氏學》九卷、《虞氏消息》二卷，張惠言撰。《易音》三卷，顧炎武撰。《易學》四十卷，焦循撰。〔註116〕

【原文】

國朝閻氏、惠氏出，而偽古文寖微，馬、鄭之學復顯，其餘注《尚書》者十有餘家，然不知偽古文、偽孔傳者，概無足取。毛西河、胡胐明雖知古文之偽，而一作《冤詞》，一作《洪範正論》，《正論》闢漢學「五行」、「災異」之說，而不知夏侯始昌之《洪範五行傳》亦出伏生，皆誤也。惟閻若璩《古文尚書疏證》、胡渭《禹貢錐指》、惠定宇《古文尚書考》、宋鑒《尚書考辨》、王鳴

〔註113〕今按：《經解入門》於此加「失之」二字。
〔註114〕今按：《經解入門》刪去此六字。
〔註115〕今按：《經解入門》將「士」改為「儒」。
〔註116〕今按：《經解入門》改變編排方式，且將末種刪去。

盛《尚書後案》、江艮庭《尚書集注音疏》、《尚書經師表係》、段玉裁《尚書撰異》為善。

【江藩《國朝經師經義目錄·書》】

逮國朝閻氏、惠氏出，而偽古文浸微，馬、鄭之學復顯於世矣〔註117〕。國朝注《尚書》者十有餘家，不知偽古文、偽孔傳者概無著錄。如胡朏明《洪範正論》雖力攻圖書之謬，而闢漢學五行災異之說，是不知夏侯始昌之《洪範五行傳》亦出伏生也。朏明雖知古文之偽，而不知五行傳之不可闢，是以黜之。

《古文尚書疏證》八卷，閻若璩撰。《禹貢錐指》二十卷、圖一卷，胡渭撰。《古文尚書考》二卷，惠定宇撰。《尚書考辨》四卷，宋鑒撰。《尚書後案》三十卷，王鳴盛撰。《尚書集注音疏》十二卷、《尚書經師系表》一卷，江艮庭撰。

今按：《經解入門》在《國朝經師經義目錄》的基礎上增加段玉裁的《尚書撰異》，肯定為善書。另外，又將毛西河的《古文尚書冤詞》與胡朏明的《洪範正論》一起批判。總之，此段雖小有改動，但抄襲的痕跡仍然非常明顯。

【原文】

國朝治《詩》諸老，莫不黜朱子而宗毛、鄭，然朱鶴齡之《通義》，雖力駁廢序之非，而又採歐陽修、蘇轍、呂祖謙之說，蓋好博而不純者也。鶴齡與陳啟源商榷《毛詩》，啟源著《稽古編》三十卷，惠定宇亟稱之。其書宗毛、鄭，訓詁聲音以《爾雅》為主，草木蟲魚以陸疏為則，可謂專門名家矣。然其解「西方美人」，則盛稱佛教東流始於周代，至謂孔子抑貌三皇而獨聖西方；解「捕魚諸器」，謂廣殺物命，絕不知怪，非大覺緣異之文，莫能救之，妄下斷語，謂庖犧必不作網罟，殊為誕怪。顧震滄之《毛詩類釋》亦多鑿空之言，非專門之學。惟惠周惕《詩說》、戴震《毛鄭詩考正》、顧炎武《詩本音》、錢坫《詩音表》、陳奐《毛詩疏》、馬瑞辰《毛詩傳箋通釋》為善。

【江藩《國朝經師經義目錄·詩》】

國朝崇尚實學，稽古之士崛起。（今按：《經解入門》將此句改為：「治《詩》諸老，莫不黜朱子而宗毛、鄭。」）然朱鶴齡之《通義》雖力駁廢《序》之非，

〔註117〕今按：《經解入門》刪去「於世矣」三字。

而又採歐陽修、蘇轍、呂祖謙之說，蓋好博而不純者也。鶴齡與陳啟源商榷
《毛詩》，啟源又著《稽古編》三十卷，惠徵君定宇亟稱之。其書雖宗鄭學，
訓詁聲音以《爾雅》為主，草木蟲魚以陸《疏》為則，可謂專門名家矣。然而
解「西方美人」，則盛稱「佛教東流，始於周代」，至謂「孔子抑貶三皇而獨聖
西方」。解「捕魚諸器」，謂「廣殺物命，恬不知怪，非大覺緣果之文莫能救
之」，妄下斷語，謂「庖犧必不作網罟」。吁！可謂怪誕不經之談矣！顧震滄
之《毛詩類釋》多鑿空之言，非專門之學，亦在刪汰之列。

《詩說》三卷，惠周惕撰。《毛鄭詩考正》四卷，戴震撰。《詩本音》十
卷，顧炎武撰。《詩音表》一卷，錢坫撰。

今按：《經解入門》在《國朝經師經義目錄》的基礎上增加二種：陳奐《毛
詩疏》、馬瑞辰《毛詩傳箋通釋》。

【原文】

國朝治「三禮」者，萬斯大、蔡德晉、盛百二諸人皆致力甚深，然或取古
注，或參妄說，吾不取焉。方苞輩更無足道。其善者：沈彤《周官祿田考》、
惠定宇《禘祫說》、江永《周禮疑義舉要》、戴震《考工記圖》、任大椿《弁服
釋例》、錢坫《車制考》、張爾岐《儀禮鄭注句讀》、《監本正誤》、《石經正誤》、
沈彤《儀禮小疏》、江永《儀禮釋官譜增注》、胡培翬《儀禮正誤》、金曰追《儀
禮正訛》、褚寅亮《儀禮管見》、張惠言《儀禮圖》、凌廷堪《禮經釋例》、黃宗
羲《深衣考》、惠定宇《明堂大道錄》、江永《禮記訓義擇言》、《深衣考誤》、
任大椿《深衣釋例》、惠士奇《禮說》、江永《禮書綱目》、金榜《禮箋》。

【江藩《國朝經師經義目錄·禮》】

至國朝，如萬斯大、蔡德晉、盛百二雖深於禮經，然或取古注，或參妄
說，吾不取焉；方苞輩更不足道矣。

《周官祿田考》三卷，沈彤撰。《禘祫說》二卷，惠定宇撰。《周禮疑義舉
要》七卷，江永撰。《考工記圖》二卷，戴震撰。《弁服釋例》十卷，任大椿
撰。《車制考》一卷，錢坫撰。

《儀禮鄭注句讀》十七卷、《監本正誤》一卷、《石經正誤》一卷，張爾岐
撰。《儀禮小疏》一卷，沈彤撰。《儀禮釋官譜增注》一卷，江永撰。《儀禮管
見》四卷，褚寅亮撰。《儀禮正訛》十七卷，金曰追撰。《儀禮圖》六卷，張惠
言撰。《禮經釋例》十三卷，凌廷堪撰。

《深衣考》一卷，黃宗義撰。《明堂大道錄》八卷，惠定宇撰。《禮記訓義擇言》八卷、《深衣考誤》一卷，江永撰。《深衣釋例》三卷，任大椿撰。

《禮說》十四卷，惠士奇撰。《禮書綱目》八十五卷，江永撰。《禮箋》十卷，金榜撰。

今按：《經解入門》在《國朝經師經義目錄》的基礎上增加一種，即胡培翬《儀禮正誤》。

【原文】

國朝為《公羊》之學者，阮君伯元、孔君廣森最深，凌曙次之，其餘不名家法者不取。《穀梁》之學，鍾文丞頗有得。《左氏》則吳江朱氏、無錫顧氏皆為之，而鶴齡雜取邵寶、王樵之說，不採賈、服；震滄《大事表》雖精，然實以馬宛斯之書為藍本，且不知著書之體，有不必表者亦表之，是其短也。其善者：孔廣森《公羊通義》、凌曙《公羊禮疏》、鍾文丞《穀梁補注》、侯康《穀梁禮徵》、顧炎武《左傳杜解補正》、馬驌《左傳事緯》並附錄、陳厚耀《春秋長歷》、《春秋世族譜》、惠定宇《左傳補注》、沈彤《左傳小疏》、江永《春秋地理考實》、惠士奇《春秋說》。

【江藩《國朝經師經義目錄·春秋》】

國朝為《左氏》之學者，吳江朱氏、無錫顧氏。而鶴齡雜取邵寶、王樵之說，而不採賈、服；震滄之《大事表》雖精，然實以宛斯之書為藍本，且不知著書之體，有不必表者亦表之，甚至如江湖術士之書，以七言為歌括，不值一噱矣。茲不著錄。宋以後貴文章，治《左氏》，《公》、《穀》竟為絕學。阮君伯元云：「孔君廣森深於《公羊》之學。」然未見其書，不敢著錄，余仿此云。

《左傳杜解補正》三卷，顧炎武撰。《左傳事緯》十二卷、附錄八卷，馬驌撰。《春秋長歷》十卷、《春秋世族譜》一卷，陳厚耀撰。《左傳補注》六卷，惠定宇撰。《春秋左傳小疏》一卷，沈彤撰。《春秋地理考實》四卷，江永撰。

附三傳總義

《春秋說》十五卷，惠士奇撰。

今按：《經解入門》在《國朝經師經義目錄》的基礎上增加孔廣森《公羊通義》、凌曙《公羊禮疏》、鍾文丞《穀梁補注》、侯康《穀梁禮徵》。江藩明言：「宋以後貴文章，治《左氏》，《公》、《穀》竟為絕學。阮君伯元云：『孔君廣森深於《公羊》之學。』然未見其書，不敢著錄。」江藩著《國朝經師經義

目錄》之時，西漢今文經學早成絕學，並未復興，要等到晚清才重放光明，所以他連孔廣森的《公羊通義》都沒有著錄。至於《公》、《穀》之優劣，他也未置一辭。《經解入門》增加評論：「國朝為《公羊》之學者，阮君伯元、孔君廣森最深，凌曙次之，其餘不名家法者不取。《穀梁》之學，鍾文丞頗有得。」阮元不以《公羊》之學著名，此處將他與孔廣森相提並論，可能是對《國朝經師經義目錄》所引阮君伯元云「孔君廣森深於《公羊》之學」一語的誤讀。

【原文】

《論語》、《孟子》、《大學》、《中庸》，至宋而後大行。國朝作注者：閻若璩《四書釋地》、《續》、《又續》、《三續》、《釋地餘論》、江永《鄉黨圖考》、戴震《孟子字義疏證》、焦循《孟子正義》、宋翔鳳《孟子趙注補正》，皆善。

【江藩《國朝經師經義目錄·論語》】

至南宋，朱子始以《論語》、《孟子》及《禮記》中之《大學》、《中庸》二篇合為《四書》，盛行於世。

《四書釋地》一卷、《四書釋地續》一卷、《四書釋地又續》二卷、《四書釋地三續》二卷、《四書釋地餘論》一卷，閻若璩撰。《鄉黨圖考》十卷，江永撰。《孟子字義疏證》三卷，戴震撰。《論語後錄》五卷，錢坫撰。《論語駢枝》一卷，劉台拱撰。

今按：《經解入門》將《國朝經師經義目錄》的錢坫《論語後錄》、劉台拱《論語駢枝》替換為焦循《孟子正義》、宋翔鳳《孟子趙注補正》。

【原文】

《孝經》惟阮福《義疏》有據。

【今按】江藩《國朝經師經義目錄》沒有為《孝經》立目，此語為《經解入門》所加。

《經解入門·近儒說經得失》：《爾雅》：邵氏《正義》、郝氏《義疏》皆博大。

【今按】江藩《國朝經師經義目錄·爾雅》僅著錄了邵晉涵《爾雅正義》二十卷，但沒有錄郝氏《義疏》。

【原文】

其釋群經總義者：朱彝尊《經義考》、翁方綱《經義考補正》、吳陳琰《五經古今文考》、馮登府《十三經詁答問》、陳澧《東塾讀書記》。其餘盡

薈萃於《皇清經解》中，此盡阮氏伯元所輯，為說經家一大統宗，學者不可不讀。

【今按】江藩《國朝經師經義目錄》經總義類附錄於論語類，但所著錄之書與《經解入門》無一相同。

【本篇結論】

《近儒治經得失》首先在前面加一門面語，模擬江藩口氣，然後逐字逐段抄襲《國朝經師經義目錄》，可謂名正言順，最後一節來一掉包計，將《國朝經師經義目錄》所著錄之書全部換成其他書。但也留下了狐狸尾巴——陳澧與江藩時代不相及，江藩怎麼會著錄《東塾讀書記》一書？

《經與經相表裏》抄自《輶軒語》

【原文】

十三經不能盡通，故歷來經師大儒，恒有以一經名家。然專力貴在一經，而參考貴盡群經，苟第默守一家，則經與經有表裏者，亦無從而貫串。

【張之洞《輶軒語‧語學第二》】

宜專治一經。

十三經豈能盡通？專精其一，即已不易。歷代經師大儒，大約以一經名家者多，兼通群經，古今止有數人。今且先治其一，再及其他。但仍須參考諸經，博綜群籍，方能通此一經。不然，此一經亦不能通也。

【原文】

十三經皆先聖遺言，其義本可相通者多：《爾雅》、《毛詩》相表裏也。讀《毛詩》而不讀《爾雅》，何以知古訓之是式？《儀禮》、《禮記》相表裏也。讀《儀禮》而不讀《禮記》，何以知古制之通變？《尚書》、《周官》相表裏也。讀《尚書》而不讀《周官》，何以知三代之因革？又況《春秋》「三傳」相表裏，《論語》、《孟子》相表裏，《孝經》、《論語》相表裏，《易》與《詩》相表裏，《詩》與《書》相表裏，《小戴禮》與《大戴禮》相表裏，此各經之大略也。

此外細節闊目：《論語》引《詩》即存《毛詩》之古義，引《書》即存《尚書》之古義，引《易》即存《易》之古義，稱《禮》即存《禮》之古義，《孟子》、《戴記》皆然。則為經與經相表裏之顯證。

　　而又有一經之中，自相表裏，如《易》「剝」之義，受之以「復」；「否」之義，受之以「泰」。《書》、《堯典》官制與夏制相損益，《夏書》官制與《周書》官制相損益。《詩》十五國之風，自相終始，風、雅、頌之音，自相離合。《周禮》五官之布置，《儀禮》冠、昏之變通，《禮記》各篇之條目，《左氏》前後之錯綜，《公羊》傳經之義例，《穀梁》說《禮》之精微，《論語》立言之精當，《孟子》敘事之詳略，《爾雅》方音之異同，皆非縱觀博考，不能周知其義。故由博而約，窮經之第一要道也。

　　今按：此段尚未查到出處，待考。

【本篇結論】

　　《經與經相表裏》篇的基本觀點抄自《輶軒語》，但其細目尚待考證。

《經與緯相表裏》抄自《緯候不起於哀平辨》

【原文】

　　緯候之書，說者謂起於哀、平之世，非也。緯候所言多近理，與經相表裏〔註118〕，本古聖遺書，而後人以怪誕之說纂入其中，遂令人不可信耳。其醇者蓋始於孔氏，故鄭康成以為孔子所作，其駁者亦亦起於周末、戰國之時。何以知之？秦始皇時已有「亡秦者胡」之讖，則讖緯由來久矣。孟喜，漢初人也，而卦氣圖之用，本於《易緯》。司馬遷，武帝時人，而《史記》所載簡狄吞燕卵生契之事，本於《尚書中候契握》。大毛公，亦漢初人也，《詩傳》所謂尊而君之，則稱皇天；元氣廣大，則稱昊天；仁覆閔下，則稱旻天，本於《尚書帝命驗》。伏生，秦時人也，所作《尚書大傳》，言主春者鳥昏中可以種穀，主夏者大昏中可以種黍，本於《尚書考靈耀》，所言夏以十三月為正，殷以十二月為正，周以十一月為正，本於《樂緯稽耀嘉》。翼奉，宣帝時人也，元帝初上封事，言《詩》有五際，本於《詩緯泛曆樞》。又《易通卦驗》云：「失之毫釐，差以千里。」《禮記·經解》及《太史公自序》皆引之，言：「差若毫釐，謬以千里。」《中候摘洛戒》云：「周公踐祚。」《禮記·明堂位》引用其文。《春秋漢含孳》云：「三公，九卿，二十七大夫，八十一元士。」《禮記·王制》引用其文。由是觀之，秦、漢之間，以至昭、宣之世，已有其書，豈始於哀、平哉？秦、漢既引其文，故知其起於戰國也。《河圖括地象》言：「崑崙

────────────────

〔註118〕今按：「與經相表裏」，原文作「可以翼經」。

者，地之中，東南地方五千里，名曰神州。」與鄒衍大九州之說合，則《括地象》之書或即鄒衍之徒為之。此起於戰國之證也。至若「失之毫釐，差以千里」，其言最精。又《孝經勾命決》言：「孔子曰：吾志在《春秋》，行在《孝經》。」《孝經援神契》言：「日者天之明，月者地之理。」皆有精義，足以羽翼經訓〔註119〕。又若《禮元命包》言：「天子五廟：二昭，二穆，以始祖而五。」與《喪服小記》「王者立四廟」相表裏〔註120〕。《春秋含文嘉》言：「天子射熊，諸侯射麋，大夫射虎、豹，士射鹿、豕。」與《鄉射禮記》相表裏〔註121〕。《禮稽命徵》言：「天子旗九仞十二旒，諸侯七仞九旒。」此類又足補《禮經》之缺，故知其始於孔氏也。《隋書·經籍志》云：「說者謂孔子既敘六經，知後世不稽同其意，故別立緯及讖，以遺來世。其書出於前漢。《書·洪範》孔《疏》：「緯候之書，不知誰作，通人討核，謂偽起哀、平，雖復前漢之末，始有此書，以前學者必相傳此說。」然則謂緯候起哀、平，孔沖遠亦不以為然矣。吾得斷之曰：緯候創始於孔氏，增纂於戰國，盛行於哀、平。而其書實與經相表裏。學者取其瑜而棄其瑕，斯得矣。

【金鶚《緯候不起於哀平辨》〔註122〕】

緯候之書，說者謂起於哀、平之世，非也。緯候所言多近理，可以翼經，本古聖遺書，而後人以怪誕之說纂入其中，遂令人不可信耳。其醇者蓋始於孔氏，故鄭康成以為孔子所作，其駁者蓋亦起於周末、戰國之時，何以知之？秦始皇時已有「亡秦者胡」之讖，則讖緯由來久矣。孟喜，漢初人也，而卦氣圖之用，本於《易緯》。司馬遷，武帝時人，而《史記》所載簡狄吞燕卵生契之事，本於《尚書中候契握》。大毛公，亦漢初人也，《詩傳》所謂尊而君之，則稱皇天；元氣廣大，則稱昊天；仁覆閔下，則稱旻天，本於《尚書帝命驗》。伏生，秦時人也，所作《尚書大傳》，言主春者鳥昏中可以種穀，主夏者大昏中可以種黍，本於《尚書考靈耀》，所言夏以十三月為正，殷以十二月為正，周以十一月為正，本於《樂緯稽耀嘉》。翼，奉宣帝時人也，元帝初上封事言《詩》有五際，本於《詩緯泛曆樞》，又《易通卦驗》云：「失之毫釐，差以千

〔註119〕今按：「足以羽翼經訓」，此六字為《經解入門》所加。
〔註120〕今按：「相表裏」三字，原文作「合」。
〔註121〕今按：「相表裏」三字，原文作「合」。
〔註122〕見《詁經精舍文集》卷十二第 14 頁（《清經解》卷一三九○）；又見《求古錄禮說》卷十五（《孔子文化大全》本第 1045～1048 頁）。

里。」《禮記‧經解》及《太史公自序》皆引之言:「差若毫釐,謬以千里。」
《中候摘洛戒》云:「周公踐阼。」《禮記‧明堂位》引用其文。《春秋含孳》
云:「三公,九卿,二十七大夫,八十一元士。」《禮記‧王制》引用其文。由
是觀之,秦、漢之間,以至昭、宣之世,已有其書,豈始於哀、平哉?秦、漢
既引其文,故知其起於戰國也。《河圖括地象》言:「崑崙者,地之中,東南地
方五千里,名曰神州。」與鄒衍大九州之說合,則《括地象》之書或即鄒衍之
徒為之。此起於戰國之證也。至若「失之毫釐,差以千里」,其言最精。又《孝
經句命決》言:「孔子曰:吾志在《春秋》,行在《孝經》。」《孝經援神契》言:
「日者天之明,月者地之理。」皆有精義。又若《禮‧元命包》言:「天子五
廟:二昭,二穆,以始祖而五。」與《喪服小記》「王者立四廟」合。《春秋含
文嘉》言:「天子射熊,諸侯射麋,大夫射虎、豹,士射鹿、豕。」與《鄉射
禮記》合。《禮稽命徵》言:「天子旗九仞十二旒,諸侯七仞九旒。」此類又足
補《禮經》之缺,故知其始於孔氏也。《隋書‧經籍志》云:「說者謂孔子既敘
六經,知後世不稽同其意,故別立緯及讖,以遺來世。其書出於前漢。《書‧
洪範》孔《疏》:「緯候之書,不知誰作,通人討核,謂偽起哀、平,雖復前漢
之末,始有此書,以前學者必相傳此說。」然則謂緯候起哀、平,孔沖遠亦不
以為然矣。吾得斷之曰:緯候創始於孔氏,增纂於戰國,盛行於哀、平。

【本篇結論】

經過比勘,我們發現,《經與緯相表裏》篇與金鶚《緯候不起於哀平辨》
有著驚人的相似之處,僅在文末加以斷語:「而其書實與經相表裏,學者取其
瑜而棄其瑕,斯得矣。」另外,在文字上稍加點竄,原文作「可以翼經」,改
為「與經相表裏」;原文作「與……合」,改為「與……相表裏」。改動極少,
均為扣題之筆。

《經與子相表裏》抄自《輶軒語》

【原文】

周秦諸子皆與經相出入。如《管子》之治術,《司馬》之兵法,《墨子》之
引《書》,《荀子》之傳《詩》,皆得於經之古義。而讀者取其事實,可以補證
經傳之簡略;知其旨歸,可以補證經傳之訛文、佚文;知其古訓古音,可以訂
經傳音注之得失。即漢魏諸子亦然。蓋漢魏去古未遠,微言大義猶未絕於人

間，故其義理雖純雜不一，而所以發明經義仍瑕不掩瑜，與唐以後所謂子部者大別。惟讀之宜以細心，務在先求訓詁，必使確實可解，勿徒空論其文，臆度其理，即如《莊子》寓言，多烏有、子虛之事，而其文字名物，仍鑿鑿可據。蓋凡古人著書，斷未有故令其語在可解未可解之間者。況天地間人情物理、猥瑣纖末之事，經史所不能盡者，子部無乎不有。其趣妙處，較之經史，尤易引人入勝。以經學家「實事求是」之法讀之，斯其益無限。因取先秦以上傳記（子史及解經之書，古人通名傳記）真出古人之手，及漢魏著述中理者，約舉其名於後，俾學者知所趨焉。

三代古傳記，《國語》、《戰國策》、《大戴禮》最要。《七經緯》，國朝人搜集，較《古微書》為備。緯與讖異，乃三代儒者說經逸文，勿以耳食而議。其餘《山海經》、《世本》、《逸周書》、《竹書紀年》、《穆天子傳》上三書雖有假託，皆秦以前人所為。《周髀》、《素問》、《司馬法》之類，皆足為考證經義之用。

周秦間諸子，《荀子》、《管子》、《呂氏春秋》最要。《莊子》、《墨子》之屬，理雖悠謬，可證經傳者甚多。此外，《老子》、《孫子》、《晏子春秋》、《列子》、《莊子》、《文子》、《吳子》、《韓非子》、《鶡冠子》、《孔叢子》、《楚辭》、《楚辭》集類，以其可證經者多，故附此。皆善。至於《尸子》、《商子》、《尹文子》、《關尹子》、《燕丹子》，近人均有採集校本。其餘子部尚繁，或偽作，或佚存無幾，不錄。

漢至隋說經之書，許氏《五經異義》、鄭氏《駁異義》、陸氏《經典釋文》為要。注家得失篇已舉之矣。其餘善者：《乾鑿度鄭注》、《尚書大傳》、《韓詩外傳》、《春秋繁露》、《白虎通》、《春秋釋例》、《陸璣詩疏》、《皇侃論語疏》、《李氏周易集解》、《虞氏易注》、《鄭氏易注》、《荀氏九家易注》、《尚書馬鄭注》、《左傳賈服注》、《蔡邕明堂月令章句》、《鄭氏箴膏肓・起墨守・發廢疾》、《毛鄭異同評》、《劉炫規杜》之屬。《漢魏遺書》、《古經解匯函》、《古經解鉤沈》等書，或原部收入，或原書亡佚，各家從他書中輯出，亦備存焉。

漢至隋小學之書，《說文》、《玉篇》、《廣雅》、《廣韻》最要。而《急就篇》、《方言》、《釋名》、《字林》四書亦善。《字林》久佚，近人任大椿搜集成書，名《字林考逸》。《廣韻》即陸法言《切韻》，略有增修，故列入隋。此下唐人《一切經音義》為勝（東洋刻本）。其餘《汗簡》、《集韻》、《韻補》、《韻會》、《薛尚功鍾鼎款識》之屬，亦資考證，但少緩耳。《倉頡》、《凡將》諸書久亡，任大椿搜集之，名《小學鉤沈》，與《小學匯函》皆宜讀。

漢後隋前傳記諸子，《新序》、《說苑》、《列女傳》、《水經注》最要，而《吳越春秋》、《越絕書》、《家語》王肅所集，故列此。《漢官六種》、《三輔黃圖》、《華陽國志》、《淮南子》、《法言》、《鹽鐵論》、《新論》、《潛夫論》、《論衡》、《獨斷》、《風俗通》、《申鑒》、《齊民要術》、《文中子》、《中說》、《顏氏家訓》、《九章算術》皆宜讀。算經隋以前尚有六種，乃專門之學，極有實用。（至）〔自〕唐至明，其書不少，後出愈善，至國朝而極精。此取其古，為通經之用。此外，子部如《太玄經》、《易林》、《物理論》、《中論》、《人物（識）志》、《高士傳》、《博物志》、《古今注》、《南方草木狀》、《洛陽伽藍記》、《荊楚歲時記》、《世（記）〔說〕》、《抱朴子》、《金樓子》之屬，雖頗翔實雅馴，僅資詞章、談助，非其所急；《難經》、《參同契》，無關儒術；《理惑》、《拾遺》，違正害理；與其餘偽作之書，咸宜辨別。

【張之洞《輶軒語‧語學第二》】

讀子為通經。以子證經，漢王仲任已發此義。

子有益於經者三：一證佐事實。一證補諸經偽文、佚文。一兼通古訓、古音韻。然此為周、秦諸子言也，漢、魏亦頗有之。至其義理雖不免偏駁，亦多有合於經義可相發明者，宜辨其真偽、別其瑜瑕，斯可矣。唐以後子部書最雜，不可同年而語。

讀子宜求訓詁，看古注。

諸子道術不同，體制各別，然讀之亦有法。首在先求訓詁，務使確實可解，切不可空論其文，臆度其理。如俗本《莊子因》、《楚辭燈》、《管子評注》之類，最害事。即如《莊子》寓言，謂其事多烏有耳，至其文字、名物，仍是鑿鑿可解，文從字順，豈有著書傳後，故令其語在可曉不可曉之間者乎？以經學家實事求是之法讀子，其益無限。大抵天地間人情、物理，下至猥瑣纖末之事，經、史所不能盡者，子部無不有之。其趣妙處，較之經、史，尤易引人入勝。故不讀子，不知瓦礫、糠秕無非至道；不讀子，不知文章之面目變化百出，莫可端倪也。今人學古文以為古文，唐、宋巨公學諸子以為古文，此古文家秘奧。此其益人，又有在於表裏經、史之外者矣。

讀書宜多讀古書。

……茲將先秦以上傳記子、史及解經之書，古人通名傳記。真出古人手者，及漢、魏著述中理切用者，約舉其名於後。

　　《國語》、《戰國策》、《大戴禮》、《七經緯》國朝人搜集，較《古微書》為備。緯與讖異，乃三代儒者說經逸文，勿以耳食而議之。《山海經》、《世本》近人秦嘉謨輯補《逸周書》、《竹書紀年》、《穆天子傳》三書雖有假託，皆秦以前人所為。《周髀》、《素問》、《司馬法》。《班志》列入禮家，其書皆言軍禮。以上諸書皆有考證經義之用。

　　以上三代古傳記。其餘皆是漢後偽書，斷不可信，《國語》、《戰國策》、《大戴》最要。

　　《老子》、《管子》、《孫子》、《晏子春秋》、《列子》、《莊子》、《文子》、《吳子》、《墨子》、《荀子》、《韓非子》、《鶡冠子》、《孔叢子》、《呂氏春秋》、《楚辭》。此集類，然可證經，故附此。此外，尚有《尸子》、《商子》、《尹文子》、《關尹子》、《燕丹子》，國朝人均有採集校本。

　　以上周秦間諸子。其餘尚多，或偽作，或佚存無幾。《荀》、《管》、《呂》最要，《莊》、《墨》之屬，理雖悠謬，可證經傳者甚多。

　　《乾鑿度鄭注》、《尚書大傳》、《韓詩外傳》、《春秋繁露》、《白虎通》、《春秋釋例》、《陸璣詩疏》、《皇侃論語疏》、《周易集解》、《經典釋文》。二書雖唐初人集，乃漢魏、六朝人舊說。此外，尚有《五經異義》、《駁五經異義》、《虞氏易注》、《鄭氏易注》、《荀九家易注》、《尚書》馬、鄭注、《左傳賈服注》、蔡邕《明堂月令章句》、《箴膏肓》、《起墨守》、《發廢疾》、《毛鄭異同評》、劉炫《規杜》、《漢魏遺書》、《古經解鉤沈》等書，或元書亡佚，國朝人從他書採集者。

　　以上漢至隋說經之書。唐至國朝，經學書太多，俟他日擇要標目。

　　《說文》、《方言》、《釋名》、《急就篇》、《字林》書久佚，國朝任大椿搜集成書，名《字林考逸》。《玉篇》、《廣韻》。《廣韻》即陸法言《切韻》，略有增修，故列隋。此後唐人《一切經音義》最勝。尚有《汗簡》、《集韻》、《韻補》、《韻會》、《薛尚功鍾鼎款識》之屬，亦資考證，但可少緩耳。《倉頡》、《凡將》諸書，久已亡佚，任大椿搜集之，名《小學鉤沈》，最好。

　　以上漢至隋小學之書。《說文》、《玉篇》、《廣韻》尤要。

　　《新序》、《說苑》、《列女傳》、《吳越春秋》、《越絕書》、《家語》王肅所集，故列此。《漢官六種》、《三輔黃圖》、《水經注》、《華陽國志》、《淮南子》、《法言》、《鹽鐵論》、《新論》、《潛夫論》、《論衡》、《獨斷》、《風俗通》、《申鑒》、《齊民要術》、《文中子》、《中說》雖門人所作，體制未善，詞理頗精，不可廢。《顏氏家訓》、《九章算術》。此外，隋以前算經尚有六種，算乃專門之學，極有實用。自唐至明，算書不少，後出愈精，至國朝而極精。此取其古，為通經之用。

以上漢後隋前傳記、諸子。此外，如《太玄經》、《易林》、《物理論》、《中論》、《人物志》、《高士傳》、《博物志》、《古今注》、《南方草木狀》、《洛陽伽藍記》、《荊楚歲時記》、《世說》、《抱朴子》、《金樓子》之屬，雖頗翔實雅馴，僅資詞章、談助，非其所急；《難經》、《參同》，無關儒術；《理惑》、《拾遺》，違正害理；其餘多是偽作，宜辨。《新序》、《說苑》、《列女傳》、《水經注》最要。

【本篇結論】

《經與子相表裏》篇無論是觀點，還是材料，完全仿照《輶軒語》而成。僅刪去「《新序》、《說苑》、《列女傳》、《水經注》最要」，「雖門人所作，體制未善，詞理頗精，不可廢」等語，又於書目中添加《古經解匯函》、《小學匯函》二種。

《經與史相表裏》抄自《輶軒語》、《書目答問》

【原文】

經與史異學，而古史多與經相表裏，故治經猶不可不讀史。《史記》、《前後漢書》、《三國志》四史最要。司馬遷本得《古文尚書》之傳，故其書多古文說，而所搜輯多先秦故制，其書甚善。班史多古字古義，范書、陳書雖不及前二種，而漢儒家法、地理事實足資考證。故讀史猶宜讀其表志。由此而讀二十四史，博而約之，存乎其人。

【張之洞《輶軒語·語學第二》】

正史中宜先讀《四史》。

全史浩繁，從何說起，四史為最要。《史記》、《漢書》、《後漢》、《國志》。四者之中，《史記》、《前漢》為尤要。其要如何？語其高，則證經義，多古典、古言、古字。通史法；諸史義例，皆本馬、班。語其卑，則古來詞章，無論駢散，凡雅詞麗藻，大半皆出其中，文章之美，無待於言。

讀史猶宜讀表、志。

作史以作志最難，讀史以讀志為最要，三代典章制度皆在其中，若止看列傳數篇，於史學無當。除三史外，《隋書·經籍志》、《新唐·地理志》、《明史·曆志》皆要。表亦史家要領，可訂歲月之誤，兼補紀、傳之闕。簡質無情，人所厭觀，先覽大概，用時檢之。

【原文】

為治經計，如《逸周書》、《國語》、《國策》、《山海經》、《竹書紀年》、《穆天子傳》、《晏子春秋》、《越絕書》、《列女傳》、《新序》、《說苑》、《東觀漢記》之屬，皆可歸入史部，皆不可不讀。

【《書目答問》卷二《古史第四》】

古無史例，故周、秦傳記體例與經、子、史相出入，散歸史部，派別過繁，今匯為一所為古史。

《逸周書》、《國語》、《戰國策》皆古史，敘述翔實可據者。《山海經》、《竹書紀年》、《穆天子傳》三書，有偽託而多荒唐，然皆秦以前人所為。《晏子春秋》、《越絕書》、《列女傳》、《新序》、《說苑》皆歸入史部古史類，惟《東觀漢記》入史部別史類。

【本篇結論】

《經與史相表裏》篇稱「經與史異學，而古史多與經相表裏，故治經猶不可不讀史」，觀點鮮明，不同凡響，與「六經皆史說」異調，但所用材料明顯剽自張之洞《輶軒語》、《書目答問》二書中語。

今按：《升菴集》卷四十七「經史相表裏」條曰：蘇老泉曰：經以道法勝，史以事辭勝。經不得史，無以證其褒貶；史不得經，無以要其歸宿。言經史之相表裏也。元儒山東雲門山人張紳士行序定宇陳氏《通鑒續編》，衍其說云：史之為體，不有以本乎經，不足以成一家之言。史之為體，不有以本乎經，不足以為一代之制。故太史公之史，其體本乎《尚書》；司馬公之《通鑒》，其體本乎《左氏》；朱子之《綱目》，其體本乎《春秋》；杜佑之《通典》，其體本乎《周禮》。惟《易》、《詩》之體，未有得之者。而韓嬰之《韓詩外傳》、邵雍之《皇極演易》，可謂傑出矣。此論甚新。余嘗欲以漢、唐以下事之奇奧罕傳者匯之，而以蘇、李、曹、劉、李、杜、韓、孟詩證之，名曰《詩史演說》。衰老無暇，當有同吾志者。

又按：黃以周《群經說》卷三云：「學者生數千年之後，上讀周秦之書，當宗經以正史，不可據史以汩經。」〔註123〕

〔註123〕見《續修四庫全書》第 178 冊第 628 頁。

《說經必先識文字》抄自《輶軒語》

【原文】

《說文》云：「字，孳也。」言其孳生無盡也。字，古謂之文。

字有形，形不一：一、古文，二、籀文，三、小篆，四、八分，五、隸書，六、楷書，相因遞變。字有聲，聲不一：有三代之音，有漢魏之音，有六朝至唐之音（詳《音韻源流》篇）。字有義，義不一：有本義，有引申義（即《訓詁篇》所言者），有通假義（即假借之謂）。形聲不審，訓詁不明，豈知經傳所言者何物、所說者何事耶？且經傳原本篆書，古韻自有部分，識古篆之形，曉古語之聲，方能得古字之義。大率字類定於形，字義（聲於）生於聲，知篆形方可審今形之非，知古音則可訂今音之誤，故形聲實為識字之本。

然則，如之何而後能審定音義？曰必須識小篆，通《說文》，熟《爾雅》，《五雅》、《玉篇》、《廣韻》，並宜參究，俗師知其一，不知其二，知其末，不知其源，騁其臆說，恍如寱語。此事甚不易，非翻檢字書，便能通曉者也。又《說文》初看無味，細看極有意趣。段玉裁注《說文》，精而較繁，可先看大徐本《說文解字》。

【張之洞《輶軒語·語學第二》】

解經宜先識字。

此非余一人之私言，國朝諸老師之言也。字有形，形不一：一古文，二籀文，三小篆，四八分，五隸書，六真書，相因遞變。字有聲，聲不一：有三代之音，有漢魏之音，有六朝至唐之音。字有義，義不一：有本義，有引申義，有通借義。形聲不審，訓詁不明，豈知經典為何語耶？如何而後能審定音義？必須識小篆，通《說文》，熟《爾雅》。「五雅」、《玉篇》、《廣韻》，並宜參究。俗師知其一，不知其二，知其末，不知其源，騁其臆說，止如寱語。此事甚不易，非翻檢字書，便能通曉者也。《說文》初看無味，細看極有意趣。段玉裁注《說文》解精而較繁。可先看大徐本《說文解字》。《說文》字部難於尋檢，毛謨《說文檢字》、黎永椿《說文通檢》，頗便初學，黎書較勝。

經傳元是篆書，古韻自有部分。識古篆之形，曉古語之聲，方能得古字之義。大率字類定於形，字義生於聲，知篆形則可覺今音之非，知古音則可定今形之誤。故形聲為識字之本。

【本篇結論】

《說經必先識文字》篇抄襲張之洞《輶軒語・語學第二》，僅有三點小改動：第一，將標題「解經宜先識字」改為「說經必先識文字」。第二，將「豈知經典為何語耶」一語改為「豈知經傳所言者何物、所說者何事耶」。第三，張之洞首先聲明：「此非余一人之私言，國朝諸老師之言也。」而《經解入門》將此聲明也抹掉，彷彿就是一家之言。

【附錄】清儒有關「說經必先識文字」的論述

○清陳啟源《毛詩稽古編》卷二十七《正字・字義》：讀書須識字。讀古人書，尤須識古人字。古今之字，音形多異，義訓亦殊。執今世字訓解古人書，譬猶操蠻粵鄉音，譯中州華語，必不合也。夫字形之異，則古文、大小篆猶存於《說文解字》及鍾鼎之銘，而唐李陽冰、宋徐鉉及弟鍇嘗辯之矣。字音之異，則宋吳棫《韻補》一書，紫陽用以協詩，而近世楊慎之《古音略》、陳第之《古音考》又推演其所未備矣。至於義訓一誤，則古人之意趣俱失，所繫更重於音形。而後儒之釋經，反欲強古以就今，此大惑也。古人字訓，其存於今者僅有《爾雅》之《釋詁》、《釋言》、《釋訓》三篇。《爾雅》之書，固為六藝之指歸，尤屬四詩之準的，故毛公《詩傳》亦以詁訓為名。案《詩》、《雅》疏皆云：詁，故也，古今異言，解之使人知也。亦作故，詁故皆是古義。釋言者，釋詁之別耳。古今方國殊別，故為作釋訓。道也，道物之貌，以示人也。由疏語觀之，可見古昔聖賢，《釋詁》周公作，《釋言》以下子夏之徒作，早知古今文義不同，後將有誤解經意者，故為此書以示之標指矣。其《爾雅》所未備，又賴毛《傳》釋之。大毛公，六國時人，去古未遠，且源流出自子夏。傳中字訓皆有師授，與《爾雅》實相表裏也。自漢迄唐，悉遵此為繩尺。宋人厭故喜新，各逞臆見，盡棄儒先雅訓，易以俗下庸詮。《爾雅》之文既庋置高閣，毛氏傳義稍不諧俗目者，亦以己意易之。近世學者溺於所聞，古人字訓幼未經見，執而語之，所驚怪而弗信，固其宜矣。夫字義之不知，何得謂之識字？讀書而不識字，豈能得書之意哉？

○清梁紹壬《兩般秋雨盦隨筆》卷五「識字」條：讀書必須識字。今人口習授受，漫不經心，《說文》、《玉篇》等書束之高閣矣。朱子云：「讀書須精韻學，要熟反切，莫從俗讀半邊字，不辨形聲。」嗚呼，讀半邊字之訣，千百年不失其傳，而字學之不講也久矣。皇甫湜《與李生第二書》曰：「書字未識偏旁，高譚稷契，讀書未知句度，下視服、鄭，此時之大病所當嫉者。」又李濟

翁《師資錄》云：「諺曰：『學識何如觀點書。』點書之難，不惟句度、義理，兼須知字之正音、借音。斯言是矣。」

○清褚寅亮《與王德甫書》：欲說經先須識字。小學一塗，講者絕少。因以《說文》、《爾雅》為主，以《方言》、《廣雅》、《釋名》諸書為輔，再參之於《隸辨》等書，以究由篆而隸、由隸而楷之源流……自魏以降，展轉借注，而失其本義者有矣，廁以俗書偽體者有矣。思欲做《經典釋文》之意，將十三經中所有之字，或一字而有數音義者，或一字而諸家傳授所讀有不同者，或一字而易以俗書失古來之本字者，一一薈萃而討論之。（《湖海文傳》卷四十一）

○清朱駿聲《傳經室文集》卷二《易雜說》：解《易》先須識字，並須考此字在殷末周初時作何解。愚謂《爾雅》、《說文》外，最可信者，古人名字相附之義。

○清毛奇齡《論語稽求篇》卷三：「先教諭嘗曰：『解經須識字。』」〔註124〕

《說經必先通訓詁》抄自《經籍籑詁序》、《爾雅注疏》、《說略》、《焦氏筆乘》

【原文】

訓詁之源，肇於《爾雅》。《釋詁》、《釋訓》，各詳其義。邢氏《疏》云：「訓，道也。」引《周禮·地官》有「土訓」、「誦訓」；鄭司農說，以遠方土地所生異物，以告王道。後鄭說，則謂土訓能訓土地善惡之勢，誦訓能訓說四方所誦習人所作為及時事。《釋訓》言形貌也。詁者，古也，古今異言，解之使人知也。「詁」文從古聲，古，故也，從十口，識前言也。「詁」本通作「故」，毛公傳《詩》則曰《故訓傳》。「故訓」即「詁訓」，亦即「古訓」。《烝民》詩云：「古訓是式。」是也。據《爾雅》分篇之義，詁通古，今異言，訓則皆言形貌。而說經之道也，不外此二字。通古言，通古音，而古義無不通矣。知形訓，知聲訓，而古訓無不明矣。如《明堂位》云：「夏曰醆，殷曰斝，周曰爵。」此古言之異也。《方言》：「楚謂聿，燕謂弗，秦謂筆。」此古音之異也。《說文》：「石，山石也。」「厓，山邊也。」此依形立訓也。「日，實也。」「月，闕也。」此依聲立訓也。依聲立訓，於古書十居其九，如旬之為均也，音之為蔭也，妃之為配也，平之為便也，皆以聲為訓也。他如資讀為齊，而義

〔註124〕見《清經解》第 1 冊第 1308 頁。

即通為齊，巽卦「喪其資斧」是也。鮮讀為獻，而義即通獻，「天子乃獻羔開冰」是也。辨讀為貶，而義即通貶，《玉藻》「立容辨卑毋讇」是也。美讀為儀，而義即通儀，《少儀》「鸞和之美」是也。又如「桓」字有三音，《禹貢》「西傾因桓是來」，又「和夷厎績」，《水經注》云：「和即桓。」《漢書注》：「桓楹」即「和表」，「和表」又轉為「華表」，桓譚《新論》，《隋志》又作華譚，皆隨訓而轉者也。率字有五音，「（收）〔將〕率」音「帥」，「縠率」、「藻率」音「（立）〔律〕」，量名音「刷」，「督率」音「朔」，算法約（率音律之類）〔數之「率」音類〕，亦隨訓而轉者也。至若「繇」有六義，「離」有十六義，辟有（三）十（七義）〔一音〕，衰有四音，賈有七音，差有八音，敦有九音，苴有十四音。音同訓異，義隨訓移，惟在明於訓詁者之變而通焉。

【錢大昕《潛研堂集》文集卷二十四《經籍籑詁序》】

　　有文字而後有詁訓，有詁訓而後有義理。訓詁者，義理之所由出，非別有義理出乎訓詁之外者也。《詩·烝民》之篇曰：「天生烝民，有物有則。民之秉彝，好是懿德。」宣尼贊為知道之言。而其詩述仲山甫之德，本於古訓是式，古訓者，詁訓也；詁訓之不忘，乃能全乎民秉之懿，詁訓之於人大矣哉！昔唐虞典謨，首稱稽古；姬公《爾雅》，詁訓具備；孔子大聖，自謂「好古敏以求之」，又云「信而好古」，而深惡夫「不知而作」者，由是刪定六經，歸於雅言。文也，而道即存焉。漢儒說經，遵守家法，詁訓傳箋，不失先民之旨。自晉代尚空虛，宋賢喜頓悟，笑問學為支離，棄注疏為糟粕，談經之家，師心自用，乃以俚俗之言詮說經典。若歐陽永叔解「吉士誘之」為「挑誘」，後儒遂有詆《召南》為淫奔而刪之者。古訓之不講，其貽害於聖經甚矣！我國家崇尚實學，儒教振興，一洗明季空疏之陋。今少司農儀徵阮公以懿文碩學，受知九重，揚歷八座，累主文衡，首以經術為多士倡，謂治經必通訓詁，而載籍極博，未有會最成一編者。往歲休寧戴東原在書局，實創此議；大興朱竹君督學安徽，有志未果。公在館閣，日與陽湖孫季逑、大興朱少白、桐城馬魯陳相約分纂抄撮群經，未及半而中輟。乃於視學兩浙之暇，手定凡例，即字而審其義，依韻而類其字，有本訓，有轉訓，次敘列布，若網在綱。擇浙士之秀者若干人，分門編錄；以教授歸安丁小雅董其事，又延武進臧在東專司校勘。書成，凡百有十六卷。公既任滿赴闕，將刊梨棗，嘉惠來學。以予粗習雅故，貽書令序其緣起。夫六經定於至聖，舍經則無以為學；學道要於好古，蔑

古則無以見道。此書出，而窮經之彥焯然有所遵循，鄉壁虛造之輩不得騁其說以衒世。學術正而士習端，其必由是矣，小學云乎哉！

【王引之《王文簡公文集》卷三《經籍纂詁序》】

訓詁之學，發端於《爾雅》，旁通於《方言》。六經奧義，五方殊語，既略備於此矣。嗣則叔重《說文》、稚讓《廣雅》，探賾索隱，厥誼可傳。下及《玉篇》、《廣韻》、《集韻》，亦頗搜羅遺訓，而所據之書，或不可考。且舊書雅記、經史傳注未錄者猶多，至於網羅前訓，徵引群書，考之著錄家，罕見有此，惟《舊唐志》載《天聖太后字海》一百卷、諸葛穎《桂苑珠叢》一百卷，《新唐志》載顏真卿《韻海鏡源》三百六十卷，自古字書韻書未有若此之多者，意其詳載先儒訓釋，是以卷帙浩繁，而惜乎其書之已逸也。（下略）（《續修四庫全書》第 1490 冊）

【《爾雅注疏》卷三】

宋邢昺疏云：案《釋詁》云：訓道也。《周禮·地官》有土訓、誦訓。鄭司農注云，謂以遠方土地所生異物，以告道王也。後鄭云：玄謂土訓能訓說土地善惡之勢，誦訓能訓說四方所誦習及人所作為及時事。然則此篇以物之事義形貌告道人也，故曰釋訓。案此所釋多釋詩文，故郭氏即以詩義解之。

【《爾雅注疏》卷一】

宋邢昺疏云：釋，解也；詁，古也，古今異言，解之使人知也。釋言則釋詁之別，故《爾雅序篇》云：釋詁、釋言通今之字，古與今異言也。

【明顧起元《說略》卷十五】

經籍中多有古字通用，及假借而用，讀者每不之察。如《易·豐卦》「雖旬无咎」，《禮記·內則》「旬而見」，注皆釋均，不知旬即古均字。《遯卦》「肥遯無不利」，肥古作（上非下巴），與蜚字同，韻書訓別也，則肥當從（上非下巴）。《離卦》「離麗也」，又云「明兩作離」。《禮·昏經》曰：「納徵束帛。」離、麗古通用。《巽卦》「喪其資斧」，資當讀為齊。應劭云：「齊，利也。」《淮南子》云：「磨齊斧以伐朝菌。」《漢書·王莽傳》引《易》句資作齊，資、齊古通用。《艮卦》「艮其限，列其夤，厲薰心」。薰讀為閽，蓋艮為閽也。薰、閽古通用。《歸藏易》一奭，奭讀為坤，即古坤字。《書·堯典》方命圮族，圮讀為弊，即古弊字。《禹貢》西傾因桓是來，又「和夷厎績」，《水經注》：和夷厎績，即西傾因桓之桓。《漢書》桓東少年場注桓盈即和表，

和表又轉為華表。桓譚《新論》,《隋志》作華譚,桓、和、華三字古通用。又「岷嶓既藝」,又「岷山導江」,《史記》引此皆作汶。《三國志》蜀後主測登觀汶水之流,《五代史》王建貶衛尉少卿李綱為汶川尉,徐無黨注汶讀作岷,汶、岷古通用。《五子之歌》甘酒嗜音,又儀狄作酒,禹飲而甘之,二甘字當讀為酣,古字省文。《微子》沈酗於酒,酗當讀為酌,音煦。《漢書·趙充國傳》「醉酗羌人」,顏師古曰:「醉怒曰酗,即酗字。」「冏命伯冏」,《說文》冏作□,唐杜佑奏省官疏云伯景為太僕冏,□與景字同音,亦相借耳。《詩小序》「氓喪其妃耦」,妃當讀為配,妃、配古通用。《國風》「猗嗟名兮」,《玉篇》引名作顋,眉目之間也。《西京賦》「眳藐流眄,一顧傾城」,注眳眉睫之間,皆言美人眉目流眄,使人冥迷,所謂一顧傾城也。名、顋、冥三字古通用。《小旻》「發言盈庭」,發讀為哱,發、哱古通用。《碩人》「鱣鮪發發」,發讀為潑,發古潑字省文……《禮記·月令》審端徑術讀為遂,術、遂古通用。又天子乃鮮羔開冰,鮮讀為獻,鮮、獻古通用。《玉藻》立容辨卑毋諂,辨讀為貶,辨、貶古通用……《少儀》鸞和之美,美讀為儀,美、儀古通用……此類甚多,不可殫述,苟讀如其字,誤亦甚矣。楊慎《轉注古音略》、《古音餘古音》附書學正韻李宗言釋字六書當分六體班固云象形象事象意象聲假借轉注是也。六書以十為分,象形居其一,象事居其二,象意居其三,象聲居其四。假借,藉此四者也;轉注,注此四者也。四象以為經,假借、轉注以為緯。四象有限,假借、轉注無窮也。鄭漁仲《六書考》論假借極有發明,至說轉注云:一字數義,展轉注釋,而後可通。後人不得其說,遂以反此作彼為轉注。許慎云:轉注,考、老是也。毛晃云:老字下從匕,音化,考字下從丂,音巧,各自成文,非反考為老也。王柏正始之音,亦以考老之訓為非。蕭楚謂「一字轉其聲,而讀是謂轉注」,程端禮謂「假借,借聲;轉注,轉聲」,皆合周禮注展轉注釋之說,可正考老之謬矣。又《易疏》云:賁有七音,義各不同,觸類而長之。衰有四音,齊有五音,從有七音,差有八音,敦有九音,辟有十一音,皆轉注之極也。

【明焦竑《焦氏筆乘》卷六「用修論轉注」】

六書當分六體,班固云「象形、象事、象意、象聲、假借、轉注」是也。六書以十為分,象形居其一,象事居其二,象意居其三,象聲居其四。假借,藉此四者也;轉注,注此四者也。四象以為經,假借、轉注以為緯。四象之書有限,假借、轉注無窮也。鄭漁仲《六書考》論假借極有發明,至說轉注之義

則謬以千里矣。原轉注之義,最為難明。《周禮注》云:「一字數義,展轉注釋,而後可通。」後人不得其說,遂以反此作彼為轉注。許慎云:「轉注,考、老是也。」毛晃云:「老字下從匕,音化;考字下從丂,音巧。各自成文,非反考為老也。」王柏《正始之音》,亦以考老之訓為非。蕭楚謂:一字轉其聲而讀,是謂轉注。程端禮謂:假借借聲,轉注轉聲,皆合《周禮注》展轉注釋之說,可正考老之謬矣。又《易疏》云:「賁有七音,義各不同,觸類而長之。衰有四音,齊有五音,從有七音,差有八音,敦有七音,辟有十一音,皆轉注之極也。」〔註125〕

【明焦竑《焦氏筆乘》卷六「繇有六義」】

繇有六義。黃履翁云:「漢高帝『繇咸陽』,則與徭同。《文紀》『無繇教訓其民』,則與由同。《百官表》『咎繇』,則與陶同。《李尋傳》『繇俗』,則與謠同。韋孟詩『犬馬繇繇』,則與悠同。班固賦『謨先聖之大繇』,則與猷同。一字凡六用。」〔註126〕

【明焦竑《焦氏筆乘》卷六「率有五音」】

率有五音:「將率」之「率」音帥;《孟子》「彀率」、《左氏》「藻率」、唐「率更令」皆音律;量名音刷;「督率」之「率」音朔;算法約數之「率」音類。〔註127〕

【明焦竑《焦氏筆乘》卷六「敦有九音」】

敦有九音:《禮》「敦厚以崇禮」,音墩;《詩》「敦彼獨宿」,音堆;《樂記》「樂者敦和」,音純;《詩》「敦彼行葦」,賈誼賦「何足控敦」,並音團;《詩》「敦弓既堅」,《廣韻》「天子弓也」,音雕;《周禮》「每敦一幾」,敦,覆也,

---

〔註125〕 焦竑:《焦氏筆乘》,中華書局 2008 年版,第 216 頁。

〔註126〕 焦竑:《焦氏筆乘》,中華書局 2008 年版,第 230 頁。

〔註127〕 焦竑:《焦氏筆乘》,中華書局 2008 年版,第 231 頁。【彀率】弓張開的程度。《孟子·盡心上》:「大匠不為拙工改廢繩墨,羿不為拙射變其彀率。」朱熹集注:「彀率,彎弓之限也。」【藻率】古代便於附著圭、璋等玉器的裝飾用的墊子。用皮革製成,上面畫雜綵花。清王紹蘭《王氏經說·左傳·藻率》:「率、帥古多通用,此傳借率為帥,當以帥為正字。藻以藉玉,帥以刷玉,明是二物,杜預不知率之為帥,誤以藻率為一。」按,《說文·巾部》:「帥,佩巾也。」【率更令】古官名。秦置,漢因之。為太子屬官,掌漏刻。晉主宮殿門戶及賞罰之事,職如光祿勳、衛尉。隋掌伎樂漏刻。唐稱率更寺令,加掌皇族次序及刑法事。【督率】監督領導;督促率領。

音幬;《周禮》「度量敦制」,注:敦,布帛幅廣也,音準;《周禮》「珠盤玉敦」,《明堂位》「有虞氏之兩敦」,音對;《爾雅》「敦邱如覆」,敦音鈍。〔註128〕

【明焦竑《焦氏筆乘》卷六「離有十六義」】

離有十六義:黃離,倉庚也,見《說文》;「離,麗也」,「離也者,明也」,見《易》;「雉離于羅」,見《毛詩》;「大琴謂之離」,見《爾雅釋》;流離,鳥名,見《詩注》;「前長離而後矞皇」,注:「長離,鳳也」,見相如賦;纖離,鳥名,見李斯書;陸離,參差也,見《文選》;侏離,夷語也,見《漢‧南蠻傳》;《株離》,西夷樂名;又「設服離衛」,注:陳也,見《左傳》;又離,木名,塋冢中之樹,見《孔子世家》;又水名,零離水,東南至廣信,入鬱林,見《地理志》;又姓,「離婁」,見孟子;又轉去聲,不離飛鳥,不可須臾離也,見《禮記》;又轉力爾切,「輪囷離奇」,又「離靡廣衍」,見《漢書》。〔註129〕

【明焦竑《焦氏筆乘》卷六「苴有十四音」】

苴有十四音:七閭切,麻也;子閭切,苴杖也;又子旅切,履中薦也;又布交切,天苴,地名,在益州,見《史記注》;又天苴,與巴同;又子邪切,菜壞也;一曰獵場;又似嗟切,苴咩城,在雲南;又鉏加切,《詩傳》曰:「木中傳芔也。」水草曰宜,字一作(芔+查),又作㳻,今作渣,非;又都賈切,土苴不精細也;又側下切,糞芔也;又側魯切,《說文》曰:「酢菜也。」酢,古醋字。又莊俱切,姓也,漢有苴氏;又則吾切,茅藉祭也;又將預切,糟魄也;又子余切,苞苴,囊貨也。〔註130〕

【明焦竑《焦氏筆乘》卷六「古字有通用假借用」】

經籍中多有古字通用及假借而用,讀者每不之察。如《易‧豐卦》「雖旬无咎」,《禮記‧內則》「旬而見」,注皆釋均,不知旬即古均字。《遯卦》「肥遯無不利」,肥古作(上非下巴),與蜚字同。韻書訓「別也」,則肥當從(上非下巴)。《離卦》「離,麗也」,又云「明兩作,離」。《禮‧昏經》曰「納徵束布離皮」。《白虎通》云:「離皮者,兩皮也。」《三五曆紀》:「古者麗皮為禮。」離、麗古通用。《巽卦》「喪其資斧」,資當讀為齊。應劭云:「齊,利也。」《淮南子》云:「磨齊斧以伐朝菌。」《漢書‧王莽傳》引《易》句,資作齊,資、

〔註128〕焦竑:《焦氏筆乘》,中華書局 2008 年版,第 231 頁。
〔註129〕焦竑:《焦氏筆乘》,中華書局 2008 年版,第 232 頁。
〔註130〕焦竑:《焦氏筆乘》,中華書局 2008 年版,第 232～233 頁。

齊古通用……《禹貢》「西傾因桓是來」，又「和夷厎績」，《水經注》:「和夷厎績，即西傾因桓之桓。」《漢書》「桓東少年場」，注:桓楹即和表，和表又轉為華表。桓譚《新論》，《隋志》作華譚。桓、和、華三字古通用……「天子乃鮮羔開冰」，鮮讀為獻。鮮、獻古通用。《玉藻》「立容辨卑，毋讇」，辨讀為貶。辨、貶古通用……《少儀》「鸞和之美」，美讀為儀。美、儀古通用……此類最多，不可殫述。苟讀如其字，誤亦甚矣。〔註131〕

【方中履《古今釋疑·六書》】

《漢·藝文志》曰:六書謂象形、象事、象意、象聲、轉注、假借也。說文曰:一曰指事，謂視而可識，察而見意，上下是也;二曰象形，謂畫成其物，隨體詰屈，日月是也;三曰諧聲，謂以事為名，取譬相成，江河是也;四曰會意，謂比類合誼，以見指撝，武信是也;五曰轉注，謂建類一首，同意相受，考老是也;六曰假借，謂本無其字，依聲託事，令長是也。楊用修曰:六書以十為分，象形居其一，象事居其二，象意居其三，象聲居其四。假借，藉此四者也;轉注，注此四者也。四象以為經，假借、轉注以為緯。四象之書有限，假借、轉注無窮。鄭漁仲《六書略》論假借極有發明，說轉注則謬以千里矣。原轉注之義，最為難明。按《周禮注》云:一字數義，展轉注釋，而後可通。後人不得其說，遂以反此作彼為轉注。故許慎云:考老是也。毛晃曰:老字下從匕，音化。考字下從丂，音巧，各自成文，非反考為老也。王柏亦以考老之訓為非。蕭楚謂一字轉其聲為讀，是謂轉注。程端禮謂假借借聲，轉注轉聲，皆合《周禮注》展轉注釋之說。張謙中《復古編》奉《說文》者，亦曰:假借者，因其聲，借其義。轉注者，轉其聲，注其義。可正考老之謬矣。又《易疏》云:賁有七音，義各不同，觸類而長之。衰有四音，齊有五音，從有七音，差有八音，敦有七音，辟有十一音，皆轉注也。假借則借義不借音，如兵甲之甲借為天干之甲，魚腸之乙借為天干之乙也。趙古則曰:轉注者，展轉其聲，而注釋為他字之用也。有因其義而轉者，有但轉其聲而無意義者。有轉三聲，有轉四聲，至八九轉亦有之。其轉之法，則與造諧聲相類。有轉同聲者，有轉旁聲者，有雙音並義不為轉注者。又有旁音、協音不在轉注例者。自許慎以來，同意相受，考老為轉注，康成以之而解經，夾漈以之而成略，遂失其本旨。又若耆、耇、#、耆、孝、耋六字，皆以老省為義，以旨句匃占至

〔註131〕 焦竑:《焦氏筆乘》，中華書局 2008 年版，第 233～240 頁。

為聲，今夾漈皆入轉注之篇，可乎哉？焦弱侯曰：「趙古則所論，其全見《聲音文字通》，首云：『展轉其聲，而注釋為他字之用。』可謂思過半矣。末節所論，真中夾漈之膏肓，而起叔重之廢疾也。然其云『雙聲並義不為轉注』者，又云『旁音協音不在轉注例』者，又非也。蓋轉注為六書之變，而雙音並義，旁音協音，又轉注之變也。若曰不為轉注，則當為何事？不在轉注例，則何以例之乎？」履按：六書之名，亦漢儒之粗解，非通論也。自漁仲乃明假借之用，撝謙、用修乃明轉注之用，弱侯推廣所說，蓋已犁然。而趙凡夫復主叔重考老之說，專以諧聲之偏旁為轉注，與諸家爭六者之次第，則拘矣。《通雅》曰：人所貴者，心，而不離五官。始造文字，皆意也，而不離五者，則當以意為第一。然先形事者，以就可見者起意也。名為五官，用時並用，名為六書，一字並存。如見日月之形，即指日月之事，即有日月之聲，而指為日月之意即會焉，指上下之事即成，上下之形而聲意亦會焉。不得已而分例，亦猶不得已而分五音二變也。何音不具七調哉？特文字有形而易窮，因形立事，附聲見意，而意多字少，故轉借為多。即所謂象形指事者，豈能使形酷肖使事詳具乎？則繁瑣紛累，不可動筆矣。形與事亦得其大略彷彿而已，故有轉注之形，有假借之形，有轉注之聲意，有假借之聲意。總言之，惟形與聲；分言之，形猶物也，事猶務也。有所稱呼，必配一字，故通形事之變，立上下偏旁，而諧以聲焉。或分合以見意，又轉假以通其變。因有六書之名，必欲以散見旁通之六道，而拘拘以凡例盡之，指之曰此何例也，執矣！

【本篇結論】

《說經必先通訓詁》篇基本論點為「說經必先通訓詁」，何以又由訓詁扯到轉注上面去？可能受到段玉裁的影響。段玉裁《嚴九能爾雅匡名序》：「夫訓詁者，《周官》所謂轉注是也。」以此為跳板，一下子就聯繫到焦竑《焦氏筆乘》卷六「用修論轉注」。

【附錄】

○清葉昌熾《奇觚廎文集》卷下《章耘之廣文家傳》：「嘗謂說經必先通古訓。」

○邵晉涵《南江文鈔》卷八《庚子科廣西鄉試策問》：治經必通訓詁，博稽制度，進求義理，以達諸躬行。漢儒傳注，遠有端緒，名物象數，考核精詳。唐人疏以闡注，相輔而行。孔穎達撰《五經正義》，《毛詩》、《禮記》最

善,《易》、《書》次之,惟《左傳》疏引證太略,何歟?(見《續修四庫全書》第 1463 冊)

○李粲序曰:「讀書之法,必先通訓詁,曉文義,而後可以通聖人之意。」(見《經義考》卷二百五十三)

○朱熹《論孟精義序》:「漢魏諸儒正音讀,通訓詁,考制度,辯名物,其功博矣。學者苟不先涉其流,則亦何以用力於此。」

○清查慎行《得樹樓雜鈔》卷二:馬融不當崇祀孔廟,薛文清已言之。至程篁墩始上疏,得請並鄭康成而去之,則過矣。鄭氏箋法之功豈可沒哉?朱子有云:「漢魏諸儒正音讀,通訓詁,考制度,辨名物,其功博矣。學者苟不先涉其流,則亦何以用其力於此。」此是至公之論。

○宋輔廣《童子問·詩傳綱領》:「詩且逐篇旋讀,方能旋通訓詁,豈有不讀而自能盡通訓詁之理乎?」

○郭璞《爾雅序》:夫《爾雅》者,所以通訓詁之指歸。

○宋張孝祥《于湖集》卷十四《萬卷堂記》:古之所謂讀書者,非以通訓詁,廣記問也,非以取科第,苟富貴也,亦曰求仁而已。仁之為道,天所命也,心所同也,聖人之所覺焉者也。六經之所載焉者也,得乎此一卷之書,有餘師矣。不然,盡讀萬卷之書,以為博焉,其可也,以為知讀書,則未也。

○清郝懿行《爾雅義疏》卷上之一:釋者,《說文》云:「解也,從采,取其分別物也。」《爾雅》之作,主於辨別文字,解釋形聲,故諸篇俱曰「釋」焉。詁者,《說文》云:「訓故言也,從古聲。」古,故也,從十口,識前言者也。《釋文》引張揖《雜字》云:詁者,古今之異語也。然則詁之為言故也,故之為言古也。詁通作故,亦通作古。《釋文》詁兼古、故二音是也。又引樊光、李巡本「釋詁」作「釋故」。《詩·周南》釋文亦云:「樊、孫等《爾雅》本皆為釋故。」《說文·言部》引《詩》曰「詁訓」,《漢書·藝文志》作「故訓」,《詩·烝民》云「古訓是式」,蓋古訓即故訓,故訓亦即詁訓,並字異而義通矣。此篇自始也以下、終也以上,皆舉古言釋以今語,其間文字重複、展轉相通,蓋有諸家增益,用廣異聞,《釋言》、《釋訓》以下亦猶是焉。

○清江藩《國朝漢學師承記》卷五:康熙時,又有臧琳者,武進諸生,博綜經史百氏之書。教人先以《爾雅》、許氏《說文解字》,曰:「不識字,何以讀書?不通訓詁,何以明經?」

　　○清李元度《國朝先正事略》卷三十三《臧玉林先生事略》：臧先生琳，字玉林，江蘇武進人。康熙間補縣學生。其學謂「不通訓詁，無以明經」，「治經當以漢、唐注疏為主」。

　　○清羅有高《尊聞居士集》卷四《與彭允初三》：令「九經」中專治一經。治經必要先通訓詁。治注疏必先從《說文》、《爾雅》起根。《爾雅》無善本，今注疏本正文錯繆極多，不點校不可教人也。「十三經」先治者，「三禮」、《春秋左氏傳》、《毛詩》。諸經理事至博，周一代典章人物備矣。《易》道深遠，且緩之。《尚書》正訛相雜，又且緩之。

《說經必先明假借》抄自《經義述聞》

【原文】

　　許氏《說文》論六書假借曰：「本無其字，依聲託事，令長是也。」此謂造字之始則然也。至於經典古字，聲近而通，則有不限於無字之假借者，往往本字見存，而古本則不用本字，而用同聲之字，何也？古者傳經，多以口授，而傳寫則易於別出，學者改本字讀之，則怡然理順，依借字解之，則以文害辭。是以漢世經師作注，有「讀為」之例，有「當作」之條，皆由聲同、聲近者，以意逆之，而得其本字，所謂「好學深思，心知其意」也。如古有借「光」為「廣」者，而仍解為「光明」之「光」，誤矣。有借「有」為「又」者，而仍解為「有無」之「有」，誤矣。有借「簪」為「攢」，而仍解為「冠簪」之「簪」，非。有借「蠱」為「故」，而仍解為「蠱惑」之「蠱」，非。有借「辨」為「徧」，而仍解為「分辨」之「辨」，非。借「只」為「枝」、為「底」，而仍解「只」為語詞，非。借「易」為「場」，而仍解為「平易」之「易」，非。借「繘」為「矞」，而仍解繘為「緶」，非。借「井」為「阱」，而仍解為「井泉」之「井」，非。借「楝」為「鬻」，而仍以為「其蔌維何」之「蔌」，非。借「時」為「待」，而仍以為「四時」之時非。借「繻」為「襦」，而仍以為「水濡」之「濡」，非。借「尊」為「樽」，而誤解為「尊卑」之「尊」，非。借「坼」為「乇」，而仍以為「開坼」之「坼」，非。借「財」為「載」，而解為「財富」之「財」，非。借「榮」為「營」，而解為「榮幸」之「榮」，非。借「聞」為「問」，而仍以為「聞見」之「聞」，非。借「綸」為「論」，而仍以為「經綸」之「綸」，非。借「貢」為「功」，而仍以「貢」為「告」，非。借「洗」為「先」，而仍以為「洗濯」之「洗」，非。借「雜」為「帀」，而解為「雜碎」之「雜」，

非。借「噫」為「抑」，而仍解為「噫乎」發歎，非。借「盛」為「成」，而仍解為「盛衰」之「盛」，非。借「平」為「辨」，而仍解為古文「采」字，非。借「恤」為「謐」，而仍以「恤」為優，非。借「胄」為「育」，而仍以「胄」為「長」，非。借「粒」為「立」，而仍以「粒食」之「粒」非。借「忽」為「滑」，而仍以為「怠忽」之「忽」非。借「璣」為「暨」，而仍以為「珠璣」之「璣」非。借「猶」為「由」，而仍以「猶」為「尚」非。借「明」為「孟」，而以為「明暗」之「明」非。借「暫遇」為「漸遇」，而解者以為「暫遇人」非。借「沈」為「淫」，而仍解者以為「沉溺」之「沈」非。借「指」為「底」，而解者以為指「滅亡」之意非。借「昏」為「泯」，而解者以為「昏亂」之「昏」非。借「謀」為「敏」，而解者以為「下進其謀」非。借「政」為「正」，而解者以為「政事」之「政」非。借「逢」為「豐」，而解者以為「遭逢」字非。借「考」為「巧」，而解者以「考」為「父」，又以為「成」非。借「忘」為「亡」，而解者以為「遺亡」之「亡」非。借「極」為「亟」，而解者以「極」為「終」非。借「冒」為「懋」，而解者以為「覆冒」之「冒」非。借「衣」為「依」，而解者以「衣」為「服行」非。借「別」為「辨」，而解者以「分別」之「別」非。借「亂」為「率」，而解者以「亂」為「治」非。借「陳」為「較」，而解者以為「陳列」之「陳」非。借「面」為「勔」，而解者以為「面見」，非。借「文」為「紊」，而解者以為「禮文」，非。借「依」為「隱」，而解者以為「依怙」之「依」，非。借「正」為「政」，而解者以為「正道」，非。借「閱」為「說」，而解者以為「檢閱」之「閱」非。借「咸」為「亻+代」，而解者以「咸」為「皆」，非。借「義」為「俄」，而解者以為「仁義」之「義」，非。借「富」為「福」，而解者以為「貨賂」，又以為「備」，非。借「擇」為「斁」，而解者誤以為「選擇」，非。借「格」為「嘏」，而解者誤以「格」為「至」，非。借「輸」為「渝」，而解者以為「輸信」，非。借「哲」為「折」，而解者以「哲」為「知」，非。借「忌」為「基」，而解者以為「畏忌」之「忌」，非。借「惡」為「誣」，而解者誤以為「好惡」之「惡」，非。借「方」為「放」，而解者以「方」為「有」，非。借「墍」為「愾」，而解者以「墍」為「安息」，非。借「景」為「憬」，而解者以為古「彰」字，非。借「眾」為「終」，而解者以為「眾寡」之「眾」，非。借「能」為「而」，而解者以為「才能」之「能」，非。借「濕」為「日+㬎」，而解者以為「潤濕」之「濕」，非。借「還」為「嫙」，而解者以「還」為「便捷之貌」，非。借「寐」為「沬」，而解者以為「寤寐」

—139—

之「寐」，非。借「子」為「嗞」，而解者以為「斥娶」者，非。借「鹽」為「苦」，而為者以「鹽」為「不堅固」，非。借「為」為「訛」，而解者以為「為人」，非。借「辰」為「慎」，而解者以「辰」為「時」，非。借「記」為「杞」，借「堂」為「棠」，而解者以「紀」為「基」、「堂」為「畢」、道平如堂，非。借「訊」為「誶」，而解者則以「訊」為「訛」字，非。借「偕」為「皆」，而解者以「偕」為「齊等」非。借「譽」為「豫」，而解者以為「名譽」非。借「蘀」為「擇」，而解者以「蘀」為「落葉」非。借「芋」為「宇」，而解者以「芋」為「大」，非。借「猗」為「阿」，而解者以「猗」為「旁依」非。借「意」為「億」，而解者以為「心意」之「意」非。借「卒」為「猝」，而解者以為「卒者崔嵬」非。借「佻佻」為「燿燿」，而解者以「佻佻」為「獨行貌」，非。借「交」為「姣」，而解者以為「與人交」非。借「求」為「逑」，而解者以為「干求」之「求」非。借「亡」為「無」，而解者以為「滅亡」之「亡」非。借「土」為「杜」，而解者以「土」為「居」非。借「時」為「蒔」，而解者以「時」為「是」非。借「作」為「柞」，而解者以「作」為「起」非。借「栵」為「烈」，而解者以為「木名」非。借「唪唪」為「蓁蓁」，而解者以「唪唪」為「多實貌」非。借「溉」為「概」，而解者以「溉」為「清」非。借「隨」為「譸」，而解者以為「隨人之惡」非。借「垢」為「詬」，而解者以「垢」為「暗冥」非。

以上皆假借之例，不可以本義求之。經中惟此例最繁，故約舉各條以見義，學者熟審乎此，則解經之道思過半矣。

【王引之《經義述聞》卷三十二「經文假借」條】

許氏《說文》論六書假借曰：「本無其字，依聲託事，令長是也。」此謂造字之始則然也。至於經典古字，聲近而通，則有不限於無字之假借者，往往本字見存，而古本則不用本字，而用同聲之字，何也？古者傳經，多以口授，而傳寫則易於別出，學者改本字讀之，則怡然理順，依借字解之，則以文害辭。是以漢世經師作注，有「讀為」之例，有「當作」之條，皆由聲同、聲近者，以意逆之，而得其本字，所謂「好學深思，心知其意」也。如古有借「光」為「廣」者，而仍解為「光明」之「光」，誤矣。有借「有」為「又」者，而仍解為「有無」之「有」，誤矣。有借「簪」為「攢」，而仍解為「冠簪」之「簪」，非。有借「蠱」為「故」，而仍解為「蠱惑」之「蠱」，非。有借「辨」為「蹁」，而仍解為「分辨」之「辨」，非。借「只」為「致」、為「底」，而仍解「只」為語詞，非。借「易」為「埸」，而仍解為「平易」之「易」，非。借

「繑」為「喬」，而仍解繑為「綆」，非。借「井」為「阱」，而仍解為「井泉」之「井」，非。借「楝」為「鸎」，而仍以為「其薪維何」之「薪」，非。借「時」為「待」，而仍以為「四時」之時非。借「繻」為「襦」，而仍以為「水濡」之「濡」，非。借「尊」為「樽」，而誤解為「尊卑」之「尊」，非。借「坼」為「毛」，而仍以為「開坼」之「坼」，非。借「財」為「載」，而解為「財富」之「財」，非。借「榮」為「營」，而解為「榮幸」之「榮」，非。借「聞」為「問」，而仍以為「聞見」之「聞」，非。借「綸」為「論」，而仍以為「經綸」之「綸」，非。借「貢」為「功」，而仍以「貢」為「告」，非。借「洗」為「先」，而仍以為「洗濯」之「洗」，非。借「雜」為「帀」，而解為「雜碎」之「雜」，非。借「噫」為「抑」，而仍解為「噫乎」發歎，非。借「盛」為「成」，而仍解為「盛衰」之「盛」，非。借「平」為「辨」，而仍解為古文「采」字，非。借「恤」為「謐」，而仍以「恤」為優，非。借「冑」為「育」，而仍以「冑」為「長」，非。借「粒」為「立」，而仍以「粒食」之「粒」非。借「忽」為「滑」，而仍以為「怠忽」之「忽」非。借「璣」為「暨」，而仍以為「珠璣」之「璣」非。借「猶」為「由」，而仍以「猶」為「尚」非。借「明」為「孟」，而以為「明暗」之「明」非。借「暫愚」為「漸愚」，而解者以為「暫遇人」非。借「沈」為「淫」，而仍解者以為「沉溺」之「沈」非。借「指」為「底」，而解者以為指「滅亡」之意非。借「昏」為「泯」，而解者以為「昏亂」之「昏」非。借「謀」為「敏」，而解者以為「下進其謀」非。借「政」為「正」，而解者以為「政事」之「政」非。借「逢」為「豐」，而解者以為「遭逢」字非。借「考」為「巧」，而解者以「考」為「父」，又以為「成」非。借「忘」為「亡」，而解者以為「遺亡」之「亡」非。借「極」為「亟」，而解者以「極」為「終」非。借「冒」為「戀」，而解者以為「覆冒」之「冒」非。借「衣」為「依」，而解者以「衣」為「服行」非。借「別」為「辨」，而解者以「分別」之「別」非。借「亂」為「率」，而解者以「亂」為「治」非。借「陳」為「較」，而解者以為「陳列」之「陳」非。借「面」為「勔」，而解者以為「面見」非。借「文」為「紊」，而解者以為「禮文」，非。借「依」為「隱」，而解者以為「依怙」之「依」，非。借「正」為「政」，而解者以為「正道」，非。借「閱」為「說」，而解者以為「檢閱」之「閱」非。借「咸」為「亻+代」，而解者以「咸」為「皆」，非。借「義」為「俄」，而解者以為「仁義」之「義」，非。借「富」為「福」，而解者以為「貨賂」，又以為「備」，非。借「擇」為

「斁」，而解者誤以為「選擇」，非。借「格」為「嘏」，而解者誤以「格」為「至」，非。借「輸」為「渝」，而解者以為「輸信」，非。借「哲」為「折」，而解者以「哲」為「知」，非。借「忌」為「惎」，而解者以為「畏忌」之「忌」，非。借「惡」為「諲」，而解者誤以為「好惡」之「惡」，非。借「方」為「放」，而解者以「方」為「有」，非。借「墍」為「愾」，而解者以「墍」為「安息」，非。借「景」為「憬」，而解者以為古「彰」字，非。借「眾」為「終」，而解者以為「眾寡」之「眾」，非。借「能」為「而」，而解者以為「才能」之「能」，非。借「濕」為「日+㬎」，而解者以為「潤濕」之「濕」，非。借「還」為「嫙」，而解者以「還」為「便捷之貌」，非。借「寐」為「沫」，而解者以為「寤寐」之「寐」，非。借「子」為「慈」，而解者以為「斥娶」者，非。借「鹽」為「苦」，而為者以「鹽」為「不堅固」，非。借「為」為「訛」，而解者以為「為人」，非。借「辰」為「慎」，而解者以「辰」為「時」，非。借「記」為「杞」，借「堂」為「棠」，而解者以「紀」為「基」、「堂」為「畢」、道平如堂，非。借「訊」為「誶」，而解者則以「訊」為「訛」字，非。借「偕」為「皆」，而解者以「偕」為「齊等」非。借「譽」為「豫」，而解者以為「名譽」非。借「蘀」為「擇」，而解者以「蘀」為「落葉」非。借「芋」為「宇」，而解者以「芋」為「大」，非。借「猗」為「阿」，而解者以「猗」為「旁依」非。借「意」為「億」，而解者以為「心意」之「意」非。借「卒」為「猝」，而解者以為「卒者崔嵬」非。借「佻佻」為「嬥嬥」，而解者以「佻佻」為「獨行貌」，非。借「交」為「姣」，而解者以為「與人交」非。借「求」為「述」，而解者以為「干求」之「求」非。借「亡」為「無」，而解者以為「滅亡」之「亡」非。借「土」為「杜」，而解者以「土」為「居」非。借「時」為「蒔」，而解者以「時」為「是」非。借「作」為「柞」，而解者以「作」為「起」非。借「栵」為「烈」，而解者以為「木名」非。借「嘽嘽」為「蓁蓁」，而解者以「嘽嘽」為「多實貌」非。借「溉」為「概」，而解者以「溉」為「清」非。借「隨」為「　」，而解者以為「隨人之惡」非。借「垢」為「詬」，而解者以「垢」為「暗冥」非。

【本篇結論】

經過比對，我們可以下此斷語，《說經必先明假借》篇抄襲王引之《經義述聞》卷三十二「經文假借」條，且有少數錯字。最後又綴以狐狸尾巴：「以上皆假借之例，不可以本義求之。經中惟此例最繁，故約舉各條以見義，學者熟審乎此，則解經之道思過半矣。」

《說經必先知音韻》抄自《尚書古文疏證》、《音論》、《輶軒語》

【原文】

　　字有古音，即有古韻，以今音今韻繩之，則扞格不合。猶語有北音，以南音繩之，扞格猶故也。人知南北之音繫於地，不知古今之音繫乎時。《穀梁傳》云：「吳謂善伊謂稻緩。」今吳人無此音也。《唐韻》云：「韓滅，子孫散處，江淮間音以韓為何，字隨音變，遂謂何氏。」今江淮間無此音也。《呂氏春秋》云：「君呿而不唫，所言者莒也。」高誘注云：「呿開唫閉。」顏之推謂北人之音多以「莒」為「矩」，惟李季節云：「齊桓公與管仲於臺上謀伐莒，東郭牙望齊桓公口開而不閉，故知所言者『莒』也。」然則「莒」、「矩」必不同呼可知。且古今音異，不特如徐鉉所云皀音香、乃音仍也。

　　如杜子春雲帝讀為定、（漲）〔洇〕讀為泯、絜讀為騂、鼇讀為戚、（硜）〔硍〕讀為鏗、筦讀為啗、褫讀為陊、荀讀為選之類；鄭司農覺讀為徵、瑱讀為鎮、硍讀為衰、陂讀為罷、紛讀為粉、義讀為儀、比讀為庀之類；鄭康成敦讀為燾、獻讀為沙、修讀為滫之類。今亦未嘗有此音。又有一字異音，觭，杜子春讀為奇，鄭康成讀為掎；燋，杜讀為樵，鄭讀為雀；鉏，杜讀為助，先鄭讀為藉；「焌」，先鄭讀為俊，後鄭讀為尊之類，不可殫述，皆與今不同。如以今音繩之，誤矣！

【閻若璩《尚書古文疏證》卷五下第七十四】

　　嗚呼！始為叶音之說者誰歟？其亦可謂之不識字也矣。字有古音，以今音繩之，只覺其扞格不合，猶語有北音，以南音繩之，扞格猶故也。人知南北之音繫乎地，不知古今之音繫乎時。地隔數十百里，音即變易，而謂時歷數千百載，音猶一律，尚得謂之通人乎哉？曷始乎？始則自後周有沉重者音《毛詩》，於「南」字下曰：「協句，宜乃林反。」陸德明從而和之。〔顏〕籀於《漢〔書〕》，〔李〕善於《〔文〕選》，亦各曰「合韻」、「協韻」，自時厥後，滔滔不返。朱子作傳注，益習為固然，幾無一不可叶者。音之亡久矣！天牖其衷，音學復明，發端於明之焦氏、陳氏，大備於近日柴氏、毛氏、顧氏之書。試取所未及者言之。《穀梁傳》云：「吳謂善，伊謂稻緩。」今吳人無此音也。《唐韻》云：「韓滅，子孫分散江淮間，音以韓為何，字隨音變，遂為何氏。」今江淮間無此音也。《呂氏春秋》云：「君呿而不唫，所言者莒也。」高誘注：「呿開，唫閉。顏之推謂北人之音多以舉、莒為矩，惟李季節云，齊桓公與

管仲於臺上謀伐莒，東郭牙望桓公口開而不閉，故知所言者莒也。然則莒、矩必不同呼，此為知音矣。」及予與莒州人遇，叩其鄉貫，呼莒為俱雨切，不為居許切，則音之變也。然猶可諉曰：「此方言也。」請證以《離騷》，洪興祖本於「多艱夕替」之下引徐鉉曰：「古之字音多與今異，如皀亦音香，乃亦音仍。蓋古今失傳，不見詳究。如艱與替之類亦應叶，但失其傳耳。」予謂此即古音也。然又可諉曰：《楚辭》辭楚，故訛。韻寔繁，更證以《三百篇》。《三百篇》風字凡六見，皆在侵韻內。今吾鄉山西人讀風猶作方愔反，不作方戎反，正顏之推所謂北方其辭多古語是也。予獨怪朱子於《九歌·國殤》雄與凌韻云：「今閩人有謂雄為形者，正古之遺聲。」夫既知為古之遺聲，不因以悟其餘，而仍於其下注曰「雄叶音形」，抑獨何哉？又按：《漢書·東方朔傳》：「郭舍人即妄為諧語曰。」師古注：「諧者，和韻之言也。」亦可證爾時無韻字。又按：陸德明《經典釋文》於《士冠禮》祝辭三服字皆云「服叶蒲北反」，二福字皆云「福叶筆勒反」，獨三德字為正音，不知皆古正音也。服與福音變，而德音不曾變也。使非音變，服原音馥，周公當日既以此字為韻首，自以此為主，當叶下德字讀入一屋韻內，不當以第二韻德字為主，反預叶上服字音匐，入二十五德韻以就之矣。此固情理易曉，古今人所同然者，何陸氏誤至此？緣未有以《焦氏筆乘》等議論告之耳，亦所謂恨古人不見我。又按：初讀《尚書》釋文，見《書序》共字云：「王，己勇反。」《皋陶謨》嚴字云：「馬，魚檢反。」《益稷》絺字云：「鄭，陟里反。」馬、鄭、王三家已俱有反語，疑不始自孫叔然，顏之推、張守節語並誤。既讀《崇文總目》云：「德明以南北異區，音讀罕同，乃集諸家之讀九經、《論語》、《爾雅》、《老》、《莊》者，皆著其翻語，以增損之。」是三家反語德明代作，非三家本實然，顏、張初不誤。然《儀禮·士昏禮記》注：「用昕使者，用昏婿也。婿，悉計反，從士，從胥，俗作壻，女之夫。」鄭作反語，有此一條。

【原文】

其音異因而其韻異。顧亭林云：「三代六經之音，失其傳也久矣！其文之存於世者，多後人所不能通，以其不能通，而執今世之音改之，於是乎有改經之病。古人文皆有韻，如《易·漸》上九「鴻漸於陸，其羽可用為儀。」范諤昌改「陸」為逵。朱子謂以韻讀之良是，而不知古人讀「儀」為俄，不與陸為韻也。《小過》上六：「弗遇過之，飛鳥離之。」朱子存其二說，謂仍當作「弗過遇之」，而不知古人讀「離」為羅，正與過為韻也。《雜卦傳》：「《晉》

畫也,《明夷》誅也。」孫奕改「誅」為「昧」,而不知古人讀「畫」為注,正與「誅」為韻也。《楚辭·天問》:「簡狄在帝譽何宜,玄鳥致詒女何嘉。」後人改「嘉」為「喜」,而不知古人讀「宜」為牛何反,正與「嘉」為韻也。《招魂》:「魂兮歸來,北方不可以止些。增冰峨峨,飛雪重些。歸來歸來,不可以久些。」《五臣文選》本作「不可以久止」,而不知古人讀「久」為幾,正與「止」為韻也。《老子》:「朝甚除,田甚蕪,倉甚虛,文采帶利劍,厭飲食,財貨有餘,是為盜誇。」楊慎改為「盜竽」,本之《韓非子》,而不知古人讀「誇」為刳,正與「除」為韻也。《淮南子·原道訓》:「以天為蓋,以地為輿,四時為馬,陰陽為驂,乘雲凌霄,與造化者俱,縱志舒節,以馳大區。」後人改「驂」為「御」,而不知古人讀「驂」為「郴」(據才老《韻補》引此作驂),正與「輿」為韻也。《史記·龜冊傳》:「雷電收之,風雨迎之,流水行之,侯王有德,乃得當之。」後人改「迎」為「送」,而不知古人讀「迎」為「昂」,正與「收」為韻也。然何知古讀之然也?《詩》曰:「汎彼柏舟,在彼中河,髧彼兩髦,實維我儀,之死矢靡它。」是古人讀「儀」為「俄」之證也。《易·離》九三:「日昃之離,不鼓缶而歌,則大耋之嗟。」是古人讀「離」為「羅」之證也。張衡《西京賦》:「微通外周,千廬內附。衛尉八屯,巡夜警畫。」是古人讀「畫」為「注」之證也。《詩》曰:「君子偕老,副笄六珈。委委佗佗,如山如河。象服是宜,子之不淑。云如之何?」是古人讀「宜」為「牛何反」之證也。又曰:「何其久也,必有以也。」又曰:「吉甫燕喜,既多受祉。來歸自鎬,我行永久。」是古人讀「久」為「幾」之證也。左思《吳都賦》:「橫塘查下,邑屋隆誇。長干延屬,飛甍舛互。」是古人讀「誇」為「刳」之證也。《漢書敘傳》:「舞陽鼓刀,滕公廄驂,潁陰商販,曲周庸夫,攀龍附鳳,並乘天衢。」是古人讀「驂」為「郴」之證也。《莊子》:「不(收)〔將〕不迎,應而不藏,故能勝物而不傷。」又曰:「無有所(收)〔將〕,無有所迎。」是古人讀「迎」為「昂」之證也。」

【顧炎武《音學五書·音論·答李子德書》】

三代六經之音,失其傳也久矣!其文之存於世者,多後人所不能通,以其不能通,而執今世之音改之,於是乎有改經之病。古人文皆有韻,如《易·漸》上九「鴻漸於陸,其羽可用為儀。」范諤昌改「陸」為逵。朱子謂以韻讀之良是,而不知古人讀「儀」為俄,不與陸為韻也。《小過》上六:「弗遇過之,飛鳥離之。」朱子存其二說,謂仍當作「弗過遇之」,而不知古人讀「離」

為羅，正與過為韻也。《雜卦傳》：「《晉》晝也，《明夷》誅也。」孫奕改「誅」為「昧」，而不知古人讀「晝」為注，正與「誅」為韻也。《楚辭·天問》：「簡狄在帝嚳何宜，玄鳥致詒女何嘉。」後人改「嘉」為「喜」，而不知古人讀「宜」為牛何反，正與「嘉」為韻也。《招魂》：「魂兮歸來，北方不可以止些。增冰峨峨，飛雪重些。歸來歸來，不可以久些。」《五臣文選》本作「不可以久止」，而不知古人讀「久」為幾，正與「止」為韻也。《老子》：「朝甚除，田甚蕪，倉甚虛，文采帶利劍，厭飲食，財貨有餘，是為盜誇。」楊慎改為「盜竽」，本之《韓非子》，而不知古人讀「誇」為刳，正與「除」為韻也。《淮南子·原道訓》：「以天為蓋，以地為輿，四時為馬，陰陽為騶，乘雲凌霄，與造化者俱，縱志舒節，以馳大區。」後人改「騶」為「御」，而不知古人讀「騶」為「郰」（據才老《韻補》引此作騶），正與「輿」為韻也。《史記·龜冊傳》：「雷電收之，風雨迎之，流水行之，侯王有德，乃得當之。」後人改「迎」為「送」，而不知古人讀「迎」為「昂」，正與「收」為韻也。然何知古讀之然也？《詩》曰：「汎彼柏舟，在彼中河，髧彼兩髦，實維我儀，之死矢靡它。」是古人讀「儀」為「俄」之證也。《易·離》九三：「日昃之離，不鼓缶而歌，則大耋之嗟。」是古人讀「離」為「羅」之證也。張衡《西京賦》：「微通外周，千廬內附。衛尉八屯，巡夜警晝。」是古人讀「晝」為「注」之證也。《詩》曰：「君子偕老，副笄六珈。委委佗佗，如山如河。象服是宜，子之不淑。云如之何？」是古人讀「宜」為「牛何反」之證也。又曰：「何其久也，必有以也。」〔註132〕又曰：「吉甫燕喜，既多受祉。來歸自鎬，我行永久。」〔註133〕是古人讀「久」為「幾」之證也。左思《吳都賦》：「橫塘查下，邑屋隆誇。長干延屬，飛甍舛互。」〔註134〕是古人讀「誇」為「刳」之證也。《漢書敘傳》：「舞陽鼓刀，滕公廄騶，潁陰商販，曲周庸夫，攀龍附鳳，並乘天衢。」〔註135〕是古人讀「騶」為「郰」之證也。《莊子》：「不（收）〔將〕不迎，應而不藏，故能勝物而不傷。」〔註136〕又曰「無有所（收）〔將〕，無有所迎。」〔註137〕，是古人讀「迎」為「昂」之證也。

〔註132〕見《詩經·國風·旄丘》。
〔註133〕見《詩經·小雅·六月》。
〔註134〕見《文選》卷五。
〔註135〕見《漢書》卷一〇〇下。
〔註136〕見《莊子》卷三下第七《應帝王》。
〔註137〕見《莊子》卷七下第二十二《知北遊》。

【原文】

此音韻古今之異，不可以強同者也。不審乎此，又烏足以說經哉！

又古時九州，語言不同，而誦《詩》讀《書》，同歸正讀。故太史公曰：「言不雅馴，薦紳難言。」班孟堅曰：「讀應爾雅，古語可知。」雅者，正也。近世一淆於方言，一誤於俗師，至於句讀離合，文義所繫，尤宜講明。音讀雅正可據者，有唐陸德明《經典釋文》一書，其中皆採集魏、晉南北朝諸家音釋，不同者並存之，各本經文不同者標出之。此可聽學者自視家法，擇善而從，總不出此書之外，即可為有本之學。

《經典釋文》皆用反切。反切者何？反，翻也，猶言翻譯也（反切之反平聲，讀如平反之反，與翻同字。《通鑑》注音，即書作翻。宋人有《翻譯名義集》）。切，急也（唐人忌反字，改稱切）。反者，一字翻成兩聲；切者，兩字合成一聲，其實一也。緩讀則是反切之兩字，急讀便成所求之一音。如經傳所載「不可」為「叵」、「之乎」為「諸」、「奈何」為「那」、「勃鞮」為「披」、「邾婁」為「鄒」、「終葵」為「椎」、「鞠窮」為「芎」、「不律」為「筆」、「須封」為「崧」、三代語如此者不可枚舉。魏孫炎因創為反語之法，以兩字定一音，為直音一字易差（字下注音某者，名直音，一形容有寫訛，一聲亦恐小變）。反切兩音難混也（有兩字互相參驗，不至兩字形聲，一時俱誤也）。反切之義，不過如此，法甚簡，理甚千，婦孺可曉（初制反切之時，不過取其合聲，就此兩字推測之，則上一字必同母，下一字必同韻，此乃自然之理，不勞求索而自合）。乃宋以後人不信古經，而好佛書，遂以為反切字紐出於西域，牽合華嚴字母等攝，煩碎令人迷惘。其實與三代秦漢六朝以來之聲韻絲毫無關。夫經字須用反切者，所以教不識字之童子也。如後世紐弄等韻之說，文士老儒且多瞀惑，古人何苦造此難事，以困童蒙哉（辨字母之非古，詳戴震《東原集》）！因近世學人，每每以反切為微眇難窮之事，故為千說之，或將反切兩音合讀而不能得聲者，不曉古音故耳。如「亨」字許庚反，古讀許如滸也。長幼之長，丁丈反，射中之中，丁仲反，古讀丁如爭也。德行之行，下孟反，古讀下為滸，讀孟為芒，去聲，讀行為杭，去聲也。霸王之王，於況反，古讀於如污也。殷監之監，工暫反，古讀監如淦也。爇，私列反，古讀私如犀也。知古音則反切萬無一失矣。

經傳中語同此一字，而區分平仄，音讀多門，以致韻書數部並收，異同之辨，相去杪忽，此皆六朝時學究不達本原，不詳通變者所為（本原者，形

聲；通變者，轉注、假借）。揆之六書之義，實多難通，故《顏氏家訓》已發其端，《經典釋文敘錄》頗沿其失，近代通儒糾摘尤備。特初學諷誦，不示區分，將各騁方言，無從畫一。且義隨音別，解識（記也）為易。律體詩賦一出，更難通融。此乃因時制宜之道。又同此一字，或小有形變，而解詁遂殊，點畫無差，而訓釋各別。訓因師異，事隨訓改，各尊所受，歧說滋多。然正賴此經本異文、異讀、異義參差牴牾得以鉤考古義。學者博通以後，於音義兩端窺其本原，自曉通借，先知其分，而後知其合，不可以躐等求也（此二條雖是約說，頗有深識，小學家字書、韻書，大指略具，通材詳焉）。

【張之洞《輶軒語・語學第二》】

讀經宜正音讀論音韻原流，詳《語文篇》「忌誤押通韻」條下。

古時九州，語言不同，而誦詩讀書，同歸正讀。故太史公曰：「言不雅馴，薦紳難言。」班孟堅曰：「讀應《爾雅》，古語可知。」雅者，正也。近世一淆於方言，一誤於俗師。至於句讀離合，文義所繫，尤宜講明音讀。雅正可據者，有唐陸德明《經典釋文》一書，其中皆採集魏、晉南北朝諸家音釋，不同者並存之，各本經文不同者標出之，此可聽學者自視家法，擇善而從，總不出此書之外，即可為有本之學。《釋文》舊有兩本，今武昌、成都局刻，乃用盧校本翻雕，清朗可看。

《經典釋文》皆用反切。反切者何？反，翻也，猶言翻譯也。反切之反平聲，讀如平反之反，與翻同字。《通鑑》注音，即書作翻。宋人有《翻譯名義集》。切，急也。唐人忌反字，改稱切。反者，一字翻成兩聲；切者，兩字合成一聲，其實一也。緩讀則是反切之兩字，急讀便成所求之一音。如經傳所載「不可」為「叵」、「之乎」為「諸」、「奈何」為「那」、「勃鞮」為「披」、「邾婁」為「鄒」、「終葵」為「椎」、「鞠窮」為「芎」、「不律」為「筆」、「須封」為「崧」，三代語如此者不可毛舉。魏孫炎因創為反語之法，以兩字定一音，為直音一字易差。字下注音某者，名直音，一形容有寫訛，一聲亦恐小變。反切兩音難混也。有兩字互相參驗，不至兩字形聲，一時俱誤也。反切之義，不過如此，法甚簡，理甚千，婦孺可曉。初制反切之時，不過取其合聲，就此兩字推測之，則上一字必同母，下一字必同韻，此乃自然之理，不勞求索而自合。乃宋以後人不信古經，而好佛書，遂以為反切字紐出於西域，牽合華嚴字母等攝，煩碎令人迷罔。其實與三代秦漢六朝以來之聲韻絲毫無關。夫經字須用反切者，所以教不識字之童子也。如後世紐弄等韻之說，文士老儒且多瞀惑，古人何苦造此難事，以困童蒙哉！辨字母之非古，

詳戴震《東原集》。因近世學人，每每以反切為微眇難窮之事，故為淺說之。或將反切兩音合讀之而不能得聲者，不曉古音故耳。如「亨」字許庚反，古讀許如滸也。長幼之長，丁丈反，射中之中，丁仲反，古讀丁如爭也。德行之行，下孟反，古讀下為滸，讀孟為芒，去聲，讀行為杭，去聲也。霸王之王，於況反，古讀於如污也。殷監之監，工暫反，古讀監如淦也。麩，私列反，古讀私如犀也。

經傳中語同此一字，而區分平仄，音讀多門，以致韻書數部並收，異同之辨，相去杪忽，此皆六朝時學究不達本源、不詳通變者所為。本原者，形聲；通變者，轉注、假借。揆之六書之義，實多難通，故《顏氏家訓》已發其端，《經典釋文敘錄》直攻其失，近代通儒糾摘尤備。特初學諷誦，不示區分，將各騁方言，無從畫一。且義隨音別，解識記也。為易。律體詩賦一出，更難通融。此乃因時制宜之道。又同此一字，或小有形變，而解詁遂殊，點畫無差，而訓釋各別。訓因師異，事隨訓改，各尊所受，歧說滋多。然正賴此經本異文、異讀、異義參差牴牾得以鉤考古義。學者博通以後，於音義兩端窺見本源，自曉通借，先知其分，而後知其合，不可躐等求也。此二條雖是約說，頗有深談，小學家字書、韻書，大旨略具，通材詳焉。

【本篇結論】

《說經必先知音韻》篇抄自閻若璩《尚書古文疏證》、顧炎武《音論》、張之洞《輶軒語》。顧炎武固然為清代古音學的開山祖師，抄襲《音論》容易理解；而閻若璩、張之洞並不以斯學見長，故其作偽頗出乎意料之外。

《說經必先審句讀》抄自《經讀考異》

【清武億《經讀考異》卷一】

《易》

《乾》九三：「夕惕若厲无咎。」

億案：近讀皆以「夕惕若」為句，「厲」一讀，「无咎」一讀。考漢、唐舊讀並連「夕惕若厲」為句。《淮南子‧人間訓》：「夕惕若厲，以陰息也。」《漢書‧王莽傳》引《易》曰：「夕惕若厲。」《說文》「惕」字引引《易》曰：「夕惕若厲。」《風俗通》引《易》曰：「夕惕若厲。」……古讀似可依。〔註138〕

〔註138〕俞樾《群經平議》卷一駁曰：近讀以「夕惕若」為句，武氏億《經讀考異》謂漢、唐舊讀並連「夕惕若厲」為句，引《淮南子‧人間訓》、《漢書‧王

《象》曰:「天行健君子以自強不息。」

億案:李氏《集解》引何妥曰:「天體不健,故能行之,德健也,猶如地體不順,承弱之勢順也,所以乾卦獨變名為健。」……此諸說並以「天行健」連讀為義。愚謂乾古字作健,見《古今韻會》,傳寫者因轉寫作健,即健即乾字之轉,聖人釋象皆以卦本名言之,不宜自變其例,是「天行」為一讀,「健」為一讀,「天行」與坤象地勢語正相比,而注家因文牽附,皆鑿說也。

《坤》:「元亨利牝馬之貞。」

億案:舊讀作「利牝馬之貞」,利字連下為義。考《程傳》:「坤,乾之對也。四德同而貞體則異,乾以剛固為貞,坤則柔順而貞。牝馬柔順而健行,故取象曰牝馬之貞。」是以「利」為一讀,「牝馬之貞」另為句。

「先迷後得主利西南得朋東北喪朋。」

億案:舊讀並以「利」字屬上「主」字為句。考此宜以「後得主」絕句,「利」字屬下「西南」讀。《文言》曰:「後得主而有常。」則主字絕句。又《蹇》:「利西南。」則「利」字屬下,又可舉證。

《屯》初九:「盤桓利居貞。」

億案:近讀以「利居貞」為句。考魏明帝徵管寧詔:「盤桓利居。」又以「居」字為讀,「貞」字另為義,不與「居」連文。

六三:「君子幾不如舍往吝。」

億案:近讀以「幾」字為句(朱子云:「君子見幾,不如捨去。」),考《淮南子‧繆稱訓》:「《易》曰:即鹿無虞,惟入於林中,君子幾不如舍往吝。」注:即,就也;鹿以喻民;虞,欺也;幾,終也……高氏又以「幾不如舍」連讀為句。

《需》九二象詞:「需於沙衍在中也。」

億案:近讀從「沙」絕句。據《九經古義》,《穆天子傳》云:「天子東征,南絕沙衍。辛丑,天子渴於沙衍,求飲未至(郭璞云:「沙衍,水中有

莽傳》、《說文》𩑺字注、《風俗通義》、《後漢書‧謝夷吾傳》為證。今按:近讀固非,漢、唐舊讀以「夕惕若厲」四字為句,實亦未得。此當以「夕惕」二字為句。「君子終日乾乾,夕惕」,猶言終日乾乾,終夕惕惕也,語有繁耳。「若厲」二字自為句,猶《夬》九三言「若濡」、《萃》初六言「若號」也。《文言》曰:故乾乾因其時而惕,雖危无咎矣。「雖危」二字正解「若厲」之義,然則漢、唐舊讀其亦未可從矣。(《續修四庫全書》第 178 冊第 5 頁)

沙者。」）。水少沙見，故象云需於沙衍」或以「衍」屬下句讀，非也。愚謂虞翻云：「衍，流也。」似當作流沙之義，則虞氏亦以衍字絕句為訓，此又可舉證。

《訟》：「有孚窒惕中吉。」

億案：此凡兩讀：《釋文》「有孚窒」一句，「惕中吉」一句。又荀爽曰：陽來居二而孚於初，故曰「訟有孚」，則以「孚」字為句。虞翻云：「窒，塞止也。惕，懼也。」則「窒」一字為句，「惕」一字為句。孔氏《正義》同。

九二：「不克訟歸而逋其邑人三百戶无眚。」

億案：此凡兩讀：《正義》曰：「若能以懼歸竄其邑，乃可免災者。」如此注意，則經稱「其邑」二字連上為句，「人三百戶」合下為句。朱子《本義》：「邑人三百戶，邑之小者。」則以「逋」字絕句，「其邑人三百戶」絕句，「无眚」又另為句。

六三：「食舊德貞厲終吉。」

億案：此凡兩讀：朱子《本義》：「守舊居正，則雖危而終吉。」如此注意，以「貞」字絕句，「厲」下屬「終吉」為句。虞翻云：「貞厲得位，故終吉也。」王輔嗣云：「處兩剛之間，而皆近不相得，故曰貞厲。」如此注意，則以「食舊德」為句，「貞厲」為句。愚謂象詞明言「食舊德」，是「貞厲」連文下屬，從虞、王讀為正。

《師》：「貞丈人吉。」

億案：此凡兩讀：朱子《本義》：「用師之道，利於得正。」則「貞」為句，近多從之。考《周禮》天府注，鄭司農云：「貞，問也。《易》曰：師貞丈人吉。」問於丈人，則「師」為一讀，「貞」字連下「丈人」為句……

九二：「在師中吉无咎。」

億案：《九家易》曰：「雖當為王，尚在師中，為天所寵，事克功成，故吉无咎。」王輔嗣注：「在師而得其中。」《正義》曰：「觀注之意，以『在師中』為句，其『吉』字屬下。」又云：「觀象之文，在師中吉，承天寵者，則似『吉』字屬上。」此吉之一字，上下兼該，故注文屬下，象文屬上，此孔氏已從兩讀。愚謂「在師」亦可為句，「中吉」當連為句。《訟》：「有孚窒惕中吉。」亦以「中吉」屬讀，是其義也。

《小畜》六四：「有孚血去惕出无咎。」

億案：「血去惕出」舊讀並連文。考「血去」當屬上「有孚」為義。血，陰屬，群小也，四以一陰蓄眾陽，而群小乘之，惟賴誠結主知，則三不見侵，邪害亦消阻矣。故云「有孚血去」，與下九五「有孚攣如」正相比。

上九：「尚德載婦貞厲。」

億案：舊讀並以「載」字絕句。考此宜以「尚德載婦」屬讀。如《履》九五：「夬履，貞厲。」《噬嗑》六五：「貞厲，无咎。」⋯⋯並可舉證。

《謙》九三：「勞謙君子有終吉。」

億案：荀爽曰：「君子有終，故吉也。」是以「君子有終」為句。吳氏據初六「謙謙君子」，則此爻當「勞謙君子」為句。

六四：「无不利撝謙。」

億案：此凡兩讀：荀爽曰：「四得位，處正，家性為謙，故无不利⋯⋯」此以「无不利」「撝謙」分屬二句，孔氏《正義》、朱氏《本義》同。程傳⋯⋯又以「无不利撝謙」為一句。

《蠱》初六：「有子考无咎厲終吉。」

億案：此凡兩讀：⋯⋯王肅以「考」字絕句。王弼注⋯⋯以「有子」為句，「考」字屬下為句。《困學紀聞》云⋯⋯從輔嗣讀也。

《觀》六三：「觀我生進退。」

億案：此讀多連五字為一句。證以下九五「觀我生」、上九「觀其生」，則此「觀我生」亦宜為句，「進退」另為句。

《剝》初六：「剝床以足蔑貞凶。」

億案：虞氏翻曰：「失位無應，故蔑貞凶。」孔氏《正義》：「蔑貞凶者，蔑削也。」朱子《本義》：「蔑正則凶。」《程傳》：「蔑，無也，謂消亡於正道也。」並以「蔑貞」為讀。愚謂象文「剝床以足，以滅下也」，則「剝床以足」為句，「蔑滅也」另為句，「貞凶」亦另為句，不宜以「蔑貞」連文。

六三：「剝之无咎。」

億案：此凡兩讀：「剝之」為句，「无咎」為句。又「剝之无咎」亦可連讀為句。

《无妄》象曰：「天下雷行物與无妄。」

億案：此凡兩讀：《九家易》：「天下雷行，陽氣普遍，無物不與，故曰物與也。」是以「物與」絕句。又云「物受之生無有災妄，故曰物與无妄也。」是又以「物與无妄」連讀。虞翻曰：「與謂舉，妄，亡也，謂雷以東之震為反

生萬物出震无妄者也,故曰物與无妄。」王輔嗣注:「天下雷行,物皆不可以妄也。」皆從《九家易》後一讀。愚謂以《易》例推之,凡象釋卦名則卦名皆另讀,不宜此獨連為句,從《九家易》前一讀為是。

《大畜》:「剛健篤實輝光日新其德剛上而尚賢。」

億案:此凡三讀:近讀從「剛健篤實輝光」為句。《鄭氏周易》「輝光日新」為句,「其德剛上而尚賢」為句。蜀才本並同。王輔嗣注:「夫唯輝光日新其德者,唯剛健篤實也。」又以「輝光日新其德」為句。

《頤》六二:「顛頤拂經於丘頤征凶。」

億案:此凡兩讀:王肅云:「二宜應五,反下養初,豈非顛頤違常於五也,故曰拂經於邱。」王輔嗣注亦曰:「顛頤,拂經於丘。」此以「顛頤」為句,「拂經於丘」為句。《本義》曰:「求養於初,則顛倒而違於常理,求養於上,則往而得凶。」此又以「拂經」為句,「於丘頤」為句。

《坎》六四:「樽酒簋貳用缶。」

億案:《釋文》云:「樽酒」絕句,「簋貳」絕句,「用缶」絕句;舊讀「樽酒簋」絕句,「貳用缶」絕句。虞翻曰:「震主祭器,故有尊簋。又坤為缶禮,有副尊,故貳用缶。」王輔嗣云:「一樽之酒,貳簋之食。」孔氏並以「樽酒簋貳」為句。此舊讀也。禮器疏案:六四:「樽酒簋貳用缶。納約自牖終无咎。」鄭云:「六四上承九五,又互體在震上,天子大臣以王命出會諸侯,尊於簋,副設元酒而用缶也。」孔氏既依鄭言「尊於簋,副設元酒」,是從舊讀之證。朱子《本義》:「晁氏云:先儒讀『樽酒簋』為一句,『貳用缶』為一句。今從之。」……

「納約自牖終无咎。」

億案:舊讀以「納約自牖」為句,朱子《本義》、程《傳》並同。考崔憬曰:「於重險之時,居多懼之地,近三而得位,比五而承陽,修其潔誠,進其忠信,雖祭祀省薄,明德惟馨,故曰樽酒簋貳用缶內約,文王於紂王時行此道,從羑里內約,卒免於難,故曰自牖終无咎也。」據此注意,是「內約」絕句,「自牖」又連下為義。

《離》象曰:「明兩作離。」

億案:此凡兩讀:虞翻曰:「兩謂日月也,乾五之坤成坎,坤二之乾成離。離、坎,日月之象,故明兩作離也。」此連卦名讀。又云或以「日與火為明兩作也」,則又以「明兩作」絕句。愚謂此讀宜以後說為據。

初九：「履錯然敬之无咎。」

億案：舊讀並從「然」字絕句。考象詞明言「履錯然敬之」，則「履錯然敬之」五字連讀，亦可為義。

上九：「王用出征有嘉折首獲匪其醜。」

億案：《周易稽疑》云：「舊傳以『有嘉』為句……小象多有韻，此當曰『有嘉折首』，庶與韻協也。」顧氏《易本音》與此同。

《恒》六五：「恒其德貞婦人吉夫子凶。」

億案：王輔嗣注意以「恒其德貞」為句，孔氏《正義》、朱子《本義》、程《傳》並同。考虞氏翻曰：「東正成乾，故恒其德……」此又以「德」字絕句，「貞」字屬下為句。象詞婦人貞吉，則貞字宜連婦人取義，虞氏讀為是。

《遯》初六：「遯尾厲。」

億案：此凡兩讀：「遯尾厲」三字連文為句；「遯尾」一讀，「厲」一讀。義並得通。

《晉》初六：「罔孚裕无咎。」

億案：此凡兩讀：虞氏翻：「應離為罔，四坎稱孚，坤弱為裕。」王氏安石云：「孔子曰：我待價而賈者也，此罔孚而裕如進也。孟子久於齊，此罔孚而裕如退也。」胡氏炳文云：「罔孚在人，而吾不可以不裕。」是並以「罔孚裕」連文為義。王輔嗣注及孔氏《正義》、程《傳》、朱子《本義》悉以「罔孚」為句，「裕」連下无咎為句。據象詞「裕无咎未受命也」，則「裕」字連下讀為是。

《明夷》九三：「得其大首不可疾貞。」

億案：舊讀皆以「不可疾貞」四字為句。考此宜從「不可疾」為句，「貞」為句……

《解》上六：「公用射隼於高墉之上獲之无不利。」

億案：舊讀皆以「公用射隼於高墉之上」九字為句，「獲之」為句。考象詞明言「公用射隼」，則宜四字為句，「於高墉之上獲之」連文為句，義較長。

《損》九：「弗損益之。」

億案：《周易稽疑》：弗損益之，先儒皆連讀，惟晁氏客語「弗損」絕句。

《夬》九二：「惕號莫夜有戎勿恤。」

億案：此凡兩讀：王輔嗣注：「雖有惕懼號呼，莫夜有戎不憂不惑，故勿恤也。」據此注意，是以「惕號莫夜有戎」為句，「勿恤」為句。孔氏《正義》

云：「雖復有人惕懼號呼，語之云：莫夜必有戎卒來害已。」據此疏意，是以「惕號」為句，「莫夜有戎」為句。後儒多同此。考象詞明言「有戎勿恤」，則宜以「惕號莫夜」絕句為正。

《萃》初六：「若號一握為笑。」

億案：此凡兩讀：孔氏《正義》云：「已為正配，三以近寵，若自號比，為一握之小，執其謙退之容，不與物爭。」觀此疏此意，「若號一握為笑」六字為句。後儒解作呼號，則以「若號」為句，「一握為笑」另為句。古《易》用韻多如是者。

《困》：「亨貞大人吉。」

億案：此凡兩讀：《程傳》云：「如卦之才，困而能亨，且得貞正。」是以「貞」另讀為義。王輔嗣注：「處困而用剛，不失其中，履正而能，體大者也，能正而不能大博未能濟剛者也，故曰貞大人吉。」是以「貞」連「大人」屬讀為義。據彖傳明言「貞大人吉，以剛中也」，從王讀為正。

《井》上六：「井收勿幕有孚。」

億案：此凡兩讀：虞氏翻曰：「幕，蓋也……故井收勿幕。」此以「井收勿幕」連讀為義。王輔嗣注：「幕，覆也，不擅其有，不私其利，則物歸之，往無窮矣。故曰勿幕有孚元吉也。」此以「勿幕」下屬「有孚」為句。

《漸》初六：「小子厲有言。」

億案：舊讀皆以「小子厲」斷句，「有言」另為句。據《程傳》云：「危懼而有言。」則以「厲」下屬連讀取義。

《巽》九二：「巽用史巫紛若吉。」

億案：荀爽云：「史以書勳，巫以告廟，紛變若順也。」又云：「征伐既畢，書勳告廟。當變而順五，故曰用史巫紛若吉无咎。」……據經文明言「紛若之吉」，則「紛若」宜連下屬「吉」字為讀。

《繫詞上》：「君子居其室出其言善則千里之外應之。」

億案：舊讀多以「出其言善」為句。考此當以「出其言」為句，「善」字連下讀為句。

《雜卦》：「親寡旅也。」

億案：此凡兩讀：王輔嗣注：「親寡故寄旅。」以「親寡」為句。《釋文》云：荀本豐多故「親」絕句，「寡旅也」別為句。是又以「親」屬上「豐多故」為句。

【武億《經讀考異》卷二《書經》】

《堯典》

「曰若稽古帝堯曰放勳。」

億案：有讀「曰若稽古」句，有讀「曰若稽古帝堯」句。〔註139〕

「明明揚側陋。」

億案：此凡兩讀：《孔傳》：「明舉明人在側陋者」，是以「明明」連下為一句。《蔡氏集傳》：「明明，上明謂明顯之，下明謂已在顯位者。揚，舉也；側陋，微賤之人也。」則以「明明」斷句，「揚側陋」又一讀……

「克諧以孝烝烝乂不格奸。」

億案：有讀「克諧」句，「以孝烝烝乂不格奸」句；有讀「克諧」句，「以孝烝烝」句，「乂不格奸」句；有讀「克諧以孝烝烝乂」句「不格奸」句。〔註140〕

「正日同律度量衡。」

億案：此凡兩讀：《孔傳》：「律法制及尺丈斛斗斤兩皆均同。」則以「同」字屬「律度量衡」為句……此又以「正日」連下「同律度量衡」為一句。

「讓於殳斨暨伯與。」

億案：《孔傳》：「殳斨、伯與，二臣名。」則以「殳斨」連文為讀。據吳斗南《兩漢刊誤補遺》云：「垂遜於殳斨伯與，遜於朱虎熊羆，若均為二臣，史無異辭可也。」今於殳斨伯與加「暨」字於其間，而朱虎熊羆則不然者，蓋有謂也。殳斨為二人，伯與為一人，故加「暨」字以別之……是殳斨為二人，則「殳」為一讀，「斨」為一讀。

「舜生三十徵庸三十在位五十載陟方乃死。」

億案：《孔傳》、《蔡傳》並以「庸」字、「位」字、「死」字絕句。據鄭康成讀此經云：「舜生三十，謂生三十年也。登庸二十，謂歷試二十年。在位五十載，陟方乃死，謂攝位至死五十年。」則以「舜生三十」為句，「徵庸三十」為句，「在位五十載」為句。又證之《大戴禮》，二十以孝聞乎天下，三十在位，嗣帝所五十乃死。「嗣帝所」連「五十」為句，是亦位字為斷。

「若稽古皋陶。」

〔註139〕此條例證被刪。《續修四庫全書》本亦無。

〔註140〕此條例證被刪。

億案：此凡兩讀：《蔡氏集傳》：「稽古之下即記皋陶之言者，謂考古皋陶之言如此也。」是讀從一句。孔氏疏引鄭氏云：「以皋陶下屬為句。」是鄭讀從「古」字句絕。《白虎通》：「何以皋陶為聖人也？以自篇曰若稽古皋陶聖人而能為舜陳道。」亦以「若稽古」句絕。桓譚《新論》云：「秦延君能說堯典，篇目兩字之說至十萬餘言，但說『曰若稽古』三萬言。」則「若稽古」為句，漢時儒者所讀皆然。

「予未有知思曰贊贊襄哉。」

億案：此凡兩讀：《孔傳》：「言我未有所能思致於善。」《正義》云：「此承而為謙知其自言未有所知，未能思致於善也。」「思」字屬上讀。《史記·夏本紀》：「予未有知思贊道哉。」《正義》曰：「皋陶云：我未有所知思之審贊於古道耳。」此又以「知」字絕。

《禹貢》：「冀州既載壺口。」

億案：舊讀從「既載」為句，《夏本紀》、《漢書·地理志》、《周禮》載師鄭注引此文並與《孔傳》同。惟宋毛晃《禹貢指南》「冀州」一讀，「既載」屬下「壺口」為句。

「厥賦貞作十有三載乃同。」

億案：此凡兩讀：鄭康成云：「貞，正也。治此正作不休，十三年乃有賦。」則以「厥賦」絕句，「貞」字連下讀。《孔傳》云：「貞，正也。州第九賦正與九相當。」則以「貞」字絕句，「作十有三載乃同」為句。《蔡氏集傳》同孔氏。考《禹貢》經文言厥賦厥田並讀斷，則鄭氏以「厥賦」為句，與經例合，從鄭讀為是。

「雲土夢作乂。」

億案：此凡兩讀：一讀以「雲土夢」為句，「作乂」為句。《孔傳》：「雲夢之澤，其中有平土，邱水去，可為耕作畎畝之治。」《史記·夏本紀》、《漢書·地理志》同此。一讀以「雲土」為句，「夢作乂」另為句。《蔡傳》云：「雲土者，雲之地，土見而已。夢作乂者，夢之地已可耕治也。今讀從此。」（下略）

「包匭菁茅。」

億案：此凡兩讀：據《孔傳》云：「包橘柚。」《正義》：「菁茅既以匭盛，非所包之物明。包必有裏也。此州所出與揚州同。厥包橘柚，知此包是橘柚也。」是以「包」一讀，「匭菁茅」一讀。鄭玄以菁茅為一物，匭猶纏結也。

菁茅之有毛刺者重之，故既包裹而又纏結也。是以「包匭菁茅」連文為讀。
《蔡氏集傳》云：「既包而又匭之，所以示敬也。」同鄭氏。

　　「西傾因桓是來浮於潛。」

　　億案：《孔傳》云：「桓水自西傾山南行，因桓水是來浮於潛。」是以「因桓是來」屬下文為讀。《禹貢錐指》引吳氏云：「西傾山雖屬雍州，然山趾必廣西傾之戎，蓋在梁州境內。此句特為織皮之貢而言，章末乃總言一州貢物達於帝都之道。舊注以此句屬下文，非是。」是又以「因桓是來」斷句為讀。又馬融云：「治西傾山因因桓是來，言無餘道也。」此即吳氏所本。

　　「朔南暨聲教訖於四海。」

　　億案：《史記·禹本紀》從「暨」字斷句，今《尚書》從「暨聲教」斷句。考《後漢書·杜篤傳》：「朔南暨聲，諸夏是和。」注引《尚書》曰：「朔南暨聲教。」據此則漢人已以「暨聲」連句，《孔傳》讀當有所據。《文選·東都賦》注引又作「聲教訖於四海」，李氏並從兩讀。《元豐類稿》：「臥禪師淨土堂銘跋」引《書》亦作「朔南暨聲教」。程大昌《進禹貢論序》亦作「朔南暨聲教」。近胡胐明謂裴駰《史記集解》其注在暨字下，則自劉宋時已不從孔傳，而以聲教屬下句，此殆疑孔傳偽託，宜從舊讀為是，然不知孔傳已有所襲，非可盡置也。

　　《盤庚》：「今予命汝一。」

　　億案：讀從「一」字為句。孔氏《正義》云：「今我命汝，是我之一心也。」蓋以以「命汝」為讀，「一」字又為一讀，說過曲，疑不可從。

　　《金縢》：「史乃策祝曰惟爾元孫某遘厲虐疾。」

　　億案：《孔傳》：「史為策書祝辭也。」是以「策祝」連讀。《蔡傳》同。考鄭康成氏云：「策，周公所作，謂簡書也。祝者讀此簡書以告三王。」是以「史乃策」為讀，「祝」屬下「曰」字讀。

　　《康誥》：「我西土惟時怙冒聞於上帝。」

　　億案：讀從「怙冒」為句，「聞於上帝」為一句，見《蔡傳》。據趙臺卿注《孟子》引「冒聞於上帝」，則古讀以「怙」字屬句。證之《孔傳》：「我西土岐周惟是怙恃文王之道，故其政教冒被四表，上聞於天。」偽孔傳解義斷句亦與趙氏同。

　　《酒誥》：「不克畏死辜在商邑越殷國滅無罹。」

　　億案：舊讀以「死」字絕句，考此當以「死辜」連文為句。「在商邑越殷

國」屬詞相比,謂言自都城至庶邦坐任其亡而不恤。《孔傳》言紂聚罪人在都邑而任之過為駢曲,於義非也。

《梓材》:「皇天既付中國民越厥疆土於先王肆王惟德用。」

億案:《孔傳》:「能遠拓其界壤,則於先王之道遂大。」《正義》曰:「肆,遂也……」是舊讀以「肆」字屬上為句。考此非是。「肆」字在句首者,於《書》最多……「肆」皆屬下讀。(下略)

《洛誥》:「厥攸灼敘弗其絕。」

億案:此凡兩讀:《釋文》:「厥攸灼敘」絕句,馬讀「敘」字屬下。《孔傳》云:「其所及灼然有次序不其絕。」是以「敘」絕句,《蔡傳》同。

《立政》:「三亳阪尹。」

億案:此凡兩讀:《孔傳》云:「亳人之歸文王者三,所為之立監及阪地之尹長者用賢。」是以「三亳」為一讀,「阪尹」為一讀。《蔡傳》同。鄭康成以「三亳阪尹」者共為一事……則「三亳阪尹」連讀。

《顧命》:「今天降疾殆弗興悟。」

億案:此凡兩讀:《正義》曰:「孔讀殆上屬為句,今天下疾我身甚危殆也。」《蔡傳》……又以「殆」字屬下讀。

《呂刑》:「王享國百年耄荒度作刑。」

億案:此凡兩讀:《孔傳》以「耄荒」為句,《蔡傳》同。蘇氏軾曰:「荒,大也。大度作刑,猶禹曰予荒度土功。」「荒」當屬下句,亦通。朱子亦稱之。〔註141〕(下略)

【本篇結論】

《說經必先審句讀》文長,不錄。經過仔細比勘,我們發現,該文全部抄自清代中期經學家武億的《經讀考異》一書的前兩卷,僅刪去少數例證,又將文中「億案」字樣刪去,在開頭加上「群經句讀,古今各有不同,說經者不可不審」,結尾又來一段:「此《易》與《尚書》各家之異讀也。《詩》、《禮》、《春秋傳》、《孝經》、《論語》、《孟子》,各有異讀,繁不勝舉,故特舉二經以見例,學者不可不審(又有注中句讀與疏家異讀,惟在讀時字字留意,斯能有得)。」《經讀考異》三卷以下確實是《詩》、「三禮」、「三傳」、《孝經》、《論語》、《孟子》,僅漏掉了《爾雅》。

〔註141〕 以上引文載《清經解》卷七二七～卷七二八。

【附錄】武億《授堂文鈔》卷八《經讀考異後序》：

　　《經讀考異》八卷，序述二卷，合十卷，又補二卷，綴輯少具倫次，蓄已數歲，不敢一視於人。自丁未館西霞先生西齋，日課兩生，與之授讀，因檢昔所究心，故讀至某字屬句，世已口習，不復可破，及塾師堅執一讀，不能兼通他讀，或一字而上屬下屬，於文皆可兩從，輒有義證，求其致確，時為兩生言之。後於他方二三從遊者亦有所授焉。由是流聞於外，同人多欲構寫，予苦無以悉應其求，乃竭貲覓工，較刻凡間歲而成。蓋夫今之君子宏達周覽，明章雅訓，實於文字形聲詁訓悉闡其所以，至於離析經讀，亦其為小學之所先事，然尚未聞有成書，因遂自忘其愚，妄有記述，用此以歉。俗流未能離經辨義，而牽綴乖隔，紛擾不復成文，然後以曲解傳之，以鑿說錮之，於是展轉侵易，古訓沉沒，為可惜也。昔鮑季詳甚明禮，聽其離文析句，自然大略可解。今予之區區為此，蓋欲學者知所從事而識厥趨焉，夫亦猶是矣。乾隆五十八年歲癸丑秋八月，館東昌啟文書院日也。

《說經必先明家法》抄自《兩漢經師家法考》、《漢經師家法考》

【原文】

　　家法者，即《左雄傳》注所謂「儒有一家之學，故稱家法」是也。其大旨在守師說。如《易》有施、孟、梁丘、費、高，《書》有伏、孔，伏之傳下有歐陽、大小夏侯，《詩》有毛與齊、魯、韓，《禮》有二戴、慶氏，《春秋》有左、公、穀。其間文字異同，章句錯互，各守師傳，不相沿襲。故趙賓變箕子之訓，《易》家證其非；焦贛本隱士之傳，光祿明其異。

　　田何之《易》，實淵源乎商瞿，毛公之《詩》，公、穀之《傳》，乃權輿於子夏。申公之於《魯詩》，張蒼之於《左氏》，並溯源於荀卿。伏生傳今文，先秦之博士也。安國傳古文，孔氏之舊文也。高堂博士禮，魯國老師也。由七十二子迄四百餘年，如高曾之授曷孫，仍淵流之衍枝瀆，則前漢之家法也。

　　而後漢何獨不然？《易》則劉昆受施氏《易》於沛人，窪丹諸人，則傳自孟氏，戴馮、孫期、魏滿諸儒並出自費氏，馬融、鄭康成之徒亦並傳費氏。《尚書》則濟陰曹曾受業歐陽歙，北海牟融傳大夏侯，東海王良傳小夏侯，馬、鄭諸儒傳孔安國。《詩》則後漢皆傳毛公，《禮》則皆傳戴氏。《公》、《穀》、《左氏》，各守其傳，《論語》、《孝經》，兩出張氏。此後漢之家法，鑿然可考。而漢學之可貴，即於此可見。

【趙春沂〔註142〕《兩漢經師家法考》】

六籍之學，盛於漢氏，諸儒必從一家之言以名其學。《左雄傳》注所謂「儒有一家之學，故稱家法」是也。《宋書‧百官志》：「漢武建元五年，初置五經博士。宣、成之間，五經家法稍增，經〔置〕博士一人。至東京凡十四人。」《後漢‧儒林傳》：「光武中興，愛好經術……於是立五經博士，各以家法教授。」《續百官志》云：「博士十四人，《易》四：施、孟、梁丘、京氏，《尚書》三：歐陽、大、小夏侯，《詩》三：齊、魯、韓氏，《禮》二：大、小戴氏，《春秋》嚴、顏氏，掌教弟子。」此博士分經之目。故博士立而經學之家法嚴。東京經術所以盛於西都也。且漢世之尊家法，不獨嚴於立博士而已。《質帝紀》：「本初元年，夏四月，令郡國舉明經，年五十以上、七十以下詣太學。自大將軍至六百石，皆遣子受業……四姓小侯先能通經者，各令隨家法。」然則漢舉孝廉亦嚴家法也。又宦者《蔡倫傳》：「元初四年，帝以經傳之文多不正定，乃選通儒謁者劉珍及博士良史詣東觀，各校讎家法。」此雖宦官猶知之，況博士乎？家法又謂之師法……大抵前漢多言師法，而後漢多言家法。有所師乃能成一家之言。師法者，溯其源；家法者，衍其流也。蓋漢世治經，凡不守家法者，世不見信……夫家法明，則流派著。可以見經學之衍別，可以知經文之同異，可以知眾儒之授受，可以存周秦之古義。漢學之盛，盛於家法也。故前、後《漢書》多言家法如此……

【胡縉〔註143〕《漢經師家法考》】

漢儒家法大略有三：一曰守師說。如《易》有施、孟、梁丘、費、高，《書》有伏、孔，《詩》有毛、齊、魯、韓，《禮》有二戴、慶氏，《春秋》有左、公、穀。其間文字異同，章句錯互，各守師傅，不相沿襲。故趙賓變箕子之訓，《易》家證其非，焦贛本隱士之傳，光祿明其異。田何之《易》，實淵源乎商瞿，毛公之《詩》，公、穀之《傳》，乃權輿於子夏。申公之於《魯詩》，

〔註142〕【趙春沂】即趙鉞，原名春沂，字雩門，浙江仁和人。嘉慶十六年進士。改庶吉士，散館以知縣發江蘇，官泰州知州。幼嗜學於濂洛關閩之書，尤能探其奧賾。為政懲優柔之失，一意嚴明，引疾去官。家富收藏，藏書處號「醉經樓」。以嘗得明趙忠毅鐵如意，疾棘時，貽謝卜堂，欲神物得所云。著《國朝諡法考》。與歙鮑康所纂并傳。事蹟見《杭州府志》卷一四六。

〔註143〕【胡縉】字駿卿，號湘帆，浙江烏程人。嘉慶九年舉人。縉少負才名，阮元督學浙江，課諸生十臺懷古詩，縉居最。尤精研經學，以貧故，客遊三衢以卒。無子，詩文散佚。事蹟見《（同治）杭州府志》卷七六。

張蒼之於《左氏》，並溯源於荀卿。伏生傳今文，先秦之博士也，安國傳古文，孔氏之舊文也。高堂博士禮，魯國老師也。由七十二子迄四百餘年，如高曾之授晜，仍淵流之衍枝瀆，是之為守師說⋯⋯其釋經之體亦約有三：一曰以經解經⋯⋯一曰以字解經⋯⋯一曰以經師說解經⋯⋯故家法精，漢學明；家法棄，漢學廢。

【本篇結論】

《說經必先明家法》篇主體部分抄自《兩漢經師家法考》、《漢經師家法考》二文，又在尾部綴以結語：「國朝經師，亦莫不以此為重。崑山、太原，特開其先；吳江、南皖，相繼而起；臧氏、惠氏，則皆紹厥先；武進、高郵，則世繼其業；二云之傳，則源本曉徵；巽軒之學，則獨出東原；伯淵、稚存，資乎師友；誠齋、千里，受業於芸臺。累葉相維，前後崛起。上之松崖，倡率江左。近之高郵，私淑顧氏。」

阮元《揅經室二集》卷七《王西莊先生全集序》云：「夫漢人治經，首重家法，家法亦稱師法，前漢多言師法，後漢多言家法。至唐，承江左義疏，惟《易》、《書》、《左氏》為後起者所奪，其餘家法未嘗亡也。自有破樊籬者，而家法亡矣。」

《字學源流》抄自《說文解字敘》

【原文】

文字之源，肇於上古。五帝三王，代有更別。至秦為一大變，漢則各體競出，魏、晉而下，俗書紛行矣。

許氏《說文》自敘云：「古者庖犧氏之王天下也，仰則觀象於天，俯則觀法於地，視鳥畜之文與地之宜，近取諸身，遠取諸物，於是始作《易》八卦，以垂憲象。黃帝之史倉頡，見鳥畜蹏迒之跡，知分理之可相別異也，初造書契。百工以乂，萬品以察，蓋取諸夬。『夬揚於王庭』，言文者，宣教明化於王者朝廷。倉頡之初作書，蓋依類象形，故謂之『文』；其後形聲相益，即謂之『字』。『文』者，物象之本；『字』者，言孳乳而寖多也。著於竹帛謂之『書』。『書』者，如也。以迄五帝三王之世，改易殊體（如書法所云，伏羲氏作龍書，神農作穗書，黃帝作雲書，少昊作鸞書，高陽作蝌蚪書，高辛作人書，堯作龜書，禹作鍾鼎書，務光作倒薤書，文王作鳥書，史佚作魚

書之類）。封於泰山者七十有二（家）代，靡有同焉。《周禮》：八歲入小學，保氏教國子，先以六書（詳《古有六書》篇）。及宣王太史籀著大篆十五篇，與古文或異。至孔子書六經，左（氏）〔丘明〕述《春秋傳》，皆以古文，厥意可得而說。其後諸侯力政，不統於王，惡禮樂之害己，而皆去其典籍。分為（六）〔七〕國，田疇異晦，車途異軌，律令異法，衣冠異制，言語異聲，文字異形。秦始皇帝初兼天下，丞相李斯乃奏同之，罷其不與秦文合者。斯作《倉頡篇》，中（軍）〔車〕府令趙高作《爰歷篇》，太史〔令〕胡母敬作《博學篇》，皆取史籀、大篆，或頗省改，所謂小篆者也。是時秦燒滅經書，滌除舊典，大發吏卒，興戍役，官獄職務繁，初有隸書，以趣約易，而古文由是絕矣。自爾書有八體：一曰大篆，二曰小篆，三曰刻符，四曰蟲書，五曰摹印，六曰署書，七曰殳書，八曰隸書。漢興，有章草。尉律：學童十七以上，始試諷籀書九千字，乃得為（史）〔吏〕，又以八體試之，郡移太守並課，最者以為尚書史。書或不正，輒舉劾之。今雖有尉律，不課。小學不修，莫達其說久矣。孝宣皇帝時召通《倉頡》讀者，張敞從受之。涼州刺史杜業、沛人爰禮、講學大夫秦近，亦能言之。孝平皇帝時徵禮等百餘人，令說文字未央（殿）〔廷〕中，以禮為小學元士。黃門侍郎揚雄，采以作《訓纂篇》。凡《倉頡》以下十四篇，凡五千三百四十字，群經所載，略存之矣。及亡新居攝，使大司空甄豐等校文書之部，頗改定古文，時有六書：一曰古文，孔子壁中書也；二曰奇字，即古文而異者也；三曰篆書，即小篆，秦始皇帝使下杜人程邈所作也；四曰左書，即秦隸；五曰繆篆，所以摹印也；六曰鳥蟲書，所以書幡信也。壁中書者，魯恭王壞孔子宅，而得《禮記》、《尚書》、《春秋》、《論語》、《孝經》，又北平侯張蒼獻《春秋左氏傳》，郡國亦往往得鼎彝，其銘即前代之古文，皆自相似。雖叵可復見遠流，其詳可得略說也。而世人大共非訾，以為好奇者也，故詭更正文，向壁虛造不可知之書，變亂常行，以耀於世。諸生競逐說字，解經義，稱秦之隸書為倉頡時書，云父子相傳，何得改易？乃猥曰『馬頭人為長』，『人持十為斗』，『蟲者屈中也』。廷尉說律，至以字斷法，『苛人受錢』，『苛』之字『止句』。若此者甚眾，皆不合孔氏古文，謬於史籀，俗儒鄙夫，玩其所習，蔽所希聞，不見通學，未嘗睹字例之條，怪舊（義）〔藝〕而善野言，以其所知為秘妙，究洞聖人之微旨。又見《倉頡篇》中『幼子承詔』，因曰『古帝之所作也，其辭有神仙之術焉』，其迷誤不諭，豈不悖哉！《書》曰：『予欲觀古人之象。』言必遵

舊文而不穿鑿。今敘篆文,合以古籀,博採通人,至於小大,信而有徵云云。」此《說文解字》之所以存古篆於漢代也。

　　然如許君所云,字體雜出,在漢已然,而群經文字尚存古篆,即傳今文者,亦惟隸書而已。書籍之變用楷書,則肇始於唐,而宋、元以下皆因之,古文乃不可得。今講小學,則當以許氏《說文》為宗主,而旁搜鍾鼎之遺。近之治《說文》者,則以段氏玉裁、桂氏馥之書為善本,而兼求朱氏、阮氏、王氏金石之學,深研古義,不為俗書所惑,字學(說)〔既〕明,而後古經可得而讀矣。

【許慎《說文解字敘》】

　　敘曰:古者庖犧氏之王天下也,仰則觀象於天,俯則觀法於地,視鳥獸之文與地之宜,近取諸身,遠取諸物,於是始作《易》八卦,以垂憲象。及神農氏,結繩為治,而統其事,庶業其繁,飾偽萌生。黃帝之史倉頡,見鳥獸蹄迒之跡,知分理之可相別異也,初造書契。百工以乂,萬品以察,蓋取諸夬,「夬揚於王庭」。言文者,宣教明化於王者朝廷,君子所以施祿及下,居德則忌也。倉頡之初作書,蓋依類象形,故謂之「文」。其後形聲相益,即謂之「字」。「文」者,物象之本;「字」者,言孳乳而寖多也。著於竹帛謂之「書」。「書」者,如也。以迄五帝三王之世,改易殊體,封於泰山者七十有二代,靡有同焉。《周禮》:八歲入小學,保氏教國子,先以六書:一曰指事,指事者,視而可識,察而可見,「上」、「下」是也。二曰象形,象形者,畫成其物,隨體詰詘,「日」、「月」是也。三曰形聲,形聲者,以事為名,取譬相成,「江」、「河」是也。四曰會意,會意者,比類合誼,以見指撝,「武」、「信」是也。五曰轉注,轉注者,建類一首,同意相受,「考」、「老」是也。六曰假借,假借者,本無其字,依聲託事,「令」、「長」是也。及宣王太史籀著大篆十五篇,與古文或異。至孔子書六經,左丘明述《春秋傳》,皆以古文,厥意可得而說。其後諸侯力政,不統於王,惡禮樂之害己,而皆去其典籍。分為七國,田疇異畝,車途異軌,律令異法,衣冠異制,言語異聲,文字異形。秦始皇帝初兼天下,丞相李斯乃奏同之,罷其不與秦文合者。斯作《倉頡篇》,中車府令趙高作《爰歷篇》,太史令胡母敬作《博學篇》。皆取史籀大篆,或頗省改,所謂小篆者也。是時秦燒滅經書,滌除舊典,大發隸卒,興戍役,官獄職務繁,初有隸書,以趣約易,而古文由此絕矣。自爾秦書有八體:一曰大篆,二曰小篆,三曰刻符,四曰蟲書,五曰摹印,六曰署書,七曰殳書,八曰隸書。漢興,有

草書。尉律：學童十七已上始試，諷籀書九千字，乃得為吏。又以八體試之，郡移太史並課，最者以為尚書史。書或不正，輒舉劾之。今雖有尉律，不課，小學不修，莫達其說久矣。孝宣皇帝時，召通《倉頡》讀者，張敞從受之。涼州刺史杜業、沛人爰禮、講學大夫秦近，亦能言之。孝平皇帝時，徵禮等百餘人，令說文字未央廷中，以禮為小學元士。黃門侍郎楊雄，采以作《訓纂篇》，凡《倉頡》以下十四篇，凡五千三百四十字，群書所載，略存之矣。及亡新居攝，使大司空甄豐等校文書之部，自以為應制作，頗改定古文。時有六書：一曰古文，孔子壁中書也；二曰奇字，即古文而異者也；三曰篆書，即小篆，秦始皇帝使下杜人程邈所作也；四曰佐書，即秦隸書；五曰繆篆，所以摹印也；六曰鳥蟲書，所以書幡信也。壁中書者，魯恭王壞孔子宅，而得《禮記》、《尚書》、《春秋》、《論語》、《孝經》。又北平侯張倉獻《春秋左氏傳》，郡國亦往往於山川得鼎彝，其銘即前代之古文，皆自相似。雖叵復見遠流，其詳可得略說也。而世人大共非訾，以為好奇者也，故詭更正文，鄉壁虛造不可知之書，變亂常行，以耀於世。諸生競說字解經誼，稱秦之隸書為倉頡時書云，父子相傳，何得改易！乃猥曰「馬頭人為『長』」，「人持十為『斗』」，「蟲者，屈中也」。廷尉說律，至以字斷法，「苛人受錢」，「苛」之字，「止句」也。若此者甚眾，皆不合孔氏古文，謬於史籀。俗儒鄙夫，玩其所習，蔽所希聞，不見通學，未嘗睹字例之條，怪舊藝而善野言，以其所知為秘妙，究洞聖人之微旨；又見《倉頡篇》中「幼子承詔」，因曰「古帝之所作也，其辭有神仙之術焉」，其迷誤不諭，豈不悖哉！《書》曰：「予欲觀古人之象。」言必遵修舊文而不穿鑿。孔子曰：「吾猶及史之闕文，今亡也夫！」蓋非其不知而不問，人用己私，是非無正，巧說衺辭，使天下學者疑。蓋文字者，經藝之本，王政之始，前人所以垂後，後人所以識古，故曰：「本立而道生，知天下之至嘖而不可亂也。」今敘篆文，合以古籀，博採通人，至於小大，信而有證。稽撰其說，將以理群類，解謬誤，曉學者，達神旨，分別部居，不相雜廁，萬物咸睹，靡不兼載，厥誼不昭，爰明以諭。其稱《易》，孟氏；《書》，孔氏；《詩》，毛氏；《禮》、《周官》；《春秋》，左氏；《論語》、《孝經》，皆古文也。於其所不知，蓋闕如也。

【本篇結論】

《字學源流》篇先以幾句釋題：「文字之源，肇於上古。五帝三王，代有更別。至秦為一大變，漢則各體競出，魏、晉而下，俗書紛行矣。許氏《說文

自敘》云。」然後將《說文解字敘》節錄於下，最後又綴以結語：「此《說文解字》之所以穿古篆於漢代也。然如許君所云，字體雜出，在漢已然，而群經文字尚存古篆，即傳今文者，亦惟隸書而已。書籍之變用楷書，則肇始於唐，而宋、元以下皆因之，古文乃不可得。今講小學，則當以許氏《說文》為宗主，而旁搜鍾鼎之遺。近之治《說文》者，則以段氏玉裁、桂氏馥之書為善本，而兼求朱氏、阮氏、王氏金石之學，深研古義，不為俗書所惑，字學（說）〔既〕明，而後古經可得而讀矣。」其中「近之治《說文》者，則以段氏玉裁、桂氏馥之書為善本」，與王筠《說文釋例·自序》觀點相近：「今天下之治《說文》者多矣，莫不窮思畢精，以求為不可加矣，就吾所見論之，桂氏未谷《說文義證》、段氏茂堂《說文解字注》其最盛也。」張之洞《桂氏說文義證敘》又云：「治經貴通大義，然求通義理必自音訓始，欲通音訓必自《說文》始。國朝經師類皆覃精小學，其校釋辯證《說文》之書最顯者十餘家，而以段注本為甲。習聞諸老師言，段書外，惟曲阜桂氏《義證》為可與抗顏行者。」

《音韻源流》抄自《日知錄》、《六書音韻表序》

【原文】

文之有韻，自六經始。虞廷賡歌，韻之最古。《毛詩》用韻，《周易》彖、小象、雜卦皆韻。《離騷》、《太玄經》、《易林》無不韻。其不韻者，散體之文耳。然其時用韻，本諸天籟，依其聲而協之，初無韻書之準也。

【顧炎武《日知錄》「易韻」條】

《易》之有韻，自文王始也。凡卦辭之繁者時用韻。《蒙》之瀆、告，《解》之復、夙，《震》之虩、啞，《艮》之身、人是也。至周公則辭愈繁而愈多用韻，疑古卜辭當用韻……故孔子作彖象傳用韻，蓋本經有韻，而傳亦韻，此見聖人述而不作，以古為師而不苟也。

【原文】

韻書始萌芽於魏、晉李登之《聲類》、梁沈約之《韻譜》。積三百餘年，隋陸法言等撰《切韻》。唐郭知玄又附益陸書而為《切音》，孫愐以《切音》為謬，增加刊正，別為《唐韻》。其時沈約諸韻書亦無存者，宋陳彭年、邱雍之《廣韻》計二萬三千五百二十五字，丁度、宋祁之《集韻》計五萬三千五百二十五字，大概本陸、孫二家而刊益之，而《廣韻》最為近古，世儒多稱為《唐

韻》。《集韻》頗訾陳彭年、邱雍，引用舊文，繁簡失當。景祐以還，列學宮而通行者，則《禮部韻略》，止收九千五百九十字。他如王宗道之《指元》，特詳切音，吳棫之《韻補》，多收古書，是殆即韻中而通其意者耳。紹興間，毛晃之《增韻》行，而向之《廣韻》漸廢。淳祐中，平水劉淵始並為一百七部，又增四百三十六字，名《壬子新刻禮部韻略》，是韻之失，不在二百六部之分，而在一百七部之合。元陰時夫又並上聲之「極」於「迥」，存一百六部，較禮韻、毛、劉韻刊落三千一百餘字，有字極古而刊者，有訛字、俗字而闌入者，訛誤不一，而當時或目為《沈韻》，或目為《平水韻》，誤矣。黃公紹之《韻會》，分併依劉，而箋注較博，增字至一萬三千五百二十二字，泥七音、三十六字母之說，顛倒雜糅。議者謂唐、宋韻部分亡於劉，音紐亂於黃，信哉！明初樂鳳韶、宋濂等撰《洪武正韻》，刪並分部，省為七十六韻，而並「冬」於「東」，並「江」於「陽」，後以其未當合。劉三吾校勘黃公紹《韻會》，書竟不行。詞人相承，惟用平水劉韻。隆、慶間，潘恩之又有《詩韻輯略》，又分二百有八部。總之，自梁而下，韻書益密，而於經愈病。唐、宋諸韻惟《廣韻》猶不甚壞，其餘徒供詞人之用而已。至本朝諸儒起，而古韻乃漸講明。顧炎武謂古音止有十部：一東、冬、鍾、江，二脂、之、微、齊、佳、皆、灰、咍，三魚、虞、模、侯，四真、臻、文、諄、殷、元、魂、痕、寒、桓、刪、山、先、仙，五蕭、宵、肴、豪、幽，六歌戈，七陽、唐，八耕、清、青，九蒸、登，十侵、覃、談、鹽、添、咸、銜、嚴、凡。江慎修於「真」以下十四韻、「侵」以下九韻各析為二，蕭、宵、肴、豪及尤、侯、幽亦為二，故列十三部。而段氏玉裁謂《詩》三百篇之韻確有十七部，於顧氏十部、江氏十三部之後又確然分之。於今韻，則依《廣韻》部分；於字書，則宗《說文解字》；於古音，則窮《三百篇》及群經有韻之文；於言古韻之書，則考顧氏《音學五書》、江氏《古韻標準》。以《三百篇》及周秦所用，正漢魏以後轉移之音，而歷代音韻沿革源流以見，而陸氏部分之故，及顧氏、江氏之未協者亦見，此誠千有餘年莫之或省者，一旦而明白通曉者也。

【戴震《六書音韻表序》】

韻書始萌芽於魏、晉李登之《聲類》。積三百餘年，至隋陸法言《切韻》，梗概之法乃具。然皆就其時之語言、音讀，參校異同，定其遠近洪細，往往有意求密，而用意太過，強生區別。至於虞、夏、商、周之文，六書之假借、諧聲，《詩》之比音協句，以成歌樂，茫乎未之考也。唐初因法言撰本為選舉士

人作律詩之用……宋吳棫作《韻補》，於韻目下始有「古通某」、「古轉聲通某」之云。其分合最為疏舛。鄭庠作《古音辨》，僅分陽、支、先、虞、尤、覃六部。近崑山顧炎武更析東、陽、耕、蒸而四，析魚、歌而二，故列十部。吾郡老儒江慎修永於「真」已下十四韻、「侵」以下九韻，各析為二；蕭、宵、肴、豪及尤、侯、幽亦為二；故列十三部。古音之學以漸加詳如是。前九年，段君膺若語余曰：「支、佳一部也，脂、微、齊、皆、灰一部也，之、咍一部也。漢人猶未嘗淆借通用。晉宋而後，乃少有出入。迄乎唐之功令，支注：『脂、之同用。』佳注：『皆同用。』灰注：『咍同用。』於是古之截然為三者，罕有知之。」余聞而偉其所學之精，好古有灼見卓識……實千有餘年莫之或省者，一旦理解，按諸《三百篇》劃然，豈非稽古大快事歟？

【《音韻述微御製序》】

考古來韻書，沈約四聲，其書不傳，今惟宋陳彭年《廣韻》，則就隋陸法言《切韻》、孫愐《唐韻》本重加修訂，收字凡二萬六千一百九十四字，又宋丁度《集韻》至五萬三千五百二十五字，其實行用者不出尋常經見之文，則雖多亦奚以為也。至諸家分韻皆二百六部，然其中有通用，有獨用。通用者，名雖分而實合，是以元陰時夫撰《韻府群玉》於獨用者仍之，通用者並之，即今《佩文韻府》所因也。及明樂韶鳳等奉敕撰《洪武正韻》，則減為七十六部，所收一萬二千一百四十六字，分韻一改古人之舊，誠未若今韻之繁簡適用，損益得中也。又從來韻書主音，字書主義，二者不能兼賅，而審音與分韻又歧而為兩。夫輕重清濁，音也；平上去入，韻也。韻顯而易明，音微而難察。詩賦家所用惟韻，而不必審音。至詩餘詞曲則兼辯音，而於平上去韻轉得通用，此唐、宋及今音韻之大略也。

【原文】

故言古韻者，當以段氏為最精。而為韻學者，當以《三百篇》及群經有韻之文，較其異同，以證諸家之誤，而不可以齊、梁以下之韻書繩三代以前之方音也。

【本篇結論】

《音韻源流》篇主要抄自戴震的《六書音韻表序》，而輔之以《日知錄》、《音韻述微御製序》等文。

《古有六書》抄自《說文釋例》

【原文】

《周官》:「保氏教國子,先以六書。」鄭注六書:「象形、會意、轉注、處事、假借、諧聲。」

《漢書·藝文志》云:「象形、象事、象意、象聲、轉注、假借。」許氏《說文解字敘》云:「一曰指事、二曰象形、三曰形聲、四曰會意、五曰轉注、六曰假借。」其次第各有不同。鄭樵《通志》云:「六書也者,象形為本;形不可象,則屬諸事;事不可指,則屬諸意;意不可會,則屬諸聲,聲則無不諧矣。五不足而後假借生焉。」許君首指事,即以其書之例,首列「一部」之故。至解六書之義,諸家皆與許同,云:

> 指事者,視而可見,察而見意,「上」、「下」是也;
>
> 象形者,畫成其物,隨體詰詘,「日」、「月」是也;
>
> 形聲者,以字為名,取譬相成,「江」、「河」是也;
>
> 會意者,比類和義,以見指撝,「武」、「信」是也;
>
> 轉注者,建類一首,同意相授,「考」、「老」是也;
>
> 假借者,本無其字,依聲託事,「令」、「長」是也。

然考《通志》曰:「獨體為文,合體為字。」觀乎天文,觀乎人文,而文生焉。天文者,自然而成,有形可象者也;人文者,人之所為,有事可指者也。故「文」統「象形」、「指事」二體。「字」者孳乳而寖多也,合數字以成一字者皆是,則「會意」、「形聲」二體也。四者為經,造字之本也;「轉注」、「假借」為緯,用字之法也。或疑既分經緯,即不得名曰六書;不知六書之為名,後賢所定,非皇頡先定此例而後造字也。猶之左氏釋《春秋》例,皆以意逆志,比類而得其情,非孔子作《春秋》先有此例。

而六書次第,自唐以來,易其先後者凡數十家,要以班書為是。象形、指事皆獨體也,而有物然後有事,故宜以象形居首。會意、形聲皆合體也,而會意兩體皆義,形聲則聲中大半無義,且俗書多形聲,其會意者千百之一二耳,即此足知其先後矣。轉注、假借在四事之中,而先後亦不可淆也。轉注合數字為一義,假借分一字為數義,故以六書分為三耦論之。象形實,指事虛,物有形事無形也。會意實,形聲虛,合二字三字以為意,而其義已備,形聲則不能賅備,如煉、練一字,所煉者金,練之者火,鏝、槾一字,其器兼用金木,而皆分為兩體,此尤不能賅備之明驗也。轉注實,假借虛,「考」自成為

「考」、「老」自成為「老」，其訓互通，而各有專義，即如柄、榱、挹、抒，同為一物一事，而名從主人，各有所謂而不可改也。若夫「令」為號令而借為「令」，善長為久長而借為君長，須於上下文法求之，不能據字而直說之，故為虛也。凡變亂班書之次者，皆不察其虛實者也。

且一字之蘊，「形」、「聲」、「義」盡之，即六書之名，亦可以「形」、「聲」、「義」統之，如「天」字，一、大，其形也；「顛」，其義也；「他前切」，其聲也。兼明之，而一字之蘊盡矣。象形，形也；指事、會意，義也；形聲、轉注、假借，皆聲也。

夫轉注、假借，在形、事、意、聲四者之中，而可專屬之聲者，假借固無不以聲借也。有去形存聲者，《石鼓文》「其魚佳可」即「維何」也，是謂省借；有字外加形者，《檀弓》：「子蓋言之志於公乎？然則蓋行乎？」鄭注：「蓋當作盍。」《商頌》：「百祿是何。」儋何其本義也。《左·隱三年》引作「荷」是也。是謂增借；有省之增之其聲無不同者，故亦借及偏旁不同而聲同之字，如《禮》云「射之為言繹也」，知「射」古音「繹」。繹、斁同從「睪」聲。《振鷺》：「在此無斁。」《中庸》引之作「射」也。

至於轉注，則同一物也，而命之者不同，則字不同；同一事也，而謂之者不同，則字不同；古人用字，貴時不貴古，取其地之方言而制以為字，取足達其意而已。而聖人所生之地不同也。唐虞三代，遞處於山西、陝西之境，孔子又生於山東，各用其地之方言，不得少轉注一門矣。故同一「持」也，而縣持曰「挈」，脅持曰「拑」，閱持曰「操」，握持曰「摯」，則不同也。此然猶有「縣」、「脅」、「閱」、「握」之分也。乃「揃」、「搣」、「批」、「抑」皆「挼」也，「姣」、「媛」皆「美」也，「娛」、「媅」皆「樂」也，義無異而名不同也。以至《爾雅·釋詁》一名而累數十字未已，是又兼假借而為轉注者矣。蓋意有輕重，則語之所施亦有輕重。是以有假借者一字而數義，何為其數義也？口中之同聲也；轉注者數字而一義，何為其數字也？口中之聲不同也。故其始也，呼為天地，即為天地字，以寄其聲；呼為人物，即造人物字，以寄其聲，是聲者造字之本也，及其後也，有是聲即以聲配形而為字，形聲一門之所以廣也。綜四方之異，極古今之變，則轉注之所以分著其聲也。無其字而取同聲之字以表之，即有其字而亦取同聲之字以通之，則假借之所以薈萃其聲也。是聲者用字之極也。此六書之旨之大略也。明乎六書之旨，又何以有難解之字哉？

【王筠《說文釋例》卷一《六書總說》】

《漢書‧藝文志》曰：「六書，謂象形、象事、象意、象聲、轉注、假借。」造字之本也。顏注曰：象形謂畫成其物，隨體詰曲，日月是也。象事即指事也，謂視而可識，察而見意，上下是也。象意即會意，謂比類合誼，以見指撝，武信是也。象聲即形聲，謂以事為名，取譬相成，江河是也。轉注謂建類一首，同意相受，考老是也。假借謂本無其字，依聲託字，令長是也。文字之義，總歸六書，故曰立字之本也。

筠按：六書次第，似班書首象形為是。《通志》曰：「六書也者，象形為本（案會意形聲，誠為繼起，若象形指事，各立門戶，相對相對，不可分本末，特以虛實論之。形先事後耳，似不可言為本）；形不可象（似當云「無形可象」），則屬諸事；事不可指（物亦有會意字，林、麤之類是也，似不可單承指事），則屬諸意；意不可會，則屬諸聲，聲則無不諧矣。五不足而後假借生焉（不及轉注者，上文云，諧聲別出為轉注，業誤以轉注併入形聲中，故不及）。許君首指事，似不可解。楊錫觀曰：「文字之作，因事而起。」其說似未確。余弟范曰：「《說文》開卷，即列一、上兩部，故先之也。」余笑曰：「一畫開天，無所不統矣。」然是說仍未確，姑存之。

造字之本，此句未允，說見後。

顏注承用《說文》，惟察而見意，不同今本。案視而可識，指字形言，察而見意，指字義言，今本似無分別，蓋顏籀所據為古本也。印林曰：物與屈，識與意，誼與撝，名與成，首與受，字與事，皆无韻，作見則非韻。

《周官》「保氏」鄭注：「六書，象形、會意、轉注（此字似誤，漢時恐未有此字，然足證自古相傳，皆以注為訓釋也）、處事、假借、諧聲也。」賈疏云：「六書象形之等，皆依許氏《說文》，云象形者，日月之類是也，象日月形體而為之。云會意者，武信之類是也，人言為信，止戈為武，會合人意（以合訓會是也，然謂合人意則非）故云會意也。云轉注者，考老之類是也，建類一首，文意相受，左右相注（《通志》曰：立類為母，從類為子，母主義，子主聲，主義者是以母為主而轉其子，主聲者是以子為主而轉其母，似即此說），故名轉注。云處事者，上下之類是也。人在一上為上，人在一下為下（不特與說文背，果如所言，是會意也），各有其處（處事者，處置此事，讀為去聲非），事得其宜，故名處事也。云假借者，令長之類是也，一字兩用，故名假借也。云諧聲者，即形聲，一也（以造字之本言之，則云諧聲自可，蓋先有江河之

名,而後有江河之字,其所以成字者,在工可之聲,故曰可也。若以用字之法論之,則云形聲乃為賅備,如楄柯亦以工可為聲,而既以木定其形,則楄為步渡,柯為斧柄矣。不得偏重聲也),江河之類是也。皆以水為形,以工可為聲,但書有六體,形聲實多,若江河之類,是左形右聲,鳩鴿之類,是右形左聲,草藻之類,是上形下聲,婆娑之類(印林曰:《說文》有嫛無婆),是上聲下形,圉國之類,是外形內聲,闌闈衡衛之類,是外聲內形(闌闈仍是外形內聲,衡從角大會意,非形也,衛則純乎會意,當易以聞問閹閩等字,而從行聲者,無在外之字可易,惟衛從衍省聲耳)此形聲之等有六也。

鄭注次第即不可曉(《五經文字序》曰:《周禮》保氏掌養國子以道,教之六書,謂象形、指事、會意、形聲、轉注、假借六者,造字之本也。案:張氏既引保氏,則所列名目當出鄭注,而次序不同今本,或張氏所據鄭注為未經例亂之本,賈氏別據倒亂之本乎?然二人時代不隔,疑莫能明也)。賈疏尤謬,特以其為古說,列諸卷首,而以鄙見附書於左。

筠案:此書名以「說文解字」者,說其文解其字也。《通志》曰:獨體為文,合體為字,是也。觀乎天文,觀乎人文,而文生焉。天文者,自然而成,有形可象者也。人文者,人之所為,有事可指者也。故「文」統「象形」、「指事」二體。「字」者孳乳而寖多也,合數字以成一字者皆是,則「會意」、「形聲」二體也。四者為經,造字之本也;「轉注」、「假借」為緯,用字之法也。或疑既分經緯,即不得名曰六書。不知六書之為名,後賢所定,非皇頡先定此例而後造字也。猶之左氏釋《春秋》例,皆以意逆志,比類而得其情。非孔子作《春秋》,先有此例也(《詩》有六義,亦以風雅頌為經,賦比興為緯)。

《說文敘》解釋六書,乃全部之條例也。然考之說解,言象形矣,云從某從某,即是言會意矣;云從某、某聲,即是言形聲矣;而指事惟於「上」、「下」二字言之,仍不出《敘》所言之外,且「下」字說解,小徐作「從反上為下」,大徐始作指事耳。餘惟#字,大徐曰指事。舀、巴二字,大徐引小徐曰指事。然#以會意定指事,非指事純例。舀以會意定象形,巴則純乎象形,蓋二徐皆不知指事也,故《繫傳》多誤以會意為指事,大徐不引,則勝小徐之一端也。若夫轉注、假借,則全書未嘗言及,遂有謂許君明於象形諧聲,昧於其餘者。噫!是未潛心之故,豈可以訾許君哉!凡其或言或不言者,皆屬詞之體當然,而非有明昧於其間也。《說文》每出一字,必先說其義,後說其形,此定例也。如屮下云:「艸木初生也。」此字義也。「象丨出形,有枝莖也。」

此字形也。苟不出象形二字,將何以為詞哉?至於轉注、假借,為形事意聲四者之緯。故「老」下云:「考也。」「考」下云:「老也。」(老從人毛匕,則會意也。考從老省丂聲,則形聲也。以此推之,凡轉注字皆然。故知轉注假借,即在形事意聲四者之中,乃用字之例,非造字之本)仍以敘文所出之兩字見其例,則欠部「歊,歉也」,「歉,歊也」,言部「諷,誦也」,「誦,諷也」,同在一部,是謂建類一首,其訓互通,是謂同意相受,至明白矣。設於歊下云「與歉轉注」,諷下云「與誦轉注」,人將不訾其不知轉注,轉訾其不成詞矣。然考老同部同義,而且疊韻,此例之至狹者也。從而廣之,則交部「#(從交,韋聲),袤也」,衣部「袤,#也」,雖非建類一首,猶是同意相受也。更推廣之《爾雅·釋詁》,則尤浩博無涯涘矣。獨是《敘》於假借舉令、長為例,而本字不並其假借之義不見,較之考老似尤疏闊者,則以全書說解半皆假借也。即以開首一句言之,惟,凡思也,太滑也,是惟初泰始一句,即有二字假借,苟依本訓而曰思初滑始,尚可通乎?然則假借者,觸目即是,啟口皆然,其不待強聒,又彰彰矣。惟六書之中,指事最少,而又最難辨,以許君所舉上下二字推之,知其例為至嚴,所謂視而可識,則近於象形,察而見意,則近於會意,然物有形也,而事無形,會兩字之義,以為一字之義而後可會,而上丅之兩體,固非古本切之丨,於悉切之一也。一有訓為天者,然以解下之一可也。若以解上之一,則物有在天之上者乎?且奚必在天之下,即吾之局腳幾,在書案之下,獨不為下乎?則此書案即下之一也。是以天解下之一而亦不可也。一有訓為地者,然以解上之一可也。若以解下之一,則物有在地之下者乎?且奚必在地之上,即吾之此冊,在書案之上,獨不為上乎?則此書案即上之一也。是以地解上之一而亦不可也。惟有二丄上=丅,以兩畫成為一字,上下本非物也。然視之而已識上下之形,兩畫既皆非字,則幾無以為義,然察之而已見上下之意。總之,以大物覆小物,以大物載小物,於是以長一況大物,以短一或丨況小物,了然於心目間,而無形之事,竟成為有形之字矣,然而短一縱橫惟意,長一可橫不可縱者,何也?此小大之辨也。博者必厚,其縱數不待表而著,小物則或博而卑,或狹而高,要為大物之所能覆載而已。試觀天之下,地之上,山嶽則巍然峙也,是丄丅之形也,邱陵則逶迤相屬也,是二=之形也,明乎此,而指事不得混於象形,更不得混於會意矣。余於其他,偶舉為例,惟指事必盡出之。段茂堂、嚴鐵橋皆知指事,而不盡言,蓋將待我開山也,故逐字區其族類,以告來世。

六書次第，自唐以來，易其先後者，凡數十家，要以班書為是。象形、指事，皆獨體也，而有物然後有事，故宜以象形居首。會意、形聲，皆合體也，而會意兩體皆義，形聲則聲中太半無義，且俗書多形聲，其會意者，千百之一二耳，即此足知其先後矣。轉注、假借在四事之中，而先後亦不可淆也。轉注合數字為一義，假借分一字為數義，故以六書分為三耦論之。象形實，指事虛，物有形，事無形也。會意實，形聲虛，合二字三字以為意，而其義已備，形聲則不能賅備，如煉、練一字，所煉者金，練之者火，鎠、樏一字，其器兼用金木，而皆分為兩體，此尤不能賅備之明驗也。轉注實，假借虛，「考」自成為「考」，「老」自成為「老」，其訓互通，而各有專義也，即如栲、梄、㧖、抒，同為一物一事，而名從主人，各有所謂而不可改也。若夫「令」為號令，而借為「令善」，長為久長，而借為君長，須於上下文法求之，不能據字而直說之，故為虛也。凡變亂班書之次者，皆不察其虛實者也。

班《志》列象聲於象意之後，勝於許君列形聲於會意之前，何也？形聲一門，兼象形指事會意以為聲，於省聲尤可見矣。肘從肉寸會意，故紂酎等字，從肘省得聲，苟不先有會意之肘，將何以為聲乎（此舉大體而言，古文亦有形聲字，如言字是也，篆文亦有指事象形字，如古名#，後名燕是也）。

一字之蘊，形聲義盡之，即六書之名，亦可以形聲義統之，如「天」字，一、大，其形也；「顛」，其義也；「他前切」，其聲也。兼明之，而一字之蘊盡矣。象形，形也；指事、會意，義也；形聲、轉注、假借，皆聲也。

夫轉注、假借，在形、事、意、聲四者之中，而可專屬之聲者，假借固無不以聲借也。有去形存聲者，《石鼓文》「其魚佳可」，即「維何」也，是謂省借；有字外加形者，《檀弓》「子蓋言子之志於公乎？然則蓋行乎？」鄭注：「蓋當作盍。」《商頌》「百祿是何。」儋何其本義也。《左‧隱三年》引作「荷」，是也。是謂增借；有省之增之，其聲無不同者，故亦借及偏旁不同而聲同之字，如《禮》云「射之為言繹也」，知「射」古音「繹」。繹、斁同從「睪」聲。《振鷺》：「在此無斁。」《中庸》引之作「射」也（凡云古字通用者，乃注疏家體例固然，實係以聲借用，非其字本通也。首手尺赤皆通，則亦無不可通，此類以不效古人為是）。至於轉注，則同一物也，而命之者不同，則字不同；同一事也，而謂之者不同，則字不同；古人用字，貴時不貴古（《尚書》用「茲」，《論語》用「斯」，《孟子》用「此」，時不同也。聿筆弗不律，地不同也，皆取其入耳，即通也。推之周人言山必南山，衛人言水必淇水，豈以遠稱博引

為豪哉？今人好用古字，乃不足之證，非有餘之證，文之雅俗，在乎意義，不在字體也），取其地之方言而制以為字，取足達其意而已，而聖人所生之地不同也。唐虞三代，遞處於山西、陝西之境，孔子又生於山東，各用其地之方言，不得少轉注一門矣。故同一「持」也，而縣持曰「挈」，脅持曰「拑」，閱持曰「揲」，握持曰「摯」，則不同也。此然猶有「縣」、「脅」、「閱」、「握」之分也。乃「揗」、「摴」、「批」、「抑」皆「捽」也，「效」、「媛」皆「美」也，「娛」、「媅」皆「樂」也，義無異而名不同也。以至《爾雅·釋詁》，一名而累數十字未已，是又兼假借而為轉注者矣。蓋意有輕重，則語之所施亦有輕重。是以有假借者，一字而數義，何為其數義也？口中之同聲也；轉注者，數字而一義，何為其數字也？口中之聲不同也。故其始也，呼為天地，即造天地字以寄其聲；呼為人物，即造人物字以寄其聲。是聲者，造字之本也。及其後也，有是聲，即以聲配形而為字，形聲一門之所以廣也。綜四方之異，極古今之變，則轉注之所以分著其聲也。無其字而取同聲之字以表之，即有其字而亦取同聲之字以通之，則假借之所以薈萃其聲也。是聲者，用字之極也，聲之時用大矣哉！

【本篇結論】

《古有六書》篇抄自王筠《說文釋例》卷一《六書總說》。《六書總說》大致包括兩大觀點，一為「六書三耦說」，一為「四體二用說」，但均非王筠首創。

宋代徐鍇首次在《說文繫傳》中提出了「六書三耦說」：

上，高也。此古文上，指事也。凡上之屬皆從上。臣鍇曰：本乎天者，親上，故曰指事。班固謂之象事。嘗試論之曰：凡六書之義，起於象形，則日月之屬是也。形聲者，以形配聲，班固謂之象聲；鄭玄注《周禮》謂之諧聲。象則形也，諧聲言以形諧和其聲，其實一也。江、河是也。水其象也，工、可其聲也，若空字、雞字等，形或在下，或在上，或在左右，亦或有微旨，亦多從配合之宜，非盡有義也，而今之末學為象文者，妄相移易，偏旁乖亂，以為奇詭，若言字，辛在口上，則為言，辛在口右，則五萬反，其類甚多，非此以察，則妄為奇詭者。浮俗剽薄，紀於言議焉。六文之中，象形者，蒼頡本所起觀察天地萬物之形謂之文，故文少，後相配合，孳益為字，則形聲、會意者是也，故形聲最多。「轉注」者，建類一

首，同意相受，謂「老」之別名有「耆」，有「耋」，有「壽」，有「耄」，又「孝子養老」是也。「一首」者，謂此「孝」等諸字，皆取類於「老」，則皆從「老」。若「松」、「柏」等皆木之別名，皆同受意於「木」，故皆從「木」。後皆象此。轉注之言，若水之出源，分岐別派，為江、為漢，各受其名，而本同主於一水也；又若醫家之言病疰，故有鬼疰，言鬼氣轉相染著注也。而今之俗說謂丂左回為考，右回為老，此乃委巷之言。且又考、老之字皆不從丂，丂音考，老從匕，音化也。假借者，古省文從可知。故令者，使也，可借為使令。長者，長上也，可借為長幼。諸如此類，皆以旁字察之則可知。至春秋之後，書多口授，傳受之者未必皆得其人，至著於簡牘，則假借文字不能皆得其義相近者，故經傳之字多者乖異疏略，《詩》借「害」為「曷」之類是也。後人妄有作文字附益之，故今假借為少……凡指事、象形義一也，物之實形有可象者則為象形，山川之類皆是物也。指事者，謂物事之虛無不可圖畫，謂之指事。形則有形可象，事則有事可指，故上下之義無形可象，故以上丅指事之，有事可指也。故曰，象形、指事大同而小異。會意亦虛也，無形可象，故會合其意，以序言之。止戈則為武，止戈，戢兵也，人言必信。故曰「比類合義，以見指撝」。形聲者，實也，形體不相遠，不可以別，故以聲配之為分異。若江河，同水也，松柏，同木也，江之與河，但有所在之別，其形狀所異者幾何？松之於柏，相去何若？故江河同從水，松柏皆作木，有此形也，然後諧其聲以別之，故散言之則曰形聲，江河可以同謂之水，水不可同謂之江河，松柏可以同謂之木，木不可同謂之松柏，故曰散言之曰形聲，總言之曰轉注。謂耆、耋、耄、壽皆老也，凡五字試依《爾雅》之類言之——「耆、耋、耄、壽，老也。」又老、壽、耋、耄、耆可同謂之老，老亦可同謂之耆，往來皆通，故曰轉注，總而言之也。大凡六書之中，象形、指事相類，象形實而指事虛；形聲、會意相類，形聲實而會意虛；轉注則形事之別，然立字之始類於形聲，而訓釋之義與假借為對。假借則一字數用，如行（莖）、行（杏）、行（杭）、行（沆）；轉注則一義數文，借如老者，直訓老耳，分注則為耆、為耋、為耄、為壽焉。凡六書為三耦也。臣鍇以為，古者訓

六書多矣，自許慎已後，俗儒鄙說皆失其真，至於通識亦然，豈知之而不言，將言之而不悉乎？後生傳習，又懵瞶而不明，臣故反覆論之，而今而後玉石分矣。〔註144〕

「四體二用」說最先由戴震提出〔註145〕，其說詳見《戴東原集》卷三《答江慎修先生論小學書》，文繁不錄。戴震的理論得到清代《說文》大家如段玉裁、桂馥、朱駿聲等人的支持。如段玉裁《說文解字注》卷十五云：「戴先生曰：『指事、象形、形聲、會意，四者字之體也；轉注、假借，二者字之用也。』聖人復起，不易斯言矣。」朱駿聲《傳經室文集》卷三《說文通訓定聲自敘》：「天地間有形而後有聲，有形聲而後有意與事，四者文字之體也。意之所通，而轉注起焉，聲之所比，而假借生焉，二者文字之用也。」乍鶴壽亦云：「（戴震）分指事、象形、形聲、會意為字之體，轉注、假借為字之用，此尤不刊之論也。」（《蛾術編》卷十五迮鶴壽案語）但也有人（如顧千里、余廷燦、黃以周）反對，顧千里《思適齋集》卷十五《書段氏注說文後》稱「此說實為巨謬」，余廷燦《存吾文稿·復余習圍書》稱「東原之說誠未免支離」（《續修四庫全書》第 1456 冊），黃以周《禮書通故》第五十徑稱「四體二用」為「肊說」。值得注意的是，王筠亦是「四體二用」說的信奉者。其《說文釋例·六書總說》採用了戴震的說法，《經解入門》亦照錄其文，容易給人以誤導，筆者前些年就因此誤入歧途，反覆查閱戴氏全書，未免緣木求魚。

總之，《古有六書》決非江藩所作，而是作偽者抄襲王筠《說文釋例·六書總說》而成。具體而言，其作偽的手法為：第一，刪去「筠按」字樣，抹去王筠的痕跡。第二，刪去「段茂堂（即段玉裁）」、「嚴鐵橋（即嚴可均）」等字樣，抹去王筠同時代人的痕跡。第三，刪去「印林（即許瀚）曰」，抹去王筠著作整理者的痕跡。第四，刪去無關緊要的段落。因此，我們可以斷定，《經解入門·古有六書》是王筠《說文釋例·六書總說》的刪節版。

〔註144〕 宋徐鍇《說文繫傳》卷一。按：明徐一夔《明集禮》卷四十七「字學·六書」、《欽定續通志》卷九十二《六書略四》均已經引用其說。今人相關研究可以參考張意霞《說文繫傳研究》（臺北：花木蘭文化出版社）第三章第二節「六書三耦論的內容」及其附錄。

〔註145〕 今人相關論著可以參考黃孝德《漢字研究中「四體二用」說的確立及其應用》（《武漢大學學報》1981 年第 6 期）、江中柱《戴震「四體二用說」研究》（《湖北大學學報》1993 年第 4 期）、黎千駒《古代六書學研究綜述》（《湖北師範學院》2007 年第 5 期）。

《古無四聲》抄自《潛研堂文集》、《音論》

【原文】

四聲之字，倡於齊、梁。齊周彥倫作《四聲切韻》，梁沈約繼之撰《四聲》一卷，而韻譜成矣。古無是也。

錢大昕《潛研堂文集》卷十五《答問十二》云：

問：「四聲始於周彥倫、沈休文，魏、晉以前未有言及之者，豈三代、漢魏有韻之文皆不辨四聲乎？」曰：「古無平上去入之名……自葛洪、徐邈等創立凡例，強生分別，而休文據以定四聲，習俗相沿，牢不可破，而漢魏以前之正音遂無可考矣。」

【原文】

昔倉頡制字，黃帝正名，各指所之，有條不紊。許氏《說文》分別部居，以形定聲，不聞於聲之中更有輕重異讀，而魏、晉以後經師強立兩音，千餘年來，遵守不易，唯魏華父著論非之，謂未有四聲反切之前，安知不皆有平聲？此何可謂先覺者矣。《離騷》「好蔽美而稱惡」，與「固」、「悟」、「古」為韻。「孰云察余之美惡」，與「宇」為韻，是美惡之「惡」亦讀去聲。《左傳》「周鄭交惡」，陸元朗無音，是相惡之「惡」亦讀入聲。《孝經》「愛親者不敢惡於人」、「行滿天下無善惡」，陸元朗並云：「惡，烏路反，舊如字。」蓋「好」、「惡」之有兩讀，始於葛洪《字苑》，漢晉諸儒並無區別。陸氏生於陳、隋之世，習聞此說，而亦不能堅守，且稱為『舊』，則今之分別，非古音之舊審矣。予我之「予」，錫予之「予」，今人分平、上兩音，而《三百篇》、《楚辭》皆讀上聲。當直之「當」，允當之「當」，今人分平、去兩音，而孔子贊《易》皆讀平聲。漢儒言讀若者，正其義不必易其音，鄭康成注《禮記》「仁者人也」，讀若相人偶之人。自古訖今，未聞「人」有別音，可見虛實動靜之分，皆六朝俗師妄生分別，古人固未之有也。顏之推謂江南學士讀《左傳》口相傳述，自為凡例。軍自敗曰敗，打破軍曰敗（補敗反），此為穿鑿，而《廣韻》十七夬部，敗有薄邁、補敗二切，以自破、他破為別，即用江南學士穿鑿之例。蓋自韻學興，而聲音益戾於古，自謂密於審音，而齟齬不安者益多。

【錢大昕《潛研堂文集》卷十五《答問十二》】

昔倉頡制字，黃帝正名，各指所之，有條不紊。許氏《說文》，分別部

居，以形定聲，不聞於聲之中更有輕重異讀。《易》觀卦六爻，「童觀」、「窺觀」、「觀我生」、「觀國之光」、「觀其生」，皆從卦名取義，人之觀我與我之觀於人，義本相因。而魏、晉以後，經師強立兩音，千餘年來遵守不易。唯魏華父著論非之，謂未有四聲反切之前，安知不皆有平聲！此可謂先覺者矣。《離騷》「好蔽美而稱惡」，與「固」、「悟」、「古」為韻。「孰云察余之美惡」，與「宇」為韻，是美惡之「惡」亦讀去聲。《左傳》隱三年「周鄭交惡」，陸德明無音，是相惡之「惡」亦讀入聲。《孝經》「愛親者不敢惡於人」、「行滿天下無善惡」，陸德明並云：「惡，烏路反，舊如字。」……蓋「好」、「惡」之有兩讀，始於葛洪《字苑》，漢魏諸儒本無區別。陸氏生於陳、隋之世，習聞此說，而亦不能堅守，且稱為舊，則今之分別，非古音之舊，審矣。予我之「予」，錫予之「予」，今人分平、上兩音，而《詩》三百篇、《楚辭》皆讀上聲。當直之「當」，允當之「當」，今人分平、去兩音，而孔子贊《易》皆讀平聲。漢儒言讀若者，正其義不必易其音，如鄭康成注《禮記》「仁者人也」，讀如相人偶之人。自古訖今，未聞「人」有別音，可見虛實動靜之分，皆六朝俗師妄生分別，古人固未之有也。顏之推譏江南學士讀《左傳》，口相傳述，自為凡例，軍自敗曰敗，打破軍曰敗（補敗反），此為穿鑿。而《廣韻》十七夬部，「敗」有薄邁、補敗二切，以自破、破它為別，即用江南學士穿鑿之例。蓋自韻書興，而聲音益戾於古，自謂密於審音，而齟齬而不安者益多矣。

【原文】

而顧氏亭林云：「四聲之論，雖起於江左，然古人之詩已自有遲（徐）〔疾〕輕重之分，故平多韻平，仄多韻仄，亦有不盡然者，而上或轉為平，去或轉為平上，入或轉為平上去，則在歌者之抑揚高下，故四聲可以並用。『騏騮是中，騧驪是驂。龍盾之合，鋈以觼軜。言念君子，溫其在邑。方何為期，胡然我念之。』『合』、『軜』、『邑』、『念』四字皆入，而韻『驂』。『一之日觱發，二之日栗烈。無衣無褐。何以卒歲。』『發』、『烈』、『褐』三在一皆去聲而韻『歲』。今之學者必曰，此字符有三音，有兩音，故可通用。不知古人何嘗屑屑於此哉？一字之中自有平上去入，今一一取而注之，字愈多，言愈雜，而學者愈迷不其本，此所謂大道以多歧亡羊也。」又云：「五方之音，有遲疾輕重之不同，《淮南子》云：『輕土多利，重土多遲，清水音小，濁水音大。』陸法言《切韻序》曰：『吳越則時傷輕淺，燕趙則多傷重濁，秦隴則去聲為入，

梁益〔註146〕則平聲似去。」約而言之，即一人之身，而詞氣先後之間，亦不能齊。其重其疾，則為去、為上；其輕其遲，則為平，遲之又遲，則一字而為二字。『茨』為『蒺藜』、『椎』為『終葵』是也。故注家多有疾言、（遲）〔徐〕言之解，而劉勰《文心雕龍》謂『疾呼中宮，徐呼中徵』。夫一字而可以疾呼、徐呼，此一字兩音三音之所由昉也。」

【顧炎武《音論》「古人四聲一貫」條】

四聲之論，雖起於江左，然古人之詩已自有遲疾輕重之分，故平多韻平，仄多韻仄，亦有不盡然者，而上或轉為平，去或轉為平上入，或轉為平上去，則在歌者之抑揚高下而已，故四聲可以並用。騏駵是中，騧驪是驂。龍盾之合，鋈以觼軜。言念君子，溫其在邑。方何為期，胡然我念之。合、軜、邑、念四字皆平，而韻驂。一之日觱發，二之日栗烈。無衣無褐，何以卒歲。發、烈、褐三字皆去，而韻歲。今之學者必曰此字符有三音，有兩音，故可通用，不知古人何嘗屑屑於此哉？一字之中自有平上去入，今一一取而注之，字愈多，音愈雜，而學者愈迷不識其本，此所謂大道以多岐亡羊者也。陳氏之書蓋多此病，至其末卷乃曰：四聲之辨，古人未有。《中原音韻》此類實多。舊說必以平叶平、仄叶仄也，無亦以今而泥古乎？斯言切中肯綮（吳才老《韻補》寔始此說，季立《毛詩古音考》、《邶·谷風》「怒」字下注曰：四聲之說起於後世，古人之詩取其可歌可詠，豈屑屑毫釐，若經生為邪？且上去二音亦輕重之間耳。《綢繆》「隅」字下注曰：或問二平而接以去聲，可乎？《中原音韻》聲多此類，其音節未嘗不和暢也。二條所論至當，但全書之中隔閡四聲，多為注釋，瑣碎殊甚）不知季立既發此論，而何以猶扞格於四聲，一一為之引證，亦所謂勞唇吻而費簡冊者也。方子謙之小補抑又甚焉。今之為書，取前人一字而叶兩三聲者盡並之，使學者之視聽一而不亂，其庶乎守約之旨也。名曰升夫五方之音有遲疾輕重之不同。《淮南子》云：「輕土多利，重土多遲，清水音小，濁水音大。」陸法言《切韻序》曰：「吳楚則時傷輕淺，燕趙則多傷重濁，秦隴則去聲為入，梁益則平聲似去。約而言之，即一人之身而出辭吐氣，先後之間已有不能齊者，其重其疾，則為入，為去，為上，其輕其遲，則為平，遲之又遲，則一字而為二字，茨為蒺藜，椎為終葵是也。故注家

〔註146〕【梁益】指蜀地。蜀漢有梁益等州，因以並稱。晉張載《劍閣銘》：「勒銘山阿，敢告梁益。」《文選·孫楚〈為石仲容與孫皓書〉》：「師不踰時，梁益蕭清。」呂向注：「梁益，二州名。」

多有疾言徐言之解，而劉勰《文心雕龍》謂「疾呼中宮，徐呼中徵」（《韓非子·外儲說》右上篇有此語）。夫一字而可以疾呼、徐呼，此一字兩音三音之所繇昉已。

【本篇結論】

《古無四聲》篇抄自《潛研堂文集》、《音論》中的相關論述，僅於末尾加以案語而已。

《有目錄之學》抄自《書目答問》

【原文】

目錄之學，由來久矣。《禮記·經解》：「溫柔敦厚，《詩》教也；疏通知遠，《書》教也；廣博易良，《樂》教也；絜靜精微，《易》教也；恭儉莊敬，《禮》教也；屬辭比事，《春秋》教也。」此數語已為目錄之先河。而其後國史之作，則有《經籍志》、《藝文志》之屬，載著書者姓氏以及卷帙部數，班史而下，八代皆然。至宋王堯臣等有《崇文總目》，鄭樵有《藝文略》，晁公武則有《郡齋讀書志》，趙希弁則有《讀書志考異》並《附志》，尤袤則有《遂初堂書目》，陳振孫則有《直齋書錄解題》，馬端臨則有《經籍考》，王應麟則有《漢書·藝文志考證》，明楊士奇則有《文淵閣書目》，朱睦㮮則有《授經圖》，皆詳加考訂，不僅留其書之名目。而國朝則有欽定《天祿琳琅書目》及《四庫全書提要》，編校異同，參究得失，為古來諸家書目所未及。至黃虞稷《千頃堂書目》、朱彝尊《經義考》、謝啟昆《小學考》，又燦然大備，精覈靡遺。蓋目錄者，本以定其書之優劣，開後學之先路，使人人知某書當讀，某書不當讀，則為學易而成功且倍矣。吾故嘗語人曰：「目錄之學，讀書入門之學也。」

【《書目答問·譜錄第十二》】

《崇文總目輯釋》五卷，《補遺》一卷。宋王堯臣等。錢東垣等輯。汗筠齋本，粵雅堂重刻本。

宋衢州本《郡齋讀書志》二十卷。汪士鍾校刻本。此本善。

宋袁州本《郡齋讀書志》四卷，《後志》二卷，宋晁公武。《考異》一卷，《附志》一卷。宋趙希弁。海寧陳氏刻本。

《子略》四卷，《目錄》一卷。宋高似孫。《學津》本，《百川》本。

《直齋書錄解題》二十二卷。宋陳振孫。聚珍本，杭本，福本。

　　《四庫全書總目提要》二百卷。乾隆四十七年敕撰。殿版大字本，揚州小字本，廣州小字本。

　　《四庫簡明目錄》二十卷。同上。**翻閱較便，惟《四庫》歸《存目》者，《簡明目錄》無之，亦間有與《提要》不合者）**

　　坊刻通行本，又乾隆四十九年趙懷玉杭州刻本。仁和邵懿辰《四庫簡明目錄標注》二十卷，專記版本，《邵亭知見傳本書目》，多錄自此書，宣統三年邵氏家刻本。

　　《四庫未收書目提要》五卷。阮元。即《擘經室外集》。原刻本。一百七十五種。

　　《千頃堂書目》三十二卷。黃虞稷。孫星衍《孫祠書目》，未刊。

　　《古今偽書考》一卷。姚際恒。知不足齋本）

　　目錄之學，最要者──《漢書・藝文志》，《隋書・經籍志》，《經典釋文敘錄》，《舊唐書・經籍志》，《新唐書》、《宋史》、《明史》《藝文志》。

　　《文獻通考》中《經籍考》，雖非專書，尤為綱領（朱彝尊《經義考》極要，已入經部）。阮孝緒《七錄序目》（在《廣宏明集》內，及《續古文苑》）。

　　《文選注引書目》（《文選理學權輿》卷二）、《太平御覽引用書目》（《卷首》）、《三國志注引書目》（在趙翼《廿二史劄記》內），亦要。其餘若遂初堂、明文淵閣、焦竑《經籍志》、菉竹堂、世善堂、絳雲樓、述古堂、《敏求記》、天一閣、傳是樓、汲古閣、季滄葦、《浙江採進遺書》、文瑞樓、愛日精廬各家書目，或略或誤，或別有取義，乃藏書家所貴，非讀書家所亟，皆非切要（坊行《匯刻書目》，《續書目》，亦可備覽，但未詳覈，亦多蕪雜，活字本尤劣）。

　　以上譜錄類書目之屬（此類各書，為讀一切經史子集之途徑）。

【本篇結論】

　　《有目錄之學》篇抄自《書目答問》。

　　王鳴盛《十七史商榷》卷一云：「目錄之學，學中第一緊要事，必從此問塗，方能得其門而入。然此事非苦學精究，質之良師，未易明也。自宋之晁公武，下迄明之焦弱侯一輩人，皆學識未高，未足剖斷古書之真偽是非，辨其本之佳惡，校其訛謬也。」已然將目錄之學推為「學中第一緊要事」，這種觀點很快成為學界共識，顯然對張之洞產生過影響。但晚清朱一新在《無邪堂答問》卷四中明確反對「以目錄之學為門徑」：「若以近時目錄之學為門徑，

則甚誤。古人治目錄者，若向歆父子輩，蓋與今之所治大異。讀書當求心得，豈可徒事泛濫乎？近時目錄，各有秘本，手抄成帙，不出數月，皆可殫見洽聞，此為藏書計，非為讀書計也。短書碎記，覽其序跋，爛熟胸中，究有何益？至如宋元精槧，窮力搜羅，世間雖不可無此好事者流，要非我輩所亟。」「讀書當求心得」，誠然，但若不泛濫百家，博覽群書，何來心得？朱氏之論未免失之太偏。

《有校勘之學》抄自《經典釋文序錄》、《書目答問》

【原文】

校勘者何？校其異同，勘其謬誤。此例開於七十子，子夏知「三豕」為「己亥」之訛，即校勘之類。而兩漢經師特重此學。成帝時，劉向典校書，考《易》說，以為諸《易》家說皆祖田何，楊叔元、丁將軍大義略同，唯京氏為異。向又以中古文《易經》校施、孟、梁丘三家之《易經》，或脫去「无咎悔亡」，唯費氏經與古文同。張霸《百兩篇》，劉向校之，非是，後遂黜其書。恭王於孔壁得《古文尚書》，孔安國以校伏生所誦，為隸古寫之，增多二十五篇，又伏生誤合五篇，凡五十九篇為四十六卷。

先後鄭氏亦精校勘之學，如《禮》注司農讀「匪頒」之「頒」為「班布」之「班」，康成讀「利」為「上思利民」之「利」，「嬪貢」之「嬪」，鄭云故書作「賓」，「七事」之「七」，鄭云故書為「小」之屬皆是。蓋以讀書而不知校勘，則書之真偽、義之同異、文之脫誤均無由見，故先儒必以校勘為要。

【陸德明《經典釋文序錄·注解傳述人》】

漢成帝時，劉向典校書，考《易》說，以為諸《易》家說，皆祖田何，楊叔元、丁將軍大義略同，唯京氏為異。向又以中古文《易經》校施、孟、梁丘三家之《易經》，或脫去「无咎悔亡」，唯費氏經與古文同。

《漢書·儒林傳》云：百兩篇者出東萊張霸，分析合二十九篇以為數十，又采《左傳》、《書序》為作首尾，凡百二篇，篇或數簡，文意淺陋。成帝時，劉向校之，非是，後遂黜其書。《古文尚書》者，孔壁之所藏也，魯恭王壞孔子舊宅，於壁中得之，並《禮》、《論語》、《孝經》皆科斗文字，博士孔安國以校伏生所誦，為隸古寫之，增多伏生二十五篇，又伏生誤合五篇，凡五十九篇，為四十六卷。

【原文】

而國朝以校勘名家者：惠氏棟、何氏焯、盧氏見曾、全氏祖望、盧氏文弨、錢氏大昕、李氏文藻、戴氏震、王氏念孫、張氏敦仁、丁氏傑、孫氏星衍、阮氏元、顧氏廣圻、趙氏懷玉、鮑氏廷博、袁氏廷檮、吳氏騫諸儒。其最精者則稱戴、盧、丁、顧四人。所校勘各書，俱屬善本，是正文字，皆有依據，讀其書，可以知其功之所存。學者明乎此，則讀書自不敢不細心矣。

【張之洞《書目答問·校勘之學家》】

諸家校刻〔書〕，並是善本，是正文字，皆可依據。戴、盧、丁、顧為最。

何焯〔註 147〕、惠棟、盧見曾〔註 148〕（雅雨，德州）、全祖望、沈炳震〔註 149〕、沈廷芳〔註 150〕（椒園，仁和）、謝墉、姚範（姜塢，桐城）、盧文弨、錢大昕、錢東垣〔註 151〕、彭元瑞〔註 152〕、李文藻〔註 153〕（南澗，益都）、周永年〔註 154〕（書倉，歷城）、戴震、王念孫、張敦仁、丁傑、趙懷玉（味辛，陽湖）、鮑廷博（以文，歙縣）、黃丕烈（蕘圃，吳縣）、孫星衍、秦恩復（敦夫，江都）、阮元、顧廣圻、袁廷檮（壽階，吳縣）、吳騫（兔床，海寧）、

〔註 147〕 【何焯】（1661～1722），字屺瞻，晚號茶仙學者，稱義門先生，江蘇長洲人。著有《義門讀書記》、《義門先生集》、《困學紀聞補箋》。事蹟見《清史稿·文苑傳》。全祖望為撰《翰林院編修贈學士長洲何公墓誌銘》。

〔註 148〕 【盧見曾】（1690～1765），字抱孫，號雅雨，山東德州人。曾任兩淮鹽運使。著有《周易述》、《金石三例》、《雅雨堂詩》等，刻有《雅雨堂叢書》。

〔註 149〕 【沈炳震】（1679～1737），字寅馭，號東甫，浙江歸安人。著《新舊唐書合鈔》、《二十一史四譜》、《九經辨字瀆蒙》、《歷代世系紀年編》、《唐詩金粉》、《增默齋詩集》。事蹟見全祖望《沈東甫墓誌銘》。

〔註 150〕 【沈廷芳】（1702～1772），字畹叔，號椒園，仁和人。乾隆丙辰召試博學鴻詞，授翰林院編修。著有《十三經注疏正字》、《隱拙齋集》、《續經義考》。

〔註 151〕 【錢東垣】字既勤，號亦軒，大昭子，江蘇嘉定人。嘉慶三年舉人。著有《孟子解誼》、《小爾雅校證》、《補經義考》、《勤有堂文集》。

〔註 152〕 【彭元瑞】（1731～1803），字掌仍，號芸楣，江西南昌人。乾隆二十二年進士。著《恩餘堂經進稿》、《恩餘堂輯稿》、《石經考文提要》、《新五代史補注》、《宋四六文選》卷、《宋四六詩話》。

〔註 153〕 【李文藻】（1730～1778），字素伯，號南澗，山東益都人。乾隆二十六年進士。著有《南澗文集》、《嶺南詩集》。《潛研堂集》文集卷四十三有《李南澗墓誌銘》。

〔註 154〕 【周永年】（1730～1791），字書昌，山東歷城人。乾隆三十六年進士，與晉涵同徵修《四庫全書》，改翰林院庶吉士，授編修。

陳鱣（仲魚，海寧）、錢泰吉〔註155〕（警石，嘉興）、曾釗〔註156〕（冕士，南海）、汪遠孫〔註157〕（小米，仁和）

【本篇結論】

《有校勘之學》篇前半部分材料抄自《經典釋文序錄》，後半部分材料竊自《書目答問》。本節觀點鮮明，尤當注意。「校勘者何？校其異同，勘其謬誤。」這是對校勘的最佳釋義。「蓋以讀書而不知校勘，則書之真偽、義之同異、文之脫誤均無由見，故先儒必以校勘為要。」對校勘重要性之認識，亦深得個中三昧。非老於此道，決不能下此斷語。

《有訓詁之學》抄自《輶軒語》

【原文】

所謂訓詁，前已詳言之矣，而其學實可專門而名者，何也？說經之道，以訓詁為第一要事。訓詁通，斯經義無不通矣。

詁者，古言也，謂以今語解古語也；訓者，順也，謂順其語氣以解之也。以今語解古語，則逐字解釋者也。順其語氣以解之，則逐句解釋也。時俗講義，何嘗不逐字逐句解釋，但字義多杜撰，語意多影響，與所謂訓詁有別。

訓詁者，必古有是訓，確而見之故書，然後引而釋經，不附會，不穿鑿，不憑空而無據。兩漢諸儒類皆明於訓詁，故其說切實可靠，不同宋人之以空言說理者。國朝經學家，如顧氏、閻氏而下，亦皆精通乎此，故能上接漢代，且有發漢儒所未發者。不然，憑空臆造，蔑古又孰甚哉！

總之，解經有至切至要之訣：但能以一字解一字，不添一虛字，而文從字順，疑義頓晰者，便是絕好；經解若須添數虛字，補綴幹旋，方能成語者，定非。

〔註155〕 【錢泰吉】（1791～1863），字輔宜，號警石，又號甘泉鄉人，浙江嘉興人。著有《海昌備志》、《曝書雜記》、《可讀書齋校書譜》、《甘泉鄉人文稿》。

〔註156〕 【曾釗】（1821～1854），字敏修，號冕士，廣東南海人。道光五年拔貢生，官合浦縣教諭，調欽州學正。著有《周易虞氏義箋》、《虞書命義和章解》、《周禮注疏小箋》、《春秋國都爵姓續考》、《詩說》、《詩毛鄭異同辨》、《毛詩經文定本小序》、《考異》、《音讀》、《虞書命義和章解》、《論語述解》、《讀書雜志》、《面城樓集》。

〔註157〕 【汪遠孫】（1794～1836），字久也，號小米，浙江仁和人。著有《經典釋文補條例》、《漢書地理志校本》、《國語發正》、《清尊集》。

【張之洞《輶軒語・語學第二》】

讀經宜明訓詁。

詁者，古言也，謂以今語解古語，此逐字解釋者也；訓者，順也，謂順其語氣以解之（或全句，或兩三字），此逐句解釋也。時俗講義，何嘗不逐字逐句解釋，但字義多杜撰，語意多影響耳。

訓詁有四忌：一、望文生義……一、向壁虛造……一、鹵莽滅裂……一、自欺欺人……

總之，解經要訣，若能以一字解一字，不添一虛字，而文從字順者，必合。若須添數虛字，補綴斡旋，方能成語者，定非。

【原文】

然欲通訓詁，宜講漢學。漢學者，漢人注經講經之說也。經是漢人所傳，注是漢人創作，義有師承，語有根據，去古最近，多見古書，能識古文，通古語，故必以漢學為本而推闡之，乃能有得。

【張之洞《輶軒語・語學第二》】

宜講漢學。

漢學者何？漢人注經、講經之說是也。經是漢人所傳，注是漢人創作，義有師承，語有根據，去古最近，多見古書，能識古字，通古語，故必以漢學為本而推闡之，乃能有合。以後諸儒傳注，其義理精粹足以補正漢人者不少。要之，宋人皆熟讀注疏之人，故能推闡發明。朱子論貢舉治經，謂「宜討論諸家之說，各立家法而皆以注疏為主」云云，即如南宋理學家如魏鶴山、詞章家如葉石林，皆爛熟注疏，其他可知。倘倘不知本源，即讀宋儒書，亦不解也。方今學官所頒《十三經注疏》，雖不皆為漢人所作，然注疏所言即漢學也。國朝江藩有《漢學師承記》，當看。阮元《經籍籑詁》，為訓詁最要之書。

【本篇結論】

《有訓詁之學》篇大致抄襲張之洞《輶軒語・語學第二》。將「訓詁有四忌」一段改寫為：「訓詁者，必古有是訓，確而見之故書，然後引而釋經，不附會，不穿鑿，不憑空而無據。兩漢諸儒類皆明於訓詁，故其說切實可靠，不同宋人之以空言說理者。國朝經學家，如顧氏、閻氏而下，亦皆精通乎此，故能上接漢代，且有發漢儒所未發者。不然，憑空臆造，蔑古又孰甚哉！」

前段對「訓詁」的解釋甚好：「詁者，古言也，謂以今語解古語也；訓者，順也，謂順其語氣以解之也。以今語解古語，則逐字解釋者也。順其語氣以解之，則逐句解釋也。」所謂「說經之道以訓詁為第一要事」，亦不失為知言。

【附錄】

徐澄宇《詩經學纂要·訓詁第十四》：「詁訓之原，肇於《爾雅》。釋詁、釋訓，各詳其義。詁者，古言也，以古言釋今言，以今言釋古言，謂之詁；從言，古聲。古，故也，從十口，識前言也。詁，通作故。毛公《詩傳》名曰『故訓』，即古訓也，亦即訓詁。《蒸民》詩云：『古訓是式。』訓者，順也，謂順其語氣而釋之也。師古曰：故者，通其指義也。邢昺曰：訓，道也。訓詁者，因古書而順道之，使通其義也。」〔註158〕

【附錄】

嚴傑《皇清經解序》：「解經貴通訓詁。」

曾紀澤《曾惠敏公文集》卷二《祭文正公文》：德行、政事，文學、言語，列為四科，尼山所許。道出一源，末流多歧。漢儒宋學，矛楯相持。公匯其通，辯其精粗。各有專長，不主門戶。義者人路，仁者人心。力行則至，安有幽深？慎獨心安，主敬身強。篤守程、朱，不棄陸王。讀書之本，貴通訓詁。遠述孔鄭，近逮懷祖。

《有考據之學》抄自《輶軒語》

【原文】

考據者，考歷代之名物、象數、典章、制度實而有據者也。此其學至博至大而至難精。古人有考一事而聚訟至數十百家，積千載而不能晰者。學者非熟讀十三經，縱覽諸子、各史及先儒傳注記載之屬，不足以語於此。

國朝顧炎武、閻若璩、毛奇齡、朱彝尊、戴震、錢大昕、紀昀、阮元諸人，皆該貫六藝，斟酌百家，故其考據始有可信。若夫偏袒一家，得此失彼，依前人之成說，作附會之空談，是丹非素，毫無所得，則一孔之論也。

〔註158〕見《民國時期經學叢書》第一輯第 31 冊第 119 頁。今按：徐英（1902～1980），字澄宇，湖北漢川人。早歲從黃侃、林損諸先生遊，畢業於北京大學。歷任交通大學、大夏大學、安徽大學、中央政治學校、中央大學、復旦大學教授。又按：徐氏此處顯然暗引了《經解入門》。

此學切實，有益於用，凡讀子讀史及言經濟者，皆當講求。但非倉猝可辦，學者必積數十年之實力，乃可以言貫通。不然，則泥今非古，皆無當也。

余列目錄之學，示人以讀書之門徑；列校勘之學，示讀書之當細心；由是而通訓詁，精考據，則經學之事盡矣，即凡為學之事亦盡矣。由是而見諸躬行，發為經濟，則視其人之善自立也。

【張之洞《輶軒語‧語學第二》通論讀書之「讀書貴博貴精尤貴通」條】

該貫六藝，斟酌百家，既不少見而多怪，亦不非今而泥古，從善棄瑕，是之謂通。若夫偏袒一家，得此失彼，所謂是丹非素，一孔之論者也。然必先求博，則不至以臆說俗見為通。先須求精，則不至以捆亂無主為通。不博不精，通字難言。初學慎勿藉口。

國朝學人極博者：黃宗羲、毛奇齡、朱彝尊、俞〔正〕燮。極精者：閻若璩、戴震。極博而又極精者：顧炎武、錢大昕。極博、極精而又極通者：紀昀、阮元。經學訓詁極通者：王氏父子念孫、引之。

【張之洞《書目答問‧史部》】

目錄之學，最要者：《漢書‧藝文志》、《隋書‧經籍志》、《經典釋文敘錄》、《舊唐書‧經籍志》、《新唐書》、《宋史》、《明史》《藝文志》。《文獻通考》中《經籍考》，雖非專書，尤為綱領。（朱彝尊《經義考》極要，已入經部）阮孝緒《七錄‧序目》（在《廣弘明集》內，及《續古文苑》）、《文選注》引書目（《文選理學權輿》卷二）、《太平御覽引用書目》（卷首）、《三國志注引書目》（在趙翼《廿二史劄記》內），亦要。其餘若遂初堂、明文淵閣、焦竑《經籍志》、菉竹堂、世善堂、絳雲樓、述古堂、《敏求記》、天一閣、傳是樓、汲古閣、季滄葦、《浙江採進遺書》、文瑞樓、愛日精廬各家書目，或略或誤，或別有取義，乃藏書家所貴，非讀書家所亟，皆非切要。（坊行匯刻書目，續書目，亦可備覽，但未詳覈，亦多蕪雜，活字本尤劣）

以上譜錄類書目之屬。此類各書為讀一切經史子集之途徑。

【本篇結論】

《有考據之學》篇對張之洞《輶軒語‧語學第二》通論讀書之「讀書貴博貴精尤貴通」條進行了改寫，但基本觀點不變。「余列目錄之學，示人以讀書之門徑；列校勘之學，示讀書之當細心；由是而通訓詁，精考據，則經學之

事盡矣，即凡為學之事亦盡矣。由是而見諸躬行，發為經濟，則視其人之善自立也。」這一段話也是模擬張之洞的口氣。

《解經不可虛造》抄自《輶軒語》、《說文敘》

【原文】

凡說經，一字一義必當求其實據，原原本本，敘出來歷，方為可靠。若以想當如是之法行之，依稀彷彿，似是而非，此名「虛造」。昔許氏《說文敘》嘗云：「世人詭更正文，向壁虛造不可知之書，變亂常行，以耀於世。」然則虛造之弊，漢時已有，故許君有《說文解字》之作。然漢俗虛造，大半由於無書可考。今人生經學昌明之會，典策圖書，無乎不備。老師大儒，互相講明。而猶不能自勉，力窮源委，以蹈虛造之習，其得罪許君孰甚！學者有志窮經，必先力除此病，然後可與入道。

【張之洞《輶軒語‧語學第二》「訓詁有四忌」條】

一、向壁虛造。無論實字虛字，解說皆須有本（出於六朝以前書者為有本）。若以想當然之法行之，則依稀彷彿，似是而非，此名向壁虛造。

【本篇結論】

《解經不可虛造》篇「虛造」二字襲自張之洞《輶軒語‧語學第二》「訓詁有四忌」條之第二條「向壁虛造」，然後援引許慎《說文解字敘》，加以敷衍成文。

《不可望文生訓》抄自《輶軒語》、《鶴林玉露》、《升菴集》

【原文】

古書一字一句皆有精義。若不加詳考，就文說之，如王介甫以「波」為「水皮」，蘇東坡不知「鳩」字從鳥從九之義，而云「《詩》曰：『鳲鳩在桑，其子七矣。』合一父一母則為九，故其文為九」之類，此為望文生訓。又凡經文數語，必與全篇之義相屬。解者不審全篇之義，姑就本文串之，似為近理，亦為望文生訓。初學均宜切戒。前人成說，如犯此弊，亦必細心為之糾正。

【張之洞《輶軒語‧語學第二》「訓詁有四忌」條】

一、望文生義。古書多有一字數義之字（隨用而異），有假借字（字如此寫，卻不作此字解），有訛脫字（不能強解）。若不加詳考，姑就本文串之，此名望文生義。

【宋羅大經《鶴林玉露》卷十三】

字義固有可得而解者，如「一而大謂之天」，是誠妙矣，然不可強通者甚多。世傳東坡問荊公：「何以謂之波？」曰：「水之皮。」坡曰：「然則『滑者，水之骨』也？」荊公《字說》成，以為可亞六經，作詩云：「鼎湖龍去字書存，開闢神機有聖孫。湖海老臣無四目，漫將糟粕污修門。正名百物自軒轅，野老何知強討論。但可與人漫醬瓿，豈能令鬼哭黃昏。」蓋蒼頡四目，其制字成，天雨粟，鬼夜哭。漫瓿之句，言知者少也。

【明楊慎《升菴集》卷六十二「荊公字說」條】

王荊公好解字說，而不本《說文》，妄自杜撰。劉貢父曰：「《易》之《觀》卦，即是老鸛；《詩》之《小雅》，即是老鴉。」荊公不覺，欣然，久乃悟其戲。又問東坡：「鳩字何以從九？」東坡曰：「『鳲鳩在桑，其子七兮。』連娘帶爺，恰是九個。」又自言「波者水之皮」，坡公笑曰：「然則滑是水之骨也。」〔註159〕

【本篇結論】

張之洞《輶軒語‧語學第二》「讀經宜明訓詁」條的「訓詁有四忌」，其中之一即為「望文生義」，《不可望文生訓》篇的題目顯然抄自於此，但將其內容抽空，填以其他文字。「荊公字說」，歷代傳為笑柄，始見於宋羅大經《鶴林玉露》，又見於明楊慎《升菴集》。《不可望文生訓》引以為戒，又進而提出：「凡經文數語，必與全篇之義相屬。解者不審全篇之義，姑就本文串之，似為近理，亦為望文生訓。初學均宜切戒。前人成說，如犯此弊，亦必細心為之糾正。」善哉斯義！

戴震《戴震文集》卷十《古經解鉤沈序》云：是故鑿空之弊有二：其一，緣詞生訓也，其二，守訛傳謬也。緣詞生訓者，所釋之義非其本義。守訛傳謬者，所據之經並非其本經。」今按：「緣詞生訓」即「望文生訓」。

〔註159〕又見《丹鉛總錄》卷十五、《丹鉛續錄》卷十。

《不可穿鑿無理》抄自《六經奧論》、《輶軒語》

【原文】

《孟子》曰:「所惡於智者,為其鑿也。」〔註160〕穿鑿二字,智者往往不免。此為說經大病。蓋穿鑿未有不失之無理者,豈有聖賢經傳可以無理解之乎?試多取古人說經之書及國朝經學家各書讀之,自可漸祛此病。如不讀古書,而妄自恃其聰明,其不至於穿鑿無理不止。學者切宜自勉!

【鄭樵《六經奧論》卷三「解經不可牽強」條】

橫渠張先生曰:「置心平易,始知詩。」余謂讀六經之書皆然。如《書》曰:「刑故無小,宥過無大。」諸家解用十數句,解不盡,曾見作者說曰:「刑故無刑小,宥過無宥大。」只添二字,而辭意明白,不用解經,而理自明。孟子謂「民之秉彝」句亦如此。

【張之洞《輶軒語·語學第二》「宜讀國朝人經學書」條】

經語惟漢人能解,漢儒語惟國朝通儒能遍解。何也?國朝諸大儒讀書多,記書真,校書細,好看古書,不敢輕改古本,不肯輕駁古說,善思善悟,善參校,善比例,善分別真偽,故經學為千古之冠。書多矣,以《皇清經解》為大宗,雖未全錄,已得大概。

【本篇結論】

朱子《四書或問·中庸或問卷上》:「蓋不自恃其聰明,而樂取諸人者,如此則非知者之過矣。」自恃其聰明,則不免穿鑿之失。《不可穿鑿無理》篇指出,穿鑿乃初學之通病,藥之者惟「多取古人說經之書及國朝經學家各書讀之」。此方出自張之洞《輶軒語·語學第二》「宜讀國朝人經學書」條。

戴震亦云:「士生千載後,求道於典章制度,而遺文垂絕,今古懸隔。時之相去,殆無異地之相遠,僅僅賴夫經師故訓乃通,無異譯言以為之傳導也。又況古人之小學亡,而後有故訓,故訓之法亡,流而為鑿空。數百年已降,說經之弊,善鑿空而已矣。」又云:「夫所謂理義,苟可以舍經而空憑胸臆,將人人鑿空得之,奚有於經學之云乎哉?」【《戴震文集》卷十一《題惠定宇先生授經圖》】

〔註160〕《孟子·離婁下》注:「惡人慾用智而妄穿鑿,不順物之性,而改道以養之。」

陳祖範《經咫》云：「穿鑿附會，康成箋《詩》之病也。淺俗粗直，紫陽注《詩》之病也。紫陽《易義》，寧略無繁，謂：『添一解，譬如燈籠添一骨子，障一分光。』其於注《詩》也亦然。自謂學孔子說《烝民》之詩，只下二『故』字，一『也』字，一『必』字，義便極明。而不自知其變風、雅為村腔口號，穿鑿附會之病雖去，而蘊蓄深厚之美全失。一切託言、反言、遺言，若有意無意而言者，靡不抹殺。辭近閨思，即以為淫邪；辭近宴樂，即以為宴享通用；辭近稱美，即以為盛世之作；篇章相次，即以為後答前篇；難於作解，即以為不取義之興，或興而直以為賦，則樂莨楚之無室、家，憂有狐之無裳、帶，《黃鳥》亦思教誨，將軍便是行役，不覺令人笑來。執著《詩》無美刺之成見，人言皆以為自道，《桑中》、《溱洧》若自供罪狀者，《桑中》三姓女期送一處，《溱洧》男女合辭歌唱，非情理所有也。小序所列世次，指為某時某事之作，其間即有附會，時代差近，師傳猶當十得七八。朱子除《詩》有明文者，概置不用，固是其謹慎處，亦是其師心自用處。」

《不可附會無據》抄自《輶軒語》

【原文】

古事自有首尾，古禮自有當時制度，或散見本經，或錯見各經，或經傳尚略，諸子各傳記有詳之者。

學者須詳求其音讀訓詁，考其當日事實。音訓明，方知此字為何語。考據確，方知此物為何物，此事為何事，此人為何人，然後知聖賢此言是何意義。不然，附會其義，敷衍成篇，及或有理，以是郢書燕說，於經旨何與？

故解經戒附會。

【張之洞《輶軒語·語學第二》】

讀經宜明訓詁。

訓詁有四忌：……一、鹵莽滅裂。古事自有首尾（散見本書，他書不能臆造），古禮自有當時制度。

宜講漢學。

漢學所要者二：一、音讀訓詁。二、考據事實。音訓明，方知此字為何語；考據確，方知此物為何物，此事為何事，此人為何人，然後知聖賢此言是何意義。不然，空談臆說，望文生義，即或有理，亦所謂「郢書燕說」耳，於經旨無與也。

譬如晉人與楚人語，不通其方言，豈能知其意中事？不問其姓氏里居，豈能斷其人之行誼何如耶？漢人說豈無訛漏？漢學者，用漢人之法、得漢人之意之謂也。

【本篇結論】

張之洞《輶軒語・語學第二》「讀經宜明訓詁」條的「訓詁有四忌」，其中之一即為「鹵莽滅裂」，《不可附會無據》篇前段陰襲張之洞之說；後段又抄自《輶軒語・語學第二》「宜講漢學」條。最後綴以「故解經戒附會」，呼應標題。

《不可作固執之談》抄自《輶軒語》

【原文】

孟子謂高子說《詩》之固，以其不能通《詩》之義與意也。學者解經，何獨不然？經義簡質，必證以他經，旁通諸子及諸家傳記之說，貫串靡遺，於義不背，方為通達。若徒守一家之言，妄加臆斷，斯為固執。固執之弊，亦由讀書不多而來。故欲治經，不可不博覽群書。

【張之洞《輶軒語・治經貴通大義》】

每一經中皆有大義數十百條，宜研究詳明，會通貫串，方為有益。若僅隨文訓解，一無心得，仍不得為通也。（《輶軒語詳注》第69頁）

【本篇結論】

《不可作固執之談》篇的基本觀點抄自張之洞《輶軒語》。當然「治經須博通」的觀點也是清儒的共識。如胡承珙《求是堂文集》卷三《與竹邨書》云：「自通志堂刻外，承珙所見宋人說《詩》尚近十種，然皆一丘之貉耳。拙著從毛者十之八九，從鄭者十之一二。始則求之本篇，不得則求之本經，不得則證以他經，又不得然後泛稽周秦古書。於語言文字名物訓詁，往往有前人從未道及者不下數十百條，擬俟通錄一本後，乃摘出別抄，以便就正。」又如徐鼎《讀書雜釋》卷十一「始作俑者」條云：「《孟子》引孔子曰：始作俑者，其無後乎？為其象人而用之也。趙注云：俑，偶人也。先儒無異說。獨羅蘋《路史》注引韓愈曰：俑當作踊，言刑繁則踊貴。踊象人足而用之。鼎按：孟子此文與《檀弓》孔子謂為芻靈者善，謂為俑者不仁文義相同。又《文子・微明篇》云：魯以俑人葬，而孔子歎，見其所始，即知其所終。《淮南・繆稱訓》作魯人以偶人葬，而孔子歎，見所始則知所終。高誘注云：偶人，相人

也。歎其相人而用之，正先儒承說有根據之言，其言象人者。《通典》八十六引《禮記傳》曰：俑，偶人也，有面目，機發似於生人。《廣雅》引《埤蒼》云：俑，木人，送葬設關而能跳俑，故名之正以踴跳為義，安得以《左傳》履賤踴貴改此文乎？昌黎通儒，亦為此迂鄙之言，則甚矣！治經者之不可不博覽也。」

《門徑不可不清》抄自《輶軒語》

【原文】

　　為學各有門徑，何況治經？門徑一清，斯中有把握，不至泛濫無歸。至其經注，孰為師授之古學？孰為無本之俗學？尤宜抉擇分析，方不致誤用聰明。此事宜有師承，然師不易得，書即師也。余於《目錄之學》篇所列各種，本為讀書門徑，今為析而言之。

　　《四庫提要》為讀群書之門徑（《提要》較多，未必人人能置一編，別有《四庫簡明目錄》，乃將《提要》約撮而成，書止一帙，大抵初學須先將經史子集四種，分清何書應入何類，於此了然，則購書讀書皆有頭緒。然《簡明目錄》太略，書之得失亦未詳說，且四庫未收者，《提要》尚列存目於後，《簡明目錄》無之，不得誤認為世間所無也。略一翻閱，然後可讀《提要》）。《經義考》為治經之門徑，《小學考》為治小學之門徑，《音學五書》為韻學之門徑，《古今偽書考》為讀諸子之門徑。

　　學者先看此數書，由此而入，無不頭頭是道矣。

【張之洞《輶軒語·語學第二》】

　　讀書宜有門徑。

　　泛濫無歸，終身無得；雖多無用。得門而入，事半功倍。或經，或史，或詞章，或經濟，或天算地輿，經治何經，史治何史，經濟是何條，因類以求，各有專注。至於經注，孰為師授之古學？孰為無本之俗學？史傳，孰為有法？孰為失禮？孰為詳密？孰為疏舛？詞章，孰為正宗？孰為旁門？尤宜決擇分析，方不致誤用聰明。此事宜有師承，然師豈易得？書即師也。今為諸生指一良師，將《四庫全書總目提要》讀一過，即略知學問門徑矣。析而言之，《四庫提要》為讀群書之門徑。《提要》較多，未必人人能置一編，別有《四庫簡明目錄》，乃將《提要》約撮而成書，止一帙，大抵初學須先將經、史、子、集四種，分清何書應

入何類，於此了然，則購書讀書皆有頭緒。然《簡明目錄》太略，書之得失亦未詳說，且四庫未收者，《提要》尚列存目於後，《簡明目錄》無之，不得誤認為世間所無也。略一翻閱，然後可讀《提要》。

《漢學師承記》為經學之門徑，國朝人著《小學考》為治小學之門徑，《說文通檢》亦可謂初學翻檢《說文》之門徑。顧炎武《音學五書》為韻學之門徑，《史通》為史學之門徑，國朝齊召南《歷代帝王年表》為讀史之門徑，《古今偽書考》為讀諸子之門徑，《文心雕龍》、鍾嶸《詩品》為詩文之門徑……

【本篇結論】

《門徑不可不清》篇抄自《輶軒語》，依樣畫瓢，拙於作偽。

《體例不可不熟》抄自《輶軒語》

【原文】

凡一書必有本書之大例，有句例，有字例。

學者讀時，必先知其例之所存，斯解時不失其書之文體。如《易》明天道，《詩》盡人情，《書》道政事，《禮》詳制度，《春秋》多微詞，《爾雅》記言語異同，《論語》言治道不言治法之類，此各書之大例也。

而《易》無虛象，《詩》無達詁，《書》有各代史筆之不同，《春秋》有「三傳」記載之各別，「三禮」典制異而統同，《爾雅》訓詁同而亦異，此句例之宜講也。

注家亦有例，如馬、鄭之《易》皆費氏古文，伏、孔《尚書》今古互異，毛公傳《詩》亦守古本，鄭注「三禮」則據今文（觀其注稱故書可見），何氏、范氏深通公、穀之義，賈逵、服虔乃得左氏之傳，此注家之例之分也。

至於諸子各史，皆有大例。學者欲讀其書，宜先知其例。書例既明，則其義可依類而得矣。

【張之洞《輶軒語·語學第二》「訓詁有四忌」條】

一、望文生義……一、向壁虛造……一、鹵莽滅裂。古事自有首尾（散見本書，他書不能臆造），古禮自有當時制度。古書自有當時文體，亦有本書義例（凡一書必有本書之大例、句例、字例）。若任意武斷，合於此而背於彼，此名鹵莽滅裂。

【本篇結論】

　　《體例不可不熟》篇的基本觀點抄自《輶軒語》。明確提出古書之「大例」、「句例」、「字例」，這是張之洞的首創。檢索各種古籍數據庫，我們還沒有發現第二個人。

【附錄】張之洞《勸學篇・守約第八》論「大例」云：

　　經學，通大義。切於治身心、治天下者，謂之大義。凡大一義必明白平易，若荒唐險怪者，乃異端，非大義也。《易》之大義，陰陽消長。《書》之大義，知人安民。《詩》之大義，將順其美、匡救其惡（《詩譜序》：「論功頌德，所以將順其美，刺過譏失，所以匡救其惡。」）。《春秋》大義，明王道、誅亂賊。《禮》之大義，親親、尊尊、賢賢。《周禮》大義，治國、治官、治民，三事相維（太宰建邦之六典：治典，經邦國、治官府、紀萬民。其餘教典、禮典、政典、刑典、事典，皆國、官、民三義並舉。蓋官為國與民之樞紐，官不治，則國、民交受其害。此為《周禮》一經專有之義，故漢名《周官經》，唐名《周官禮》）。此總括全經之大義也。如《十翼》之說《易》，《論》、《孟》、《左傳》之說《書》，《大、小序》之說《詩》，《孟子》之說《春秋》，《戴記》之說《儀禮》，皆所謂大義也。欲有要而無勞，約有七端：一明例，謂全書之義例（《毛詩》以訓詁、音韻為一要事。熟於《詩》之音訓，則諸經之音訓皆可隅反）。一要指，謂今日尤切用者，每一經少則數十事，多則百餘事。一圖表，諸經圖表，皆以國朝人為善，譜與表同。一會通，謂本經與群經貫通之義。一解紛，謂先儒異義各有依據者，擇其較長一說主之，不必再考，免耗日力（大率國朝人說而後出者較長）。一闕疑，謂隱奧難明、碎義不急者置之不考。一流別，謂本經授受之源流，古今經師之家法。考其最著而今日有書者。以上七事，分類求之，批郤導窾，事半功倍。大率群經以國朝經師之說為主，《易》則《程傳》與古說兼取。並不相妨。《論》、《孟》、《學》、《庸》，以朱注為主，參以國朝經師之說。《易》，止讀《程傳》及孫星衍《周易集解》。孫書兼採漢人說及王弼注。《書》，止讀孫星衍《尚書今古文注疏》。《詩》，止讀陳奐《毛詩傳疏》。《春秋左傳》，止讀顧棟高《春秋大事表》。《春秋公羊傳》，止讀孔廣森《公羊通義》（國朝人講《公羊》者，惟此書立言矜慎，尚無流弊）。《春秋穀梁傳》，止讀鍾文烝《穀梁補注》。《儀禮》，止讀胡培翬《儀禮正義》。《周禮》，止讀孫詒讓《周禮正義》（已刊，未畢）。《禮記》，止讀朱彬《禮記訓纂》（《欽定七經傳說義疏》，皆學者所當讀，故不備舉）。《論》、《孟》，除朱

注外，《論語》有劉寶楠《論語正義》，《孟子》有焦循《孟子正義》，可資考證古說，惟義理仍以朱注為主。《孝經》，即讀通行注本，不必考辨。《爾雅》，止讀郝懿行《爾雅義疏》。「五經」總義，止讀陳澧《東塾讀書記》、王文簡（引之）《經義述聞》。《說文》，止讀王筠《說文句讀》〔註161〕（兼採段、嚴、桂、鈕，諸家明白詳細。段注《說文》太繁而奧，俟專門者治之）。以上所舉諸書，卷帙已不為少，全讀全解，亦須五年。宜就此數書中擇其要義，先講明之，用韓昌黎提要鉤玄之法，就元本加以鉤乙標識（但看其定論，其引徵、辨駁之說，不必措意）。若照前說七端，節錄纂集以成一書，皆采舊說，不參臆說一語，小經不過一卷，大經不過二卷，尤便學者。此為學堂說經義之書，不必章釋句解，亦不必錄本經全文（蓋十五歲以前，諸經全文已讀，文義大端已解矣）。師以是講，徒以是習，期以一年或一年半畢之。如此治經，淺而不謬，簡而不陋，即或廢於半塗，亦不至全無一得。有經義千餘條以開其性識，養其本根，則終身可無離經畔道之患。總之，必先盡破經生著述之門面，方肯為之，然已非村塾學究、科舉時流之所能矣。〔註162〕

《不可增字解經》抄自《經義述聞》

【王引之《經義述聞》卷三十二「增字解經」條】

經典之文，自有本訓。得其本訓，則文義適相符合，不煩言而已解；失其本訓，而強為之說，則杌陧不安。乃於文句之間增字以足之，多方遷就，而後得申其說。此強經以就我，而究非經之本義也。

如《蹇》六二：「王臣蹇蹇，匪躬之故。」故，事也，言王臣不避艱難者皆國家之事，而非其身之事也（詳本條下，後仿此）而解者曰：「盡忠於君，匪以私身之故，而不往濟君。」（《正義》）則於「躬」上增「以」字、「私」字，

<hr>

〔註161〕 【說文句讀】清王筠撰。三十卷。作者自敘：「道光辛丑（1841），余又以《說文》傳寫，多非其人；群書所引，有可補苴。遂取茂堂及嚴鐵橋、桂未谷三君子所輯，加之手集者，或增、或刪、或改，以便初學誦習，故名之曰句讀。」王氏從諸家所引資料中選材，比較嚴謹，考訂審慎，解釋簡明，刪繁舉要，且加句逗，便於初學。書中也作者個人的見解，「惟兩家（桂馥、段玉裁）未合者，乃自考以說之，亦不過一千一百餘事。」（《凡例》）……此書的缺點是所引資料多未核查原文，頗有偽誤；且不標引文篇名，難於核對。（許嘉璐主編《傳統語言學辭典》第350～351頁）

〔註162〕 趙德馨主編：《張之洞全集》第十二冊，武漢出版社，2008年，第169～170頁。

「故」下增「不往濟君」字矣。《既濟》六四：「繻有衣袽。」繻乃「襦」之借字，言人之於襦，或衣其敝壞者也。而解者曰：「繻當言濡衣，袽所以塞舟漏也，夫有隙之棄舟，而得濟者有衣袽也。」（王《注》）則於「繻」上增「舟」字，「有衣袽」下增「塞」字矣。《繫辭傳》：「聖人以此洗心。」洗與先通，先猶道也，言聖人以此道其心思也。而解者曰：「洗濯萬物之心。」（《韓注》）則於「心」上增「萬物」字矣。《序卦傳》：「物不可終壯，故受之以《晉》。」晉者，進也，言物不可終止，故進之也；壯者止也（見下）。而解者曰：「晉，以柔而進止也。」（《韓注》）則於「晉」上增「柔」字矣。《雜卦傳》：「大壯則止。」言「壯」之訓為「止」也。而解者曰：「大正則小人止。」（《韓注》）則於「大」下增「正」字、「止」字上增「小人」字矣。「咸速也。」言咸之訓為速也，而解者曰：「物之相應，莫速乎咸。」（韓〔鄭〕《注》）則於「速」上增「相應」字矣。

　　《堯典》：「湯湯洪水方割。」方，旁也，遍也，言洪水遍害下民也。而解者曰：「大水方方為害。」（《某氏傳》）則於「方」下增「方」字矣。「柔遠能邇。」能，善也，言善於近者也。而解者曰：「能安遠者，先能安近。」（王《注》）則於「能」下增「安」字矣。《皋陶謨》：「烝民乃粒。」粒讀為立，立，定也，言眾民安定也。而解者曰：「眾民乃服粒食。」（鄭《注》）則於「粒」下增「食」字矣。《盤庚》：「由乃在位。」由，正也，而解者曰：「教民使用汝在位之命。」（《某氏傳》）則於「在位」下增「命」字矣。「暫遇奸宄。」暫之言漸也、詐也，遇之言隅也、差也。而解者曰：「暫遇人而劫奪之。」（《某氏傳》）則於「暫遇」下增「人」字及「劫奪」字矣。「無遺育。」育讀為胄，胄，裔也，而解者曰：「無遺長其類。」（《某氏傳》）則於「育」下增「類」字矣。《洪範》：「聰作謀。」謀讀為敏，言聰則敏也。而解者曰：「上聰則下進其謀。」（馬注）則於「謀」上增「下進」字矣。《金縢》：「敷祐四方。」敷，遍也，言遍祐四方之民也。而解者曰：「布其道以祐助四方。」（《某氏傳》）則於「敷」下增「道」字矣。《康誥》：「應保殷民。」應，受也，言受保殷民也。而解者曰：「上以應天，下以安我所受殷之民眾。」（《某氏傳》）則於「應」下增「天」字矣。《召誥》：「用又民若有功。」言用此治民乃有功也。而解者曰：「順行禹、湯所以成功。」（《某氏傳》）則於「若」下增「禹湯」字矣。《無逸》：「則知小人之依。」依之言隱也，痛也，言知民隱也。而解者曰：「知小人之所依怙。」又曰：「小人之所依，依仁政。」（並某氏傳）則於「依」下增「所」字

矣。「以庶邦惟正之供。」以，與也，正，與政同，言與庶邦惟政是奉也。而解者曰：「以眾國所取法，則當以正道供待之故。」（《某氏傳》）則於「惟正之供」下增「故」字矣。《君奭》：「有殷嗣天滅威。」威，德也，言有殷之君，繼天出治，而乃滅德不務也。而解者曰：「有殷嗣子不能平，至天滅亡，加之以威。」（《某氏傳》）則於「威」上增「加」、「以」字矣。「以予監於殷喪大否。」言與予共監於殷之喪亡，皆由大不善也。而解者曰：「以我言視於殷喪亡大否。」（《某氏傳》）則於「予」下增「言」字矣。「罔不率俾。」言莫不率從也。而解者曰：「率，循也，俾，使也，四海之內無不循度而可使。」（《某氏傳》）則於「率」下增「度」字、「俾」下增「可」字矣。《呂刑》：「罔有擇言在身。」擇讀為斁，斁，敗也，言罔有敗言出乎身也。而解者曰：「無有可擇之言在其身。」（《某氏傳》）則於「擇」上增「可」字矣。「哲人惟刑。」哲讀為折，折之言制也，言制民人者惟刑也。而解者曰：「言智人惟用刑。」（《某氏傳》）則於「刑」上增「用」字矣。《泰誓》：「我尚有之。」有者，相親也，言我尚親之也。而解者曰：「我庶幾欲有此人而用之。」（《某氏傳》）則於「有」下增「欲」字矣。

《周南》：「振振公姓。」姓，子孫也。而解者曰：「公姓，公同姓。」（毛《傳》）則於「姓」上增「同」字矣。《邶風》：「終風且暴。」終猶既也，言既風且暴也。而解者曰：「終日風為終風。」（毛《傳》）則於「終」下增「日」字矣。《衛風》：「雖則佩觿，能不我知。」能讀為而，言雖則佩觿而不知我也。而解者曰：「不自謂無知以驕慢人也。」（毛《傳》）則於「不」下增「自謂」字、「知」上增「無」字矣。《小雅》：「有實其猗。」猗讀為阿，言實實然廣大者山之阿也。而解者曰：「以草木平，溝其旁，倚之畎谷。」（鄭《箋》）則於「有」下增「草木」字、「猗」下增「畎谷」字矣。「曾是不意。」言曾是不度也。而解者曰：「女增不以為意乎？」（鄭《箋》）則於「是」上增「以」字、「意」上增「為」字矣。「昊天罔極。」極猶常也，言昊天無常，降此鞠凶也。而解者曰：「昊天乎我心無極。」（鄭《箋》）則於「罔極」上增「我心」字矣。《大雅》：「依其在京。」依，盛貌，言文王之眾之盛，依然其在京地也。而解者曰：「文王發其依居京地之眾。」（鄭《箋》）則於「依」上增「發」字矣。「攝以威儀。」攝，佐也。而解者曰：「攝者收斂之言，各自收斂以相佐助，為威儀之事。」（《正義》）則於「佐」上增「收斂」字矣。「無縱詭隨。」詭隨，譎詐也。而解者曰：「詭人之善，隨人之惡。」（毛《傳》）則於「詭」下增「善」

字、「隨」下增「惡」字矣。「曾是彊禦。」御亦強也。而解者曰：「強梁禦善也。」（毛《傳》）則於「御」下增「善」字矣。

《檀弓》：「忌日不樂。」謂不作樂也。而解者曰：「惟忌日不為樂事。」（《正義》）則於「樂」上增「為」字、「樂」下增「事」字矣。《月令》：「措之於參保介之御間。」當依《呂氏春秋》作「參於」。而解者曰：「勇士參乘。」（鄭注）則於「參」下增「乘」字矣。《禮器》：「設於地財。」言合於地財也。而解者曰：「所設用物為禮，各是其土地之物。」（《正義》）則於「設」下增「物」字、「地財」上增「是其」字矣。《郊特牲》：「不敢私覿，所以致敬也，承執圭而使言之。」謂聘非謂朝也。而解者曰：「其君親來，其臣不敢私見於主國君。」（鄭注）則於「不敢私覿」上增「其君親來」字矣。「為人臣者，無外交，不敢貳君也。」貳，並也，言不敢比併於君也。而解者曰：「不敢貳心於他君」（《正義》）則於「貳」下增「於他」字矣。《樂記》：「感條暢之氣，滅和平之德。」條暢讀為滌蕩，滌蕩之氣，謂逆氣也。而解者曰：「動人條暢之善氣。」（鄭注）則於「氣」上增「善」字矣。《儒行》：「居處齊難。」難與儺同，敬也。而解者曰：「齊莊可畏難。」（鄭注）則於「難」下增「可畏」字矣。

隱六年《左傳》：「惡之易也，如火之燎於原。」謂惡之延也。而解者曰：「言惡易長。」（《杜注》）則於「易」下增「長」字矣。九年傳：「宋公不王。」謂不朝於王也。而解者曰：「不供王職。」（《杜注》）則於「王」上增「共」字、「王」下增「職」字矣。桓二年傳：「今滅德立違。」違之言回也、邪也，謂立邪臣也。而解者曰：「謂立華督違命之臣。」（《杜注》）則於「違」下增「命」字矣。莊十八年傳：「王饗醴命之宥。」言命虢公、晉侯與王相酬酢也。而解者曰：「命以幣物，所以助歡敬之意。」（《杜注》）則於「命」之下增「以幣物」字矣。僖九年傳：「以是藐諸孤。」諸讀為者，言藐然小者孤也。而解者曰：「言其幼稚與諸子縣藐。」（《杜注》）則於「諸」下增「子」字矣。二十四年傳：「昔周公弔二叔之不咸。」言管、蔡不和睦也。而解者曰：「傷夏、殷之叔世，疏其親戚，以至滅亡。」（《杜注》）則於「叔」下增「世」字、「不咸」上增「親戚」字矣。二十八年傳：「有渝此盟，以相及也。」及乃反之訛，相反者相違也。而解者曰：「以惡相及。」（《杜注》）則於「以」下增「惡」字矣。宣二年傳：「舍於翳桑。」翳桑，地名也。而解者曰：「翳桑，桑之多陰翳，故宣子舍於其下也。」（《杜注》）則於「翳桑」下增「下」字矣。成二年傳：「余雖欲於鞏伯。」謂好鞏伯也。昭十五年傳：「臣豈不欲吳。」謂好朝吳也。而

解者於「欲於鞏伯」曰：「欲受其獻。」（《杜注》）則於「欲」下增「受其獻」字；於「豈不欲吳」曰：「非不欲善吳。」（《杜注》）則於「欲」下增「善」字矣。成十八年傳：「師不陵正，旅不偪師。」謂群有司也。而解者曰：「師二千五百人之帥也，旅五百人之帥也。」（《杜注》）則於「師」、「旅」下增「帥」字矣。襄十四年傳：「商旅於市。」旅謂傳言也。而解者曰：「陳其貨物，以示時所貴尚。」（《杜注》）則於「旅」下增「貨物」字矣。二十三年傳：「則季氏信有力於臧氏矣。」臧乃孟之訛，謂有功於孟氏也。而解者曰：「季氏有力過於臧氏。」（《杜注》）則於「有力」下增「過」字矣。二十九年傳：「五聲和，八風平。」謂八音克諧也。而解者曰：「八方之氣，謂之八風。」（《杜注》）則於「八」下增「方」字矣。三十年傳：「女待人歸，義事也。」義讀為儀，儀度也，謂婦當度事而行不必待人也。而解者曰：「義從宜也。」（《杜注》）則於「義」上增「從」字矣。昭元年傳：「造舟於河。」造，比次也，言比次其舟，以為梁也。而解者曰：「蓋造為至義，言船相至而並比也。」（《正義》）則於「比次」上增「至」字矣。七年傳：「願與諸侯落之。」落，始也，與諸侯升也。而解者曰：「以酒澆落之。」（《正義》）則於「落」下增「以酒澆」字矣。「聖人有明德者，若不當世，其後必有達人。」聖人謂弗父正考父也。而解者曰：「聖人之後，有明德而不當大位，謂正考父。」（《杜注》）則於「聖人」下增「之後」字矣。「官職不則。」則猶等也、鈞也。而解者曰：「治官居職不一法。」（杜注，蓋訓「則」為「法」）則於「則」上增「一」字矣。十年傳：「孤斬焉在衰絰之中。」斬之言慘，哀痛憂傷之貌。而解者曰：「既葬未卒哭，故猶服斬衰。」（《杜注》）則於「斬」下增「衰」字矣。二十九年傳：「官宿其業。」宿與夙通，謂官敬其業也。而解者曰：「宿，安也。」（《杜注》）「安心思其職業。」（《正義》）則於「宿」下增「思」字矣。哀九年傳：「宋方吉不可與也。」與猶敵也。而解者曰：「不可與戰。」（《杜注》）則於「與」下增「戰」字矣。

　　隱三年《公羊傳》：「曰某月某日朔，日有食之者，食正朔也。」正，當也，言日食當月之朔也。而解者曰：「食不失正朔也。」（《何注》）則於「正」上增「不失」字矣。「以吾愛與夷，則不若愛女。」當作「以吾愛女，則不若愛與夷。而解者曰：「以吾愛於與夷，則不止如女而已。」（疏）則於「不」下增「止」字矣。九年傳：「何異爾俶甚也。」謂厚甚。而解者曰：「俶，始怒也。」（《何注》）則於「俶」下增「怒」字矣。桓十一年傳：「突可，故出，而

忽可，故反。」故，必也，言突可使之必出，忽可使之必反也。而解者曰：「突可，以此之故，出之；忽可，以此之故，反之。」（疏）則於「故」上增「以此」字矣。「是不可得則病，然後有鄭國。」言突可出，忽可反，若不可得，則以為大恥，謀國之權如是，然後能保有鄭國也。而解者曰：「已雖病逐君之罪討出突，然後能保有鄭國。」（《何注》）則於「然後」上增「討出突」字矣。莊四年傳：「此非怒與。」怒者大過也。而解者曰：「怒，遷怒。」（《何注》）則於「怒」下增「遷」字矣。僖十二年傳：「吾雖喪國之餘。」謂宋為殷後也也。而解者曰：「我雖前幾為楚所喪，所以得其餘民以為國。」（《何注》）則於「喪」上增「幾為楚所」字、「餘」下增「民」字矣。二十六年傳：「師出不必反，戰不正勝。」謂師出不必反，戰不必勝也。而解者曰：「不正，自謂出當復反，戰當必勝。」（《何注》）則於「不正」下增「自謂」字矣。「未得乎取谷也。」言未為計之得也。而解者曰：「未可為得意於取谷。」（《何注》）則於「得」下增「意」字矣。襄五年傳：「相與往，殆乎晉也。」殆乃治之假借。而解者曰：「殆疑疑讞於晉。」（《何注》）則於「殆」下增「讞」字矣。

莊元年《穀梁傳》：「接練時，錄母之變，始人之也。」人與仁通，謂憐哀之也。而解者曰：「始以人道錄之。」（范注）則於「人」下增「道」字矣。《文八年傳》：「其以官稱之，無君之辭也。」言其專擅無君也。而解者曰：「無人君之德。」（范注引鄭氏《釋廢疾》）則於「君」下增「德」字矣。

《爾雅·釋詁》：「尸，審也。」審即主宰之宰。而解者曰：「謂審地。」（《郭注》）則於「審」下增「地」字矣。「審，官也。」審即官宰之宰。而解者曰：「官地為審。」（《郭注》）則於「官」下增「地」字矣。「寫、繇，憂也。」寫即鼠之假借。而解者曰：「有憂者思散寫。」（《郭注》）則於「寫」下增「思散」字矣。繇，傜之假借。而解者曰：「繇役亦為憂愁。」（《郭注》）則於「憂」上增「亦」字矣。「倫、敕、愉，勞也。」倫當讀勳勞之勳，敕當作勞勑之勑，愉即當讀愈病也之愈。而解者曰：「倫理事務以相約，敕亦為勞。」（《郭注》）則於「勞」上增「亦為」字矣。又曰：「勞苦者多惰愉。」（《郭注》）則於「愉」下增「多惰」字矣。「載、譕，偽也。」偽即作為之為。而解者曰：「載者，言而不信；譕者，謀而不忠。」（《郭注》）則於「載」下增「不信」字、「譕」下增「不忠」字矣。「功、績、明，成也。」蓋成謂之功，又謂之績，又謂之明也。而解者曰：「功績皆有成事，有分明，亦成濟也。」（《郭注》）則於「成」上增「有」字、「亦」字矣。「儀，干也。」直訓儀為干也。而解者曰：「儀表

亦體干。」(《郭注》)則於「干」上增「亦」字矣。「強，當也。」直訓強為當也。而解者曰：「強者好與物相當值。」(《郭注》)則於「當」上增「好與物相」字矣。「苦，息也。」苦即《詩》「王事靡盬」之「盬」。而解者曰：「勞苦者宜止息。」(《郭注》)則於「息」上增「宜」字矣。「薦，臻也。」謂薦與臻皆訓為至也。而解者曰：「薦，進也，故為臻臻至也。」(《郭注》)則於「臻」上增「進」字矣。《釋言》：「昵，堲也。」昵為相親愛之堲。而解者曰：「親昵者亦數。」(《郭注》)則於「堲」上增「亦」字矣。「矜，苦也。」直訓矜為苦也。而解者曰：「可矜憐者亦辛苦。」(《郭注》)則於「苦」上增「亦辛」字矣。「栗，戚也。」戚讀為蹙，栗與蹙皆敬謹之義也。而解者曰：「戰慄者憂戚。」(《郭注》)則於「戚」上增「憂」字矣。「坎，銓也。」坎乃次之訛。而解者曰：「坎卦水也，水性平，銓亦平也。」(《郭注》)則於「坎」下增「水性平」字矣。「窕，肆也。」謂極深也。而解者曰：「輕佻者好放肆。」(《郭注》)則於「肆」上增「好放」字矣。「肆，力也。」肆讀為肄，肄與力皆謂勤勞也。而解者曰：「肄極力。」(《某氏傳》)則於「力」上增「極」字矣。「謀，心也。」謂思慮也。而解者曰：「謀慮以心。」(《郭注》)則於「心」上增「以」字矣。「炃，塵也。」炃與塵皆謂久也。而解者曰：「人眾所以生塵埃。」(《郭注》)則於「塵」上增「所以生」字矣。「服，整也。」直訓服為整也。而解者曰：「服御之令齊整。」(《郭注》)則於「整」上增「令」字矣。「訊，言也。」訊與言皆問也。而解者曰：「訊問以言。」(《郭注》)則於「言」上增「以」字矣。《釋器》：「絢謂救之。」謂冒也。而解者曰：「救絲以為絢。」(《郭注》)則於「救」下增「絲」字矣。「律謂之分也。」謂捕鳥畢也。而解者曰：「律管可以分氣。」(《郭注》)則於「分」上增「可以」字、「分」下增「氣」字矣。《釋山》：「重甗陳。」甗即厂之假借。而解者曰：「山形如累兩甗。」(《郭注》)則於「重甗」上增「如」字矣。

此皆不得其正解，而增字以遷就之。治經者，苟三覆文義，而心有未安，雖捨舊說以求之可也。

【本篇結論】

《不可增字解經》篇全部抄自《經義述聞》卷三十二「增字解經」條，於原文略有刪節，且畫蛇添足：「如欲增其字以解之，則斷斷乎不可。」黃侃提出不同看法：「不增字解經，可以藥唐、宋以後諸儒之病，而不可以律漢儒。蓋古人言辭質樸，有時非增字解之，不足以宣言意。」黃焯也認為：「古經典

行文簡奧，雖得其本訓，有時亦須增字解之……王氏所言，蓋為浮文寡要者言之也。」〔註163〕

《不可妄改經文》抄自《經義述聞》

【王引之《經義述聞》卷三十二「後人改注疏釋文」條】

經典訛誤之文，有《注疏》、《釋文》已誤者，亦有《注疏》、《釋文》未誤而後人據已誤之文改之者，學者但見已改之本，以為《注疏》、《釋文》所據之經，已與今本同，而知其實不同也。如《易·繫辭傳》：「莫善乎蓍龜。」《唐石經》「善」誤為「大」，而諸本因之，後人又改《正義》之「善」為「大」，妄矣。《小雅·十月之交》篇：「山冢卒崩。」《唐石經》誤依《釋文》「卒」作「崒」，而諸本因之，後人又改《箋》及《正義》之「卒」作「崒」，妄矣。《天官·司書》：「凡上之用財。」《唐石經》「財」下衍「用」字，而諸本因之，後人又改《疏》「之用財」為「用財」，妄矣。《春官·肆師》：「表貉則為位。」《唐石經》「表」上衍「祭」字，而諸本因之，後人又改司兒筵《注》之「表貉」為「祭表貉」，妄矣。《秋官·象胥》：「次事士。」舊本「士」上衍「上」字，後人又增「上」字於注內，妄矣。《燕禮》：「閽人為燭於門外。」後人於「燭」上加「大」，又加於《注疏》內，妄矣。《聘禮》：「遂以入。」《唐石經》「入」下衍「竟」字，而諸本因之，後人又加「竟」字於《注疏》內，妄矣。《士喪禮》下篇：「眾主人東即位。」舊本脫「主」字，後人又改《疏》以從之，妄矣。《特牲饋食禮》：「佐食爾黍於席上，反黍於其所。」《唐石經》「黍」下並衍「稷」字，而諸本因之，後人又改少牢《疏》以從之，妄矣。《大戴禮·曾子立事》篇：「患其不能以讓也。」舊本「患」誤作「貴」，後人刪「不」字、「以」字，並改盧注，妄矣。《衛將軍·文子》篇：「蓋三千就焉。」舊本脫「千」字，後人又改盧注，妄矣。《曲禮》：「前有車騎則載鴻。」《唐石經》「鴻」上衍「飛」字，而諸本因之，後人又加「飛」字於《正義》內，妄矣。「使自稱曰某。」《唐石經》「使」下衍「者」字，而諸本因之，後人又加「者」字於《正義》內，妄矣。「豚曰腯肥。」《唐石經》依《正義》改「腞」為「腯」，而諸本因之，後人又據以改《正義》及《釋文》，妄矣。《檀弓》：「喪三年，以為極，亡則弗忘之矣。」「亡」字屬下讀，後人依《釋文》以「亡」字屬上讀，

〔註163〕黃侃述、黃焯撰集：《訓詁學筆記》「增字解經」條，見《黃侃國學講義錄》第268頁，中華書局2006年版。

又於《正義》內「極」下加「亡」字，妄矣。「先王之所以難言也。」《唐石經》
初刻有「以」字，改刻刪之，後人又於《正義》內刪「以」字，妄矣。《王制》：
「亦弗欲生也。」《唐石經》「欲」訛作「故」，而諸本因之，後人又改《正義》
以從之，妄矣。《月令》：「還乃賞公卿諸侯大夫於朝。」舊本「乃」誤作「反」，
後人又改孟冬《正義》以從之，妄矣。「孟冬行夏令，則風雨不時。」唐《月
令》改「風雨」為「雨水」，而諸本因之，後人又改《正義》以從之，妄矣。
「蠶事既畢。」舊本脫「既」字，後人又於《正義》內刪「既」字，妄矣。「孟
夏行春令，則蟲蝗為災。」後人改「蟲蝗」為「蝗蟲」，又改《注疏》、《釋文》
以從之，妄矣。「度有短長。」與「裳」、「量」、「常」為韻，舊本「短長」誤
作「長短」，後人又改《正義》以從之，妄矣。「毋逆天數。」舊本「天」誤作
「大」，後人又於《正義》內加「善」為「大」，妄矣。《唐石經》「善」誤為
「大」，而諸本因之，後人又改《正義》之「之大」二字，妄矣。《禮器》：「必
先有事於郊宮。」後人改「郊宮」為「泮宮」，又改《注》以從之，妄矣。《喪
服小記》：「齊衰帶惡笄以終喪。」《唐石經》脫「帶」字，而諸本因之，後人
又於《正義》內刪「帶」字，妄矣。《少儀》：「枕穎几杖。」《唐石經》誤倒
「穎」字於「幾」下，而諸本因之，後人又改《正義》以從之，妄矣。《樂記》：
「曲直、繁省、廉肉、節奏。」《唐石經》依《釋文》改「省」為「瘠」，而諸
本因之，後人又改《注》及《正義》以從之，妄矣。《喪大記》：「先入右。」
《唐石經》「入」下衍「門」字，而諸本因之，後人又加「門」字於《正義》
內，妄矣。《祭義》：「敷之而橫乎四海。」《唐石經》「敷」誤作「溥」，而諸本
因之，後人又改《釋文》、《正義》以從之，妄矣。《祭統》：「見其備於廟中也。」
《唐石經》依《釋文》改「備」為「修」，而諸本因之，後人又改《正義》以
從之，妄矣。《中庸》：「達諸天地而不悖。」《唐石經》「達」誤作「建」，而諸
本因之，後人又改《正義》以從之，妄矣。《投壺》：「司射進度壺，以二矢半。」
《唐石經》「以」上衍「間」字，而諸本因之，後人又加入《正義》內，妄矣。
《儒行》：「鷙蟲攫搏，不程其勇。」《唐石經》「其勇」誤作「勇者」，而諸本
因之，後人又改《正義》以從之，妄矣。《冠義》：「遂以摯見於卿大夫。」《唐
石經》依《釋文》改「卿」為「鄉」，而諸本因之，後人又據以改《正義》，妄
矣。《昏義》：「教成之祭。」《唐石經》「之祭」誤作「祭之」，而諸本因之，後
人又改《正義》以從之，妄矣。僖三十三年《左傳》：「鄭之有原圃也，猶秦之
有具囿也。」《唐石經》下「圃」字誤作「囿」，而諸本因之，後人又據以改

《注》及《正義》，妄矣。宣二年傳：「趙穿殺靈公於桃園。」《唐石經》「沙」誤為「攻」，而諸本因之，後人又改《釋文》之「殺」為「攻」，妄矣。襄二十九年傳：「其有陶唐氏之遺風乎？」《唐石經》「風」誤為「民」，而諸本因之，後人又據以改《正義》，妄矣。三十一年傳：「北公文子見令尹圍之儀。」《唐石經》「儀」字上衍「威」字，而諸本因之，後人又據以改《正義》，妄矣。昭七年傳：「孟僖子病，不能禮。」《唐石經》依或本「禮」上加「相」字，而諸本因之，後人又據以改上文杜《注》，妄矣。二十年傳：「偪爾之關。」爾同邇，舊本「爾」誤作「介」，後人又據以改杜《注》，妄矣。定九年傳：「如驂之有靳。」《唐石經》依《釋文》「有」字，而諸本因之，後人又據以改《正義》，妄矣。《魯語》：「禁罝麗。」諸本「罝」誤作「罳」，後人又據以改《注》，妄矣。莊十八年《公羊傳》：「此未有伐者。」後人於「伐」上加「言」字，又加於二十六年《疏》內，妄矣。《爾雅·釋獸》「鼮鼠」，《唐石經》「鼮」誤作「鼫」，而諸本因之，後人又據以改《釋文》，妄矣。

　　凡此者，皆改不誤之《注疏》、《釋文》，以從已誤之經文，其原本幾不可復識，然參差不齊之跡，終不可泯。善學者循其文意，證以他書，則可知經文雖誤，而《注疏》、《釋文》尚不誤，且據《注疏》、《釋文》之不誤以證經文之誤，可也。

【本篇結論】

　　《不可妄改經文》篇全部抄自《經義述聞》卷三十二「後人改注疏釋文」條，前面冠以釋題之語：「昔康成注經，確守古本，後人猶有改經之議，況後生小子，初解讀經，倘於義有未安，輒改其文，蔑經奚甚！且今之所據以為定本者，唯《注疏》與《經典釋文》而已。」後面又加一句扣題之語：「如不得其義而妄自改焉，則斷乎不可！」

《方音異同不可不曉》抄自《經義述聞序》、《困學紀聞》

【阮元《經義述聞序》】

　　昔郢人遺燕相書，夜書，曰「舉燭」，因而過書「舉燭」。燕相受書說之曰：「舉燭者，尚明也；尚明者，舉賢也。」國以治。治則治矣，非書意也。鄭人謂玉未理者「璞」，周人謂鼠未臘者「璞」。周人曰：「欲買璞乎？」鄭人慾之，出其「璞」，乃鼠也。夫誤會「舉燭」之義，幸而治；誤解「鼠璞」則大謬。由是言之，凡誤解古書，皆「舉燭」、「鼠璞」之類也。

【王應麟《困學紀聞》卷七】

公羊子齊人，其傳《春秋》多齊言：「登來」、「化我」、「樵之」、「漱浣」、「筍將」、「踴為」、「詐戰」、「往黨」、「往殆」、「於諸」、「累」、「怴」、「如」、「昉」、「棓」、「脰」之類是也。鄭康成北海人，其注「三禮」多齊言：麴麩曰媒、疾為戚、麇為獐、漚曰湊、椎為終葵、手足擊為骹、全菹為芋、祭為墮、題肩謂擊征、滑曰瀆、相絞訐為掉磬、無發為禿楬、稑為穋、殷聲如衣、祈之言是之類是也。方言之異如此，則《書》之誥、誓，其可強通哉！

【本篇結論】

《方音異同不可不曉》篇前段抄襲阮元《經義述聞序》，後段又取自宋王應麟《困學紀聞》卷七中語，最後又扣題：「故治經者，不可不知方言。」但其自注（「讀《爾雅》、揚子之類，隨時留心《方言》及《廣雅》，久之自能有得」）頗為費解，似有訛誤。若改為「讀《爾雅》、揚子《方言》及《廣雅》之類，隨時留心，久之自能有得」，則怡然理順。

《制度沿革不可不知》抄自《輶軒語》

【原文】

歷代制度互有異同。大而朝廟典章，小而服物器具，今為約略言之。有唐虞之制度，有三代之制度，有秦漢之制度，有魏、晉以下之制度。執魏、晉以下之制以考秦漢，未必不失秦漢矣。執秦漢之制以考三代，未必不失三代矣。執三代之制以考唐虞，亦未必不失唐虞矣。何也？一朝之制，有因，有革，有損，有益，據末世之事釋上古之文，安知今之所有者非皆古之所無乎？今之所無者非古之所有乎？

故凡考制度，宜多讀古書。古未有專考制度之成書，而其中間有論及前事，證之他書，其說適合，則即可引以為據。至《通典》、《通考》出，斯為考據專書。依類讀之，異同自見。又不可不多讀國朝人之書。國朝考據之學精，凡說經諸儒，俱通考古人制度，如顧、閻以下諸人皆是。而秦氏《五禮通考》，又為考禮之一大宗，其中雖不能有得而無失。制度甚難考，學者慎勿易言（又輿地代有沿革，學者尤宜留心），融會貫通，久而稽之，庶乎其不失歟！

【張之洞《輶軒語》】

《輶軒語‧讀經宜明訓詁》云:「古禮自有當時制度。」(《輶軒語詳注》第 44 頁)

《輶軒語‧讀史宜讀表志》云:「作史以作志為最難,讀史以讀志為最要。一代典章制度皆在其中。」(《輶軒語詳注》第 111 頁)

《輶軒語‧讀史忌妄議論古人賢否、古事得失》云:「事實詳確,善惡自分;首尾貫通,得失乃見。若不詳年月,不考地理,不明制度,不揣時勢,妄論苛求,橫生褒貶,則舛誤顛倒,徒供後人訕笑耳。讀史者貴能詳考事蹟、古人作用言論,推求盛衰之倚伏、政治之沿革、時勢之輕重、風氣之變遷,為其可以益人神智,遇事見諸設施耳。古人往矣,豈勞後人為之讞獄注考哉?」(《輶軒語詳注》第 112 頁)今按:前段似乎就此觀點展開。

《輶軒語‧宜讀通考》:「《通典》甚精,多存古書、古禮。於經學甚有益。若意在經濟,莫如《文獻通考》,詳博綜貫,尤便於用。中資者,倘苦其卷帙繁重,則坊刻有《文獻通考詳節》一書,亦可先一瀏覽,略得頭緒,然後從此問津。」(《輶軒語詳注》第 104 頁)

《輶軒語‧講求經濟》:「通曉經術,明於大義,博考史傳,周悉利病,此為根柢。尤宜討論本朝掌故,明悉當時事勢,方為切實經濟。蓋不讀書者為俗吏,見近不見遠、不知時務者為陋儒。可言不可行,即有大言正論,皆蹈《唐史》所譏「高而不切」之病。本朝書必宜讀者甚多……有志經世者,不厭求詳。」(《輶軒語詳注》第 8 頁)

【本篇結論】

《制度沿革不可不知》篇抄撮《輶軒語》有關制度沿革的論述,然後整合為一。

《平日讀書課程》抄自《輶軒語》

【《輶軒語‧語學第二》】

治經宜有次第。

先師旌德呂文節教不佞曰:「欲用注疏工夫,先看《毛詩》,次及『三禮』,再次及他經。」其說至精,請申其義。蓋《詩》、《禮》兩端,最切人事,義理較他經為顯,訓詁較他經為詳。其中言名物,學者能達與否,較然易見。且四經皆是鄭君玄注,完全無闕。《詩》則毛傳,粹然為西漢經師遺文,更不易得,

欲通古訓，尤在於茲。古人訓詁，乍讀似覺不情，非及此冰釋理順，解經終是隔膜。《禮》之條目頗多，卷帙亦巨，初學畏難。《詩》義該比興，兼得開發性靈，鄭箋多及禮制，此經既通，其於禮學尋途探求，自不能已。《詩》、《禮》兼明，他經方可著手。《書》道政事，《春秋》道名分。典禮既行，然後政事、名分可得而言也。《尚書》家伏生、《左傳》家賈生、《公羊》家董膠西、何邵公，皆精於禮學，案其書可知。《易》道深微，語簡文古，訓詁、禮制，在他經為精，在《易》為粗。所為至精，乃在陰陽變化消息，然非得其粗者得其精者。此姚姬傳論學古文法，援之以為學《易》法，精者可遇而不可鑿，鑿則妄矣。「三禮」之中，先《儀禮》、《禮記》，次《周禮》。《儀禮》句碎字實，難讀，能解，難記，易曉，注家最少，異說無多，好在《禮記》一書即是外傳。《禮記》難於《儀禮》，《儀禮》只十七件事，《禮記》之事多矣，特其文條達耳。《周禮》門類較多，事理更為博大，漢人說者亦少，晚出之故。故較難，然鄭注及國朝人零星解說，亦已明白。《尚書》辭義既古，隸古傳寫，通假訛誤，自漢初即有今古文兩家，異文歧讀，此謂真古文，非謂蔡傳所云「今文無古文有」之古文也。至西晉梅氏古文晚出，唐初偽孔傳專行，六朝江左即盛行，未定一尊耳。而漢代今古文兩家之經傳，一時俱絕，故尤難通。《春秋》乃聖人治世大權，微文隱義，本非同家人言語。《史記》明言之。「三傳」並立，旨趣各異：《公羊》家師說雖多，末流頗涉傅會，何注又復奧樸；《左傳》立學最晚，漢人師說寥寥，惟杜注行世，世人以其事博辭富，求傳而不求經，故《公羊》家理密而事疏，《左傳》家事詳而理略；非謂左氏，謂治左氏者耳。《穀梁》師說久微，見《隋書·經籍志》。國朝人治者亦少。學者於《春秋》，若謂事事能得聖心，談何容易？至於《周易》，統貫天人，成於四聖，理須後聖方能得曉，京、孟、虞、鄭諸大師以及後代諸家，皆止各道所得，見仁見智，從無一人能的解定論，勢使然也。且陰陽無形，即使謬稱妄說，無人能質其非，所以通者雖少而注者最多，演圖比象，任意紛紜，所謂畫狗馬難於畫鬼神之比也。

總之，《詩》、《禮》可解，《尚書》之文、《春秋》之義不能盡解，《周易》則通儒畢生探索，終是解者少，而不解者多。故治經次第，自近及遠，由顯通微，如此為便，較有實得。蜀士好談《易》，動輒著書，大可不必，切宜戒之。尹吉甫之詩曰：「古訓是式，威儀是力。」古訓，《詩》學也；威儀，《禮》學也。此古人為學之方也。試考春秋時，無人不誦《詩》學《禮》，稱道《尚書》者已較少，至於《周易》，除卜筮外，談者無多，意亦可知三代時《易》不以教學童，為太史掌之，今賴有《繫辭》，或可窺見一斑耳。

非謂此經精通，方讀彼經；謂淺顯者未明，則深奧者不必妄加穿鑿，橫生臆見。津梁既得，則各視性之所近，深造致精可也。治《詩》、《禮》可不兼「三經」，治「三經」必射《詩》、《禮》。

治經貴通大義。

每一經中皆有大義數十百條，宜研究詳明，會通貫串，方為有益。若僅隨文訓解，一無心得，仍不得為通也。

考據自是要義，但關係義理者，必應博考詳辨，弗明弗措。若細碎事體，猝不能定，姑仍舊說，不必徒耗日力。

讀書宜多讀古書。

除史傳外，唐以前書宜多讀，為其少空言耳。大約秦以上書，一字千金。由漢至隋，往往見寶，與其過也，無亦存之。唐至北宋，去半留半。南宋迄明，擇善而從。

宜讀國朝人經學書。

經語惟漢人能解，漢儒語惟國朝通儒能遍解。何也？國朝諸大儒讀書多，記書真，校書細，好看古書，不敢輕改古本，不肯輕駁古說，善思，善悟，善參校，善比例，善分別真偽，故經學為千古之冠。書多矣，以《皇清經解》為大宗……

讀子宜買叢書。

諸子切要者，國朝人多有校刻善本。多在叢書中。其未及者，明人亦多有仿宋重刻單行本。但枝節求之，即五都之市，亦須積年累月始能完備，將何日讀之耶？為學者計，只有多買叢書一法，購得一書即具數種，或數十種，其單行精本徐圖可也。

明刻叢書，極為荒率，脫誤固然，其專輒刪改最為大害。然不聞陶淵明語云：「慰情聊勝於無耶？」

明刻若《漢魏叢書》，凡四刻，後出愈多，刻不精，然易得。為子部大輞。《津逮秘書》，古傳記甚多，力能購者不可不蓄。其餘有四子、六子、十一子、二十子之屬，皆坊間所有，此外甚繁雜，《匯刻書目》備載之。今皆微矣。《品匯秘籍》，刪本，不好。近時刻本有《十子全書》，此書名甚陋，而習見價廉，中有善本，且皆舊注，惟批語不雅。荀、謝校《淮南》、莊校《莊子》，附釋文，皆好。通行易得。至國朝人刻本，率皆精好，二孫、星衍、馮翼。二盧、見曾、文弨。孔、繼涵。畢、沅。黃丕烈諸家尤勝。聚珍版本書亦叢書類，間有古子。惟其書體例不一不專，子部或止一兩種，《戴

氏遺書》、《郝氏遺書》、孔㧑軒所著書，竟是一人所著，而中有注解、古傳記。然其中有精校本、精注本、足本、孤本。學者過市遇叢書，可檢其目，多古籍者，萬不可忽。坊行《秘書廿八種》，粗惡誤人，不可看。

讀書宜博。

先博後約，《語》、《孟》通義。無論何種學問，先須多見多聞，再言心得。若株守坊本講章一部、兔園冊子數帙，而云致知窮理、好學能文，世無其理。

天下書，老死讀不可遍。《四庫》有未收者，有《四庫》書成後訪出者，有近人作者。博之為道將如何？曰：在有要而已。太史公曰：「儒家者流，博而寡要。」古書不可不解，真者不多，真古書無無用者。有用之書不可不見，不限古今。專門之書不可不詳考貫通。立志為何等學問，此類書即是專門。如是，則有涯涘可窮矣。若治經者，雜覽苦思，而所據多偽書、俗本。讀史者，記其詞語而不曉史法，多搜異聞而本事始末未嘗通考。為詞章者，頗有僻典難字而流別不明，華藻富豔而字義不合雅馴，引用但憑類書而不求本源。講經濟者，不通當代掌故，雖口如懸河，下筆萬言，猶之陋也。能祛數弊，斯為博矣。雖目有未見之書，文無希見之語，不害為博。

讀書不必畏難。

以上所言，當讀之書如此其緊，讀書之道如此其密，似乎莫殫莫究，何暇省身致用耶？是又不然……蓋讀書一事，古難今易。無論何門學問，國朝先正皆有極精之書。前人是者明證之，誤者辨析之，難考者考出之，不可見之書採集之。一分真偽，而古書去其半；一分瑕瑜，而列朝書去其十之八九矣。且諸公最好著為後人省精力之書：一搜補，或從群書中搜出，或補完，或綴緝。一校訂，訛、脫、同、異。一考證，據本書，據注，據他書。一譜錄，提要及紀元、地理各種表譜。此皆積畢生之精力，踵曩代之成書而後成者，故同此一書，古人十年方通者，今人三年可矣。前人甚苦，在前人，卻於己無大益，校書及注古集尤甚。後人甚樂。諸公作室，我輩居之。諸公指器，我輩用之。今日只須善買書，讀書便省力，易見效。士生今日，若肯讀書，真可不費無益之精神，若無諸公，自考之，則甚勞；不考之，則多誤。而取益身心，坐收實用，據漢學之成書，玩宋學之義理，此時不再考證，亦已足用，但多覽先正考證之書而篤信之可矣，此事亦無窮，力有餘者聽之。事半古人，功必倍之。慎無驚怖其言，以為河漢而無極也！

【本篇結論】

《平日讀書課程》篇抄自張之洞《輶軒語》。

原文云：「貴博貴精尤貴通。博而不精，則近於泛濫；精而不通，則近於拘執。然精通難言，必先由博而入，心力交致，方能臻斯。」此節觀點抄自《輶軒語・語學第二》「讀書貴博貴精尤貴通」：「該貫六藝，斟酌百家，既不少見而多怪，亦不非今而泥古，從善棄瑕，是之謂通。若夫偏袒一家，得此失彼，所謂是丹非素，一孔之論者也。然必先求博，則不至以臆說俗見為通。先須求精，則不至以捆亂無主為通。不博不精，通字難言。初學慎勿藉口。」

原文另有一段云：「宜講小學（非朱子所云之小學）。許氏《說文》為小學之大綱，二徐而下，惟國朝諸老能知其義。段氏注雖繁，而精博自不可及，學者須奉以為宗主，後及桂氏各注。」此與張之洞《桂氏說文義證敘》相似：「治經貴通大義，然求通義理必自音訓始，欲通音訓必自《說文》始。國朝經師類皆覃精小學，其校釋辯證《說文》之書最顯者十餘家，而以段注本為甲。習聞諸老師言，段書外，惟曲阜桂氏《義證》為可與抗顏行者。」

《箕子明夷解》抄自《皇清經解》

周中孚《箕子明夷解》云：

《易》言「箕子之明夷」與「帝乙歸妹」、「高宗伐鬼方」，皆商事也。故馬季長即以箕子之事注之曰：「箕子，紂之諸父，明於天道、洪範之九疇，德可以王，故以當五知紂之惡，無可奈何，同姓恩深，不忍棄去，被髮佯狂，以明為暗，故曰箕子之『明夷』，卒以全身，為武王師，名傳無窮，故曰『利貞』矣。」

案：《彖傳》明言文王以之，箕子以之，箕子與文王並稱，益知馬注之確，所以虞仲翔注《彖傳》亦即以馬為說也。《漢書・儒林傳》，專載諸儒傳經源流，不及兼採眾說，獨於《孟喜傳》附一說云：「蜀人趙賓好小數書，後為《易飾》、《易文》，以為箕子明夷，陰陽氣亡箕子，箕子者，萬物方荄茲也。賓持論巧慧，易家不能難，皆曰非古法也，云受孟喜，喜為名之，後賓死，莫能持其說，喜因不肯仞，以此不見信。」觀孟堅之載此，非有取於其說也，正以其說之穿鑿，示人以不可從爾，故顏師古亦即引《彖傳》以證其說之妄，然後為之解曰：「荄茲，言其根荄方滋茂也。」其見卓矣。《釋文》載劉向說云：「今易『箕子』作『荄滋』。」又載鄒湛說云：「荀爽訓箕為荄，詁子為滋。」漫衍無經，不可致詰，可見持其說而信之者，未始無球人也。近儒尚有引趙賓之說以說孟喜之卦氣，而復引朱文公說云：「疑當時箕子曾占得此爻，後人因而記之，而聖人以入爻也。」二說兼收，自相牴牾，宗漢學者當如是乎？

《易伐鬼方解》抄自《皇清經解》

李方湛《易伐鬼方解》云：

　　《既濟》九三：「高宗伐鬼方。」元和惠棟云：「商之鬼方，周荊楚之地。《商頌·殷武》即伐鬼方詩也。」按：王伯厚《困學紀聞》解鬼方引《後漢書·西羌傳》：「武丁征西羌鬼方，三年乃克。」《竹書》云：「武丁三十五年，周公季歷伐西落鬼戎。」鬼戎即鬼方。《文選》楊子雲、趙充國頌：「鬼方賓服。」李善注引《世本注》云：「鬼方於漢則先零戎也。」其解鬼方又在今梁州。試為考之。

　　《大戴禮·帝系篇》云：「陸終氏娶於鬼方氏。」《史記·楚世家》云：「陸終氏生子六人，六曰季連，羋姓。」楚為羋姓之後，則鬼方自當在荊楚之地。又《小戴記·明堂位》云：「紂脯鬼侯。」《史記·殷本紀》云：「紂以西伯昌、九侯、鄂侯為三公。」徐廣曰：「九侯一作鬼侯。」《文王世子》云：「武王曰西方有九國焉，君王其終撫諸！」孔穎達《正義》云：「西方九國：庸、蜀、羌、髳、微、盧、彭、濮之徒。」九國或即鬼方種類。又《既濟》九三：「爻辰在辰。」辰為壽星之次，鄭分野鄭南與楚鄰，商時或尚為鬼國地，故《既濟》此爻即取象於此。《左傳》文十六年：「庸人帥群蠻以叛楚。」注：庸屬楚之小國（《後漢書·南蠻楚傳》：「蠻屬於與鄢陵之役，蠻共王合兵擊晉。」）。「麋人率百濮聚於選。」注：濮，夷也。昭九年傳：「詹桓伯曰：巴、濮、楚、鄧，吾南土也。」韋昭《國語注》云：「濮，南蠻之國。」孔安國《牧誓傳》云：「庸、濮，在江漢之南。」

　　是庸、蜀、羌、髳、微、盧、彭、濮種類，皆西南夷，亦與楚鄰，不得即與西羌當鬼方。惠說是也。

《考工記五材解》抄自《學海堂三集》

黃明宏《考工記五材解》：

　　《考工記》曰：「以飭五材，以辨明器。」五材為金、木、水、火、土，先鄭誼甚明。《左傳》：「天生五材，民並用之。」杜注亦云金、木、水、火、土也。此「飭五材」句，與「辨明器」對文，散而言之，則「材」與「器」同；合而言之，則「材」與「器」異。凡物可為用者羽絨材，而由人工而成則為器。《左傳·正義》曰：「五物世所行用，故謂之五行，五者各有材能，傳又謂

之五材。」（昭二十五年《正義》）此材字之誼也。《記》先言飭五材，後乃言辨明器，言飭五材以辨明器也。材則物之未成者，器則物之已成者，物始於未成，而終乃得成也。五材為金、木、水、火、土，亦即本《記》而言。金如「攻金之工、築冶鳧、栗、段、桃」是也。木如「攻木之工：輪、輿、弓、廬、匠、車、梓」是也，土如「摶埴之工：陶、瓬」是也。至於水、火，則如《輪人》云：「凡揉牙，外不廉而內不挫，旁不腫，謂之用火之善。」又云：「水之以視其平，沈之均也」是也。又如《弓人》云：「撟幹欲孰於火而無贏，撟角欲孰於火而無燂，〔引筋欲盡而無傷其力。〕鬻膠欲孰而水火相得。」皆言水火者也。此皆本《記》中所有而言者。或難之曰：「水火可製器，不可為器，《考工記》之五材，似不得指水火。」不知正惟不得為器，故《記》於金、木、水、火、土五者但名之曰材，不名之曰器。至下句云：「民器始就。」本《記》中之各物言之，如皮玉及設色之工是也。民器既指本《記》中各物言，則五材制金、木、水、火、土益明矣。後鄭謂五材為金、木、皮、玉、土，蓋即本《記》各工分列之，而於設色之工末有專屬，似不如先鄭說為長。且金、木、皮、玉、土均在五行之中，金、木、土固為五行之三，而皮、玉亦五行之所生，非有五行，何有皮、玉？先鄭之說，又可包後鄭之說。後鄭之說，仍不出先鄭之說。賈疏不分述先後鄭，而專以先鄭之說為非，非也。

今案：賈氏駁先鄭之說，其不然者有三：賈疏云：「知有皮、玉，無水、火者，以百工定造器物之人，水火單用不得為器物，故不取之。知有皮、玉者，此三十工之內，函人為甲，韗人為皋陶造鼓，鮑人主治皮，又有玉人之等，故知有皮、玉之等，故知有皮、玉無水火也。」案：水、火與金、木、土同為五行，凡物皆生於天地，即皆生於水火，民非水火不生活，故民並用焉，而乃云不得為器物，其不然者一也；「函人為甲，韗人為皋陶造鼓，鮑人主治皮，又有玉人之等，」如其說必一一數之，始成三十工，《記》何以不云三十材而雲五材，其不然者二也；若謂金、木、皮、玉、土可統三十材乎？而必拘拘於皮、玉，其不然者三也。

《五霸考》抄自《皇清經解》

蔣炯《五霸考》云：

五霸有二：有三代之五伯，有春秋之五霸。《左傳》齊國佐曰：「五伯之霸也，勤而撫之，以役王命。」杜氏注為三代之五霸，確是。《孟子》：「五霸

者，三王之罪人也；今之諸侯，五霸之罪人也。」趙氏注為春秋之五霸，確是。丁氏釋《孟子》，從《左傳》注，與趙說異。《集注》並存二義，而無所折衷。豈以嚴安云：「周之衰三百餘歲，而五霸更起。」則五霸宜如趙注，以經文五霸三王之罪人，似統論三代之伯。又《左傳》椒舉六王二公，《穀梁傳》交摯子不及二伯，周伯唯二，但數齊桓、晉文，則五霸又宜從丁釋，故不折衷與？竊以「霸」古字作「伯」，所謂侯、伯也，侯、伯命於天子，得專征伐，而孟子乃以伐諸侯為罪，於此可證此五霸唯據東周以後而言。若夏昆吾、商大彭、豕韋，皆受王命為伯，征伐不得為罪。《竹書紀年》：「夏帝仲康六年，錫昆吾命作伯。」「商祖乙元年，命彭伯、韋伯」是也。春秋之霸，惟齊桓、晉文有王命。《左傳》莊公二十七年：「王使召伯廖賜齊侯命。」僖公二十八年，策名晉侯為侯伯。然齊未受命之時，已先滅譚、滅遂、伐宋、伐鄭，晉未對命之前，已先入曹、伐衛、戰楚、城濮。至宋襄，王者之後例不為伯。秦穆、楚莊，僻在戎蠻，並無王命，莫不連兵侵伐，以爭雄長，此衰周之五霸，摟諸侯以伐諸侯，所以為罪也。

《周初洛邑宗廟考》抄自《學海堂二集》

吳文起《周初洛邑宗廟考》云：

　　周初，洛邑有明堂而無宗廟，明堂之中央曰太室。《書·洛誥》：「王入太室祼。」鄭君曰：「太室，明堂之中央室。」是也。太室即世室，而祀文武於其中，故又有文世室、武世室之號，此宗禮特祀，不在七廟常數之中也。

　　許氏宗彥《世室考》曰：「聖人御世，功德廣遠，天下後世，蒙其德澤，則必有崇祀以為大報，故有祖宗之祭。周公營洛，建明堂，大合諸侯，祀於太室，所以顯明文武之功德於天下，此周人祖宗之巨典也。」

　　案：文武祀於明堂太室，故又謂之太廟，亦曰清廟，又以文統武，只稱文廟。古《周禮》、《孝經》說明堂文王之廟，《大戴禮·盛德篇》或以為明堂者，文王之廟。鄭君《樂記注》：「文王之廟為明堂。」《洛誥注》文祖周曰，明堂以稱文王，是也（鄭君以文祖為周明堂者，猶以藝祖為有虞明堂也）。

　　又案：《詩·清廟·序》：「祀文王也，周公既成洛邑，朝諸侯，率以祀文王焉。」我將序祀文王於明堂也，義亦從同。《洛誥》言「禋於文王、武王」，則文、武固並祀於明堂矣。而文、武以上皆不及祭，故知洛邑無宗廟也。蓋明堂、太室、世室、太廟、清廟，一也。《詩·靈臺》、《正義》引盧植《禮記注》、

穎容《春秋釋例》、賈逵、服虔注《左傳》並云：「太廟、明堂同地。」《晉書・紀瞻傳》、《答秀才策》云：「周制明堂，所以宗其祖以配上帝，其中皆云太廟。蔡邕《月令論》云：取其宗祀之清貌，則曰清廟；取其正室之貌，則曰太廟；取其尊崇，則曰太室；取其堂，則曰明堂。」然則《洛誥》之「太室」，即《禮》之「明堂」，《詩》之「清廟」，而非五世、七世之宗廟，其事甚明。

許氏又曰：「天子適諸侯，舍太廟。其至洛，則舍明堂，即同路寢，故謂太廟、路寢、明堂，異名同地。明堂所祀只，不在數中之宗祖，其在昭右穆之宗廟，自在觀門之左，於明堂不相涉。」

案：昭穆之祀，在鎬京，四親外為二廟，與太祖廟而七，雖文武不能無祧，去祧為壇，去壇為墠，此親親之殺也。宗禮之定，在營洛明堂之中，為世室而宗祀文武以饗帝，此尊尊之義也。後儒不審世室為明堂，而列諸昭穆廟數中，又誤讀《洛誥》與《詩序》，遂謂洛邑更立宗廟，不知周公固未嘗兩都並建宗廟也。

又《逸周書・作洛解》：「乃位五宮、大廟、宗宮、考宮、路寢、明堂。」許氏據《北史・宇文愷傳》引《周書》，無「宗宮考宮」四字，《隋書・牛弘傳》亦無「考宮」二字，證其衍誤，已為明確。

又《尚書大傳》言「卜洛邑，營成周，改正朔，立宗廟」云云，亦謂立明堂中之文武世室耳，非別立七廟也。又考《周禮》為周公營洛以後制治之書，鄭君訓正位為宮廟，亦依禮文泛釋而已，其實此書未施行也，故《偽孔傳》只訓《書》攻位為治都邑之位，《正義》乃謂規度其城郭、郊廟、朝市之位，良由誤意洛邑別立宗廟故耳。

又許氏本南齊何佟之議，謂《孝經》所言宗祀文王於明堂，為岐周之明堂。汪中《明堂通釋》據《禮》謂岐周明堂在郊，為周公攝政六年宗祀文王以配上帝之所。案：岐周明堂饗帝，而以文王相配耳，非常祀文王於其中也。迨周公營洛邑，推尊尊之典，復建明堂，並祀文武於太室，其得蒙清廟諸名。以此，愚故曰：周初，洛邑有明堂而無宗廟，知兩都未嘗並建宗廟也。然則漢、沛宮原廟之設，唐東都闕主之議，詎可以上誣周公哉？

《深衣考》抄自《學海堂三集》

周以貞《深衣考》：

深衣制度，有近儒誤解當考正者：裁幅之法與夫續衽之制、鉤邊之文也。

　　裁幅之法，孔《疏》謂裳十有二幅，每幅交解之四邊，去縫，寬頭廣尺二寸，狹頭廣六寸，寬頭向下，狹頭向上，合十二幅，故要中七尺二寸，下齊一丈四尺四寸。最得鄭《注》之義。考鄭《注》深衣云：「裳六幅，幅分之以為上下之殺，謂用布六幅，斜分之為十二幅。」《注》不用「斜」者，其斜分之義即於「上下之殺」見之也。如非斜裁，何以有殺？如非上狹下闊，何以言上下之殺？如非十二幅皆斜裁，何以言六幅？幅分之以為上下之殺乎？此十二幅皆斜裁，鄭《注》之顯而有據者也。

　　而近儒江氏永著《深衣考》，誤以孔《疏》為非，謂裳當中八幅用正裁，惟裳之四旁名衽者始用斜裁，左邊縫合前後裳幅為續衽，右邊別用曲裾掩之為鉤邊，自以為據《注》以破孔《疏》之謬，而編制其實與鄭《注》不合也。

　　續衽、鉤邊者，孔《疏》所謂「接續此衽，而鉤其旁邊」，即今之朝服，有曲裾而在旁者是也。蓋深衣有連屬之衽，猶禮服有垂放之衽，深衣之衽在裳幅之外，猶禮服之衽在裳幅之外，皆所以掩裳際也。禮服之裳不與衣連，裳前三幅，後四幅，故兩旁有垂放之衽以掩裳際。深衣之裳，上與衣連，裳幅相屬，惟裳之右邊前後幅不合，故亦用衽以掩之。《玉藻》言：「衽當旁謂衽，當裳之旁，明衽在裳幅之外也。」其衽幅交解之，如裳幅之制，上狹下闊，如裳幅之形，屬連於裳前幅，以交裳後幅，使裳前後幅可以相合，而不露裳里，此深衣所以言續衽，《注》所以言屬連之，不殊裳前後也。深衣之衽，異於禮服者：禮服則垂放而不續之於裳，深衣則續於裳而不垂放。故《玉藻》注云：「衽屬衣則垂而放之，屬裳則縫之，以合前後。」明深衣之續衽，所以異於禮服之垂衽也。邊裳，幅之邊也。裳幅之邊，謂裳前後幅交際之處也。按續此衽，而即以鉤其旁邊，使裳之前後可以合裳之後幅，而不露裳里，猶禮服兩旁皆有垂衽以掩之，以其別續一衽則謂之續衽，以其能鉤束前後裳幅之邊，則謂之鉤邊，非有二也。

　　江氏拘守法服無斜裁之說，自不得不以「裳當中八幅為正裁」；既以當中八幅為正裁，自不得不以四角為衽；既以四角為衽，自不得不以續衽，即鉤邊者止名為鉤邊，愈說而愈夢，而不紫其與經文注義不合也。若戴氏震《東原集》、焦氏循《禮記補疏》，其說與江氏同，其失即與江氏均。至萬氏充宗之誤，更不待言矣。

《八卦方位辨》抄自《學海堂二集》

吳儁《八卦方位辨》云：

八卦之象，成於日月，月受日光，三日震象出庚，八日兌象見丁，十五日乾象盈甲，十七日旦巽象退辛，廿三日艮象消丙，二十九日坤象滅乙。晦夕朔旦，坎象流戊，日中則離，離象就己，戊巳土位，象見於中，故八卦成列，天地定位甲乙也。山澤通氣，丙、丁也。雷風相薄，庚辛也。水火不相射，壬癸戊巳也。坎離震巽，以象四時，故正四方。離日中正南，故《說卦傳》：「南方之卦也。」坎月夜中正北沒，故曰正北方之卦。雷風相薄，震八成巽，故位巽於東南，以齊震艮。下弦晦望之中，位在癸甲之間，故曰東北峙掛。乾居西北以就坎，十五日月盈西北也。坤居西南以就離，晦朔月合日也。乾就月而居前，坤就日而居後，尊卑之義也。卦有定位，位有定方，何容異說羼入？自宋初方士始為先天之說，衍之為圖，儒者尊信其言，然義實有不足信者。《繫辭傳》：「天尊地卑，乾坤定矣。」虞注：「天貴故尊，地卑故賤。定謂成列。」又：「卑高以陳。貴賤位矣。」注：「乾高貴五，坤卑賤二，列貴賤者存乎位也，審如乾南坤北，則尊卑貴賤之列紊。」虞注屢言震春、兌秋、離夏、坎冬，審如離東、坎西，則四時之象舛。《通卦驗》：「乾主立冬，坎主冬至，艮主立春，震主春分。」審如其圖，則卦氣之義乖。《乾鑿度》云：「震生物於東方，位在二月；巽散之於東南，位在四月；離長之於南方，位在五月；坤養之於西南，位在六月；兌收之於西方，位在八月；乾制之於西北，位在十月；坎藏之於北方，位在十一月；艮終始之於東北方，位在十二月。」審如其圖，則四正四維之分，生長收成之道，皆悖矣。彼實據《說卦傳》文物說。然所謂天地定位，乃謂五貴二賤，非我謂乾南坤北為定位也。所謂通氣者，同氣相求；相薄者，同聲相應；不相射者，水火相通會於壬癸，皆不如彼所說。八卦之位，古人以之配八風、十二律、二十四節、二十八宿，而於先天皆不可通，後人亦卒無所用，適足以資談術者之惑世爾。彼於八卦之生，不本之日月，所謂太極、兩儀、四象、八卦，似皆巧合，而實程子所謂加一倍法，蓋有以罄其底蘊。故先天之說，程子當時已不之信，何後人不惟程子是信也！

《文王稱王辨》抄自《學海堂三集》

鄒伯奇《文王稱王辨》云：

文王不自稱王，秦漢以來已有其說，不必至宋儒始發其覆也。瀏覽古書，得九證焉。

《呂氏春秋‧誠廉篇》：「昔周之將興也，有士二人，處於孤竹，曰伯夷、叔齊。二人相謂曰：『吾聞西方有偏伯焉，似將有道者，今吾奚為處乎此哉？』二子西行如周，至於岐陽，則文王已歿矣。」按：文王將歿，猶謂「偏伯」，是未稱王也。其證一也。

《首時篇》：「王季歷困而死，文王苦之，有不忘羑里之醜，時未可也。武王事之，夙夜不懈，亦不忘王門之辱。立十二年，而成甲子之事。」按：此則十三年一月，師渡孟津，四月甲子，滅殷，當自武王即位起數，正匝十二年矣。不蒙文王年數也，則文王並未改元。其證二也。

《觀世篇》：「太公釣於滋泉，遭紂之世也，故文王得之。文王千乘也，紂天子也，天子失之，而千乘得之，知之與不知也。」按：此則得太公之時謂文王千乘，而非天子。其證三也。

《指武篇》：「召周公而問焉，曰：『天下之圖事者，皆以殷為天子，以周為諸侯，以諸侯攻天子，勝之有道乎？』」按：武王伐紂，猶自稱為諸侯，稱紂為天子，則文王亦諸侯矣。其證四也。

《孟子‧公孫丑篇》：「且以文王之德，百年而後崩，猶未洽於天下；武王、周公繼之，然後大行。今言王若易然，則文王不足法與？」趙岐注：「文王尚不能及身而王，何謂王易然也？」按：王，有天下也，有天下始稱王矣。文王不能王天下，則不稱王矣。其證五也。

《滕文公篇》：「詩云『周雖舊邦，其命惟新』，文王之謂也。」趙岐注：「言周雖后稷以來，舊為諸侯，其受王命，惟文王新復修治禮義，以致之耳。」按：趙說受紂王之命，以勉滕文自新其國，非稱王也。其證六也。

《禮記大傳》：「追王大王亶父，王季歷，文王昌，不以卑臨尊也。」鄭注云：「不用諸侯之號，臨天子也，文王稱王早矣，於殷猶為諸侯，於是著焉。」按：鄭云：「『文王稱王早』者，早於大王、王季耳。謂載木主號為文王也。曰『於殷猶為諸侯，於是著』者，謂與大王、王季同為殷諸侯，故並著之也。」《疏》引《中侯我應》失之。王氏鳴盛《尚書後案》亦云：「鄭《尚書注》久

亡，予雖博採成編，亦不見文王稱王明文。」惟孔《疏》云：「鄭言文王生王耳。」安知鄭當日不作疑詞乎？其證七也。

《論衡・感應篇》：「王者，名之尊號也，人臣不得名也。」難曰：「人臣猶得名王，禮乎？武王下車追王大王、王季、文王。三人〔稱〕者，諸侯，亦人臣也，以王號加之。」按：王充以王跡起於三人，故雖諸侯，亦以王號加之，則文王之終為侯可知也。其證八也。

《風俗通義・禮號謐記說》：「夏禹、殷湯、周武王，是三王也。」《尚書》說：「文王作罰，刑茲無赦。」《詩》說：「有命自天，命此文王。」「文王受命，有此武功。」「儀刑文王，萬國作孚。」《春秋》說：「王者孰謂？謂文王也。」謹案：《易》稱：「湯、武革命。」《尚書》：「武王戎車三百兩，虎賁八百人，擒紂于牧之野。」「惟十有三祀，王訪於箕子。」《詩》云「亮彼武王，襲伐大商。」「勝殷遏劉，耆定武功。」由是言之：武王審矣。《論語》：「文王率殷之叛國，」「以服事殷。」時尚臣屬，何緣便得列三王哉？經美文王，三分天下有其二，王業始兆於此耳。俗儒新生，不能採綜，多（其）〔共〕辯論，至於訟閧；（太）〔大〕王、王季，皆見追號，豈可復謂已王乎？按：此則稱王之說出於俗儒。其證九也。

若夫天無二日，土無二主，則又天壤之大義，眾庶所曉然，宋儒已有發明，今不復論。

《緯候不起於哀平辨》抄自《皇清經解》

李富孫《緯候不起於哀平辨》：

七緯儷經而行，多孔氏、七十子之遺言。相傳孔子既敘六經，知後世不稽同其意，別立緯及讖八十一首，以遺來世。後為方士所採取，又以誕妄之說附益之，故其言有醇駁，今散見於諸書者，可別白也。後儒不察，以緯候之書起於哀、平之際，斥其偽妄，欲一概屏之，亦過矣。

按《蒼頡篇》云：「讖書，河洛書也。」秦語：秦三十二年，燕人盧生奏籙圖曰：「亡秦者胡也。」《史記・秦本紀》：有人遮使者曰：「今年祖龍死。」此即讖緯之言也。

《太史公自序》引孔子曰：「我欲載之空言，不如見之於行事之深切著明也。」此《春秋緯》文。

又《易》曰:「失之毫釐,謬以千里。」徐廣曰:「今《易》無此語,《易緯》有之。」《禮記‧經解》亦引「差若毫釐,謬以千里」。則史公與戴聖已得見緯書矣。

《前漢‧翼奉傳》:「臣學齊詩,聞五際之要。」五際之說本於《詩緯‧泛曆篇》及《春秋緯‧演孔圖》,見鄭氏《六藝論》。《蓋寬饒傳》引《易傳》言:「五帝官天下,三王家天下,家以傳子,官以傳賢。」何孟春謂,今《易》無此語,或曰《易緯》文也。則宣帝、元帝時已有其書矣。

楊雄《太玄經》,張行成謂其法本於《易緯卦氣圖》,卦氣圖之用出於孟喜章句,而焦贛以六日七分更值用事,各有占驗。洪适《隸釋》載小黃門譙敏碑,稱其先故國師譙贛深明典奧識錄圖緯,能精微天意,傳道與京君明,則緯識已為焦氏、京氏之所授受矣。

張衡不信緯書,然其所作《思玄賦》有云:「贏摘讖而戒戎胡兮,備諸外而發內。」則亦以秦時已有讖書矣。迨光武應符讖以興,遂篤信不疑,至讀之廡下,故其書大行於東漢,咸以通「七緯」為內學,通「五經」為外學。其見於范史及諸碑碣者無論,而賈逵以此論左氏學,曹褒以此定漢禮作大予樂,鄭康成、何休亦以讖注經,使果出於哀、平、王莽之時,則賈、鄭諸大儒必不肯以此汨經,況證以《春秋外傳》及史遷、班固諸書,其非起於哀、平明甚,豈得謂不載《漢‧藝文志》,遂疑其偽而欲盡去之也?

《辟雍太學說》抄自《皇清經解》

孫同元《辟雍太學說》:

蔡邕《月令論》:以明堂、太廟、太學、辟雍為一。然考之經籍,所記多牴牾。鄭康成則以辟雍即太學,而與明堂、宗廟異處,其言徵實可信。乃盧植《禮記注》又云:「明堂即太廟也。天子太廟,上可以望氣,故謂之靈臺;中可以敘昭穆,故謂之太廟;圜之以水,似璧,故謂之辟廱。古法皆同一處,時世殊異分為三耳。」蓋兼通兩家之說。

商周以後,文質大備,其勢不可以不分,然追溯其始,則未嘗不合也。康成所言,猶是周制,《詩》詠靈臺、靈沼、靈囿,而繼之以辟雍,則三靈與辟雍皆同處在郊。而《王制》言太學在郊,天子曰辟雍,諸侯曰泮宮。〔天子命之教,然後為學。小學在公宮南之左。大學在郊。天子曰辟雍。諸侯曰泮宮。〕故康成以辟雍為即太學,其實就後世而論,不但明堂、太廟與太學異

處，即辟雍與太學亦未嘗不異也。考《詩》言辟雍與囿沼同處，固以為遊息之所，而非學校之地。《孟子》備舉三代之名，《周官》詳言成均之事，皆不及辟雍。《說文》「廱」字注云：「天子饗飲辟廱也。」亦不云學名。漢魏以降，皆以太學與辟雍為二。明帝永平中，嘗幸辟雍，遣使者以安車，迎三老五更於太學，則太學為眾學之居。袁準《正論》所言不謬也。至釋奠之禮，漢魏故事，或在辟雍，或在太學，迄無定所。晉元康、太興之世，皆釋奠太學，唯成帝在辟雍，自是一時制也。其後用太常王彪之議，定於太學，行饗於辟雍，其地不同，其用亦不同也。逮乎廢辟雍而立太學，乃改舊制於太學之外，園之以水，於是又合而一之矣。

《八蠟說》抄自《學海堂三集》

金錫齡《八蠟說》：

《禮記·郊特牲》：「八蠟以記四方。」注云：「蠟有八者，先嗇一也，司嗇二也，農三也，郵表畷四也，貓虎五也，坊六也，水庸七也，昆蟲八也。」孔《疏》謂王肅分貓、虎為二，無昆蟲。按：王肅之說非也。《郊特牲》云：「蠟也者，索也。歲十二月，合聚萬物而索饗之也。」注云：「饗者祭其神也。萬物有功加於民者，神使為之也，祭之以報焉。」《周禮·春官》：「鑰章……國祭蠟，則龡豳頌，擊土鼓，以息老物。」注云：「萬物助天成歲事，至此為其老而勞，乃祀而老息之。」是蠟祭遍及萬物，非止於八神，以其尤有功於田，故特著之。《甫田》孔《疏》云：「此八蠟為之主耳，所祭不止於此，四方百物皆祭之。」是也。鄭氏以昆蟲為八蠟之一，其義甚確。按：《春官·大司樂》云：「凡六樂者，一變而致羽物及川澤之示，再變而致臝物及山林之示，三變而致鱗物及丘陵之示，四變而致毛物及墳衍之示，五變而致介物及土示，六變而致象物及天神。」注云：「此謂大蠟索鬼神而致百物，六奏樂而禮畢。」又《大宗伯》云：「以疈辜祭四方百物。」注云：「謂磔禳及蠟祭。」是蠟祭者，明堂合樂以作動物之祭也（詳惠徵君《明堂大道錄》）昆蟲，動物也。《夏小正》昆小蟲傳曰：「昆者眾也，猶魂魄也，魂魄者動也，小蟲動也。」鄭《注》「昆蟲毋作」云：「昆蟲，暑生寒死，螟蟲之屬為害者也。」按：昆蟲不止螟蟲。《王制》「昆蟲未蟄」注云：「昆，明也，明蟲者得陽而生，得陰而藏。」《祭統》「昆蟲之異」注云：「昆蟲謂溫生寒死之蟲也。」是昆蟲渾言之所該者廣，鄭特舉螟蟲者以其為害耳。《月令》「百螣時起」注云：「言百者明眾類並

為害。」是為害者甚多，故鄭加之屬二字也。《說文》蟲字解云：「物之細微，或行，或毛，或贏，或介，或鱗，以蟲為象。」蚰從二蟲，蟲從三蟲，言蚰蟲而大司農所致群物皆悉包之，以昆蟲為之主耳。此八蠟所以終昆蟲，古人祭祀之精意也。蔡中郎亦數昆蟲，與鄭氏合。大蠟索鬼神而致百物，以昆蟲毌作為八蠟之終。《禮運》因以蠟賓而及四靈，以無水旱昆蟲之災（鄭注云：「言大順之時，陰陽和也。昆蟲之災，螟蟲之屬。」）為明堂之符，其義一也。至貓虎同類，本無庸分。孔《疏》云：「貓虎俱是除田中之害，不得分為二。」不言與故合為一也。又按：《郊特牲》云：「饗農及郵表畷禽獸。」《疏》云：「禽獸者即下文云貓虎之屬。」是貓虎即禽獸，王子雍分為二，於義乖矣。或疑祝辭「草木歸其澤」，則草木當有神，八蠟數昆蟲而不及草木，孔氏已辨之。或疑昆蟲害稼，於禮不當祭，近時錢氏《潛研堂答問》已辨之，是八蠟當及昆蟲，已無疑義。後儒張載、陳祥道去昆蟲而增百種，呂大臨去先嗇、昆蟲而增百種，又分貓虎為二，近時蔡德晉分郵表畷為二，皆無取焉。

《格物說》抄自《皇清經解》

徐養原《格物說》：

釋格物之義者，多至七十二家，聚訟紛紜，幾如議禮。夫程、朱為理學正宗，則或問所載二程之說一十六條，乃格物之正義，其餘曲說，固可一掃而空之矣。惟鄭氏舊注，立學校者已向千載，雖精研未若閩、洛，而訓詁具有師承，或尚可以備一解乎！鄭氏云：知，謂知善惡，吉凶之所至始也。格，來也；物，猶事也。其知於善物，則來惡物，言事緣人所好來也。按：格之訓來，見於《釋言》，非臆說也。蓋知者，非昭昭靈靈之謂也，謂其能知物也，物不來則何所知乎？所謂致知在格物者，言欲致吾之知，在因夫事物之來，以審夫善惡之幾而已。天下之物，有善有惡，皆緣人所好以招致之，唯因其來，而有以審其善惡之幾，則自然知所當好，知所當惡，故曰物格而後知，至凡物之未來，寂然不動，及其既來，感而遂通。《易》曰：「夫《易》，聖人所以極深而研幾也。」無有遠近幽深，遂知來物，所謂極深也。知至，至之可以幾也，所謂研幾也。極深研幾，格物致知之謂也。《樂記》曰：「物至知知，然後好惡形焉。物之感人無窮，而人之好惡無節，則是物至而人化物也。人化物也者，滅天理而窮人慾者也。」此與「格物」之義亦互相發明，夫人心之靈，足以知物，而物至又足以知。知有知，斯有好惡。《大學》一書，其要在

慎好惡，如好好色，如惡惡臭，循天理者也。好人所惡，惡人所好，循人慾者也。天理、人慾，善惡、吉凶之所終始也。苟非物來，何以知之乎？

《釋能》抄自《詁經精舍文集》

段玉裁《釋能》：

六書之體，指事、象形、諧聲、會意也。六書之用，轉注、假借也。六經傳注，自《爾雅》而下，皆兼言轉注、假借二者。而《說文》因字之體以言其用，故只言字之本義，不言假借。如「能」是獸名，其本義也，下文云能獸堅中，故稱賢能而彊壯，稱能傑。此是許之說假借處，與「韋」下云「故藉以為皮韋」、「烏」下云「故以為烏呼」、「來」下云「故以為行來之來」、「朋」下云「故以為朋黨字」、「西」下云「故因以為東西之西」、「子」下云「人以為稱」，為一例。全書中發明假借，只此數條而已。能之為「賢能」，為「能傑」，由「能獸堅中」而引申之也。引申之，則「賢能」、「能傑」為字之正義，凡今人曰能者皆是也。鄭說古書作「耐」，此由古能與而同音，耐與而有本義，古書音之假借也。鄭以漢人文字皆作能，此獨作耐，故釋之。非鄭謂能皆當為耐也。又才能本無正字，借能獸為之，若借耐為之，則又借中之借也。

今按：此文為段玉裁早年程作，載阮元《詁經精舍文集》卷九，又載劉盼遂輯校《經韻樓文集補編》卷上〔註164〕。

《釋貫》抄自《皇清經解》

金鶚《釋貫》：

「貫」，古通「摜」。《左傳》昭公二十六年：「貫瀆鬼神。」《說文》：「摜，習也，從手，貫聲。《春秋傳》曰：『摜瀆鬼神。』」是貫與摜通也。《說文》解「貫」字云：「錢貫之貫，從毌、貝。」是貫之本義非習也。習摜之摜當從手。《爾雅》：「貫，習也。」亦作「貫」，皆省文借用也。《說文》又有「遦」字，云「習」也，是「摜」之或體字也。《爾雅》、《釋文》「摜」作「慣」，云本又作「貫」，又通作「遦」，同「貫」，又通「宦」。《詩·國風》：「三歲貫女。」《魯詩》「貫」作「宦」。徐邈「貫」音「官」，此「宦」字之誤。「貫」與「宦」聲相近。又《傳》云：「貫，事也。」本《爾雅·釋詁》。「宦」與「義」亦近，

〔註164〕段玉裁：《經韻樓文集》，上海古籍出版社，2008年版，第363頁。

故通用也。「貫」又通「關」。《鄉射禮》:「不貫不釋放。」注云:「古文貫作關。」《史記‧伍子胥傳》:「伍胥貫弓執矢向使者。」注云:「貫,烏還反。」《後漢‧祭肜傳》:「能貫三百斤弓。」司馬貞曰:「滿弓張,其所謂貫,皆即《呂氏春秋》所謂中關而止之關也。」《鄉射禮》貫字亦當如此解,讀烏還反。鄭注云:「貫猶中也,不中正,不釋算也。」賈疏:「言不貫者,以其以布為侯,故中者貫穿布侯,故以中為貫也。」《釋文》:「貫,古亂反,中也,夫關者彎弓之限也。」《孟子》所謂「彀率」也。張弓中關,則能中正,故鄭云貫猶中也,賈氏以貫穿布侯解鄭說,誤矣。陸氏音「古亂反」,亦以為「貫穿」之「貫」,均誤矣。

古人射以觀德,貴於中,而不貴於貫侯。若以貫侯為貴,是尚力也。《記》曰:「禮,射不主皮。」鄭注云:「不主皮者,貴其容體比於禮,其節比於樂,不待中為雋也。主皮者,張獸皮而射之,主於獲也。」《論語》曰:「射不主皮,為力不同科。」蓋人之力有甚微者,不能至侯,則不中皮,而比於禮樂,亦必取之,不主於中也。然則射雖貴中,而猶有不待中為雋者,況貫侯乎?惟解為中關而止之,關則不失其彀率,即所謂比於禮樂者也,雖不中猶中也,故曰不貫不釋。鄭氏注「猶中」,「猶」字最有深意,而賈疏不能知也。「貫」又通「毌」,《說文》:「毌,穿物持之也,從一橫毌。」《論語》:「吾道一以貫之。」「貫」字當作「毌」,今本作「貫」,假借通用也。

《釋祊》抄自《學海堂三集》

侯度《釋祊》云:

「祊」字之訓,有渾言「廟門」者。《爾雅‧釋宮》:「閍謂之門。」李巡云:「閍,廟門名。」《郊特牲》:「索祭祝於祊。」注云:「廟門曰祊。」是也。有以為「門內」者。《詩‧楚茨》:「祝祭于祊。」《傳》云:「祊門內也。」《箋》云:「使祭博求之平生門內之旁,待賓客之處。」《說文》云:「上彭下示(即祊字)門內祭先祖所彷徨(今《說文》所下有以字,此據《詩》、《爾雅》音義)。」是也。有以為「門外」者。《禮器》:「為祊乎外。」《注》云:「祊祭,明日之繹祭也。謂之祊者,於廟門外之旁,因名焉。」《郊特牲》:「祊之於東方。」《注》云:「祊之禮宜於廟門外之西室,繹又於其堂,此二者同時,而大名曰繹。」《正義》引《爾雅》孫炎注云:「謂廟門外。」是也。《郊特牲》正義因謂祊有二種,一是正祭之時,既設祭於廟之西室,亦謂之祊。注家皆無

此說，孔氏誤也。《詩》、傳、箋皆以「門內」解「祊」字，並不以「祊」為祭名。「索祭於祊」注亦止云：「廟門曰祊。」下云：「謂之祊者，以於祭繹名也。」此祊字承廟門曰祊而解，亦非以祊為祭名也。《正義》云：「此既正祭日於廟門內求神，應總稱云廟，而謂之祊者，以祊是廟門，明日繹祭稱祊，雖今日之正祭假以明日繹祭稱祊名，同稱之曰祊也。」此說恐非《注》意。鄭義蓋謂廟門字應作「閍」，今作「祊」者，由於繹祭名祊，本從廟門之「閍」字取義，故廟門之「閍」亦通作「祊」也。知此注非謂廟門之祊，由於繹祭之祊得名者也，以為祊乎外。《注》既以祊祭為在廟門外之旁得名，不得又謂廟門反以繹祭得名也。至《說文》亦非以祊為祭名，由不得善讀書，以「門內祭先祖」絕句致誤，而下句遂不成文，因加「以」字足之云：「所以彷徨也。」語意亦未合，應讀從「門內」絕句，與毛《傳》同，「祭先祖所彷徨也」為一句，是釋「祊」字之取義。又引《詩》曰：「祝祭于祊。」以證其彷徨之說，祭日求神於此，由於不知神之所在，此彷徨之義也。大約《禮記》中諸言「祊」者，或以為門內，或為繹祭名，即以本記文證之，而可知如「索祝祭于祊」與上文「於室」、「於堂」、「於庭」並舉，「室」、「堂」、「庭」皆指其地，則祊亦是指其地，故為門內之稱（直祭祝於主，主亦是實有其處，若祊是祭名，亦不得與之對舉）。《祭統》「出於祊」與「祝於室」對舉，則亦是門內之稱（《詩》雖無對舉之文，然玩其文義，必不得為祭名）。至「為祊乎外」與「設祭於堂」對舉，堂是舉其處，則外亦是指其處。而祊字自不得解為門內，故為繹祭之名，以與祭字相對成文。「祊之於東方」與「繹之於庫門內」對舉，繹是祭名，則祊亦是祭名，故鄭注兩處皆以繹祭釋之，且記文已繹、祊對舉，若祭日求神於門內亦謂之祊，據《詩疏》亦謂此祭，應在廟門內之西，何不解此記為正統之祊？此由正祭日求神於廟門內，無祊之稱，而此記文義祊字當為祭名，故不嫌辭費，又解為「二者同時而大名曰繹」，以成其祊祭為繹祭之說也。

總而言之，廟門之字，疑本作「閍」，《爾雅》閍謂之門是也。繹祭因在廟門外，故即取名於閍，而改從示，《記》「為祊乎外」、「祊之於東方」是也。繹祭名祊，本由廟門取義，故廟門之閍，亦通作祊。《詩》「祝祭于祊」、《記》「索祝於祊」是也。祊本廟門統稱，故繹祭於門外得稱祊，而《詩》、傳、箋皆以為門內者，正祭日求神於廟門內，不於門外，此依文立訓，故以門內解之，非謂祊之不可為門外也。明乎此，則門內、門外、正祭、繹祭諸說，一以貫之矣。

附錄：《經解入門》待質錄

近年來，筆者為《經解入門》的真偽問題絞盡腦汁，雖然取得了重大突破，大體可以結案，但仍有少數條目查無出處，別紙錄出，題為《待質錄》，望天下同道協力攻關。

一、漢、宋門戶異同第十五

何謂漢學？許、鄭諸儒之學也。何謂宋學？程、朱諸儒之學也。二學何以異？漢儒釋經皆有師法，如鄭之箋《詩》，則宗毛為主；許氏著《說文解字》，則博採通人，至於小大，信而有證，即其中今人所視為極迂且曲之義，亦必確有所受，不同臆造。宋儒不然，凡事皆決於理，理有不合，即捨古訓而妄出以己意。如《論語》「正名」注，則易「名字也」之訓，而指衛父子之名；子路問「聞斯行諸」，則易包咸「振窮救乏」之說。而以言學問，其說禮制，且有據漢化世之說，釋三代之書之弊。此漢、宋二家之所以異，而經學之所以不取宋儒也。至辨《尚書》古文之偽，發於宋儒，實為巨功。學者治經宗漢儒，立身宗宋儒，則兩得矣。

【《清稗類鈔・經術類》「群經精義之發明」條】

經學之分漢、宋，猶理學之分朱、陸也。其專宗漢學以抵程、朱之際者，為毛奇齡、惠棟、戴震諸人。其義理宗程、朱，仍博稽漢、唐注疏者，為李光地、方苞、姚鼐諸人。自有明中葉，人皆敝精力於帖括，而根柢之學闕焉。國初，樸學之士始出，顧炎武、閻若璩開風氣之先，其後巨儒踵接，元和惠氏、武進莊氏、高郵王氏、嘉定錢氏盛於吳中，婺源江氏、休寧戴氏繼起於宣、

歔。由是漢學昌明，遠紹微言，兼通大義，千載沈霾，一朝復旦。極盛於乾隆，益精於嘉慶，遺經端緒，皆有條理。然江藩作《漢學師承記》，凡稍近宋學者皆擯之。阮元刻《皇清經解》千四百餘卷，而光地與苞之著述一字一收，蓋幾於分茅設蕝矣。一時風氣所趨，遂以搜殘舉碎為功，詆宋儒為空疏，肆力掊擊，抑又過矣。要知漢儒之訓詁，宋儒之義理，相須而行，闕一不可，其激而互有勝負者，皆末流之失也。

【今按】

「治經宗漢儒，立身宗宋儒」：此與惠棟「六經尊服鄭，百行法程、朱」觀點一致。又與戴震「漢儒得其制數，失其義理；宋儒得其義理，失其制數」之主張相通。

○戴震《與某書》云：「志存聞道，必空所依傍。漢儒訓詁有師承，亦時有傅會；晉人傅會鑿空益多；宋人則恃胸臆為斷，故其襲取者多謬，而不謬者在其所棄。」〔註1〕又云：「宋以來，儒者以己之見硬坐為古聖賢立言之意，而語言文字實未之知，其於天下事也，以己所謂理強斷行之，而事情原委隱曲實未能得，是以大道失而行事乖。」（同上）

○張之洞《創建尊經書院記》：諸生問曰：「此可以袪不學之病矣，近世學者多生門戶之弊，奈何。」曰：「學術有門徑，學人無黨援。漢學，學也。宋學，亦學也。經濟詞章以下，皆學也。不必嗜甘而忌辛也。《輶軒語》言之已詳。大要，讀書宗漢學，制行宗宋學。漢學豈無所失，然宗之，則空疏蔑古之弊除矣。宋學非無所病，然宗之則可以寡過矣。至其所短，前人攻之，我心知之。學人貴通其論事理也，貴心安爭之而於己無益，排之而究不能勝，不如其已也。諸生問曰：然則何以不課性理。曰：宋學貴躬行，不貴虛談。在山長表率之，範一圍之，非所能課也。後所說慎習、尊師云云。即宋學也。使者於兩家，有所慕而無所黨。不惟漢、宋兩家不偏廢，其餘一切學術亦不可一廢。若入院者，抱一而自足，是此而非彼，誤矣。不入院者，執一以相攻，更大誤矣。說息爭弟九。用漢學之師法，雖兼採諸儒之說，亦漢學也。守宋學之準繩，雖不談性理，亦宋學也。漢學師法，止於實事求是。宋學準繩，止於嚴辨義利，無深談也。」〔註2〕

〔註1〕戴震：《戴震全書》第六冊，第495頁。
〔註2〕見《張之洞全集》第十二冊第370頁。

二、解經不尚新奇第三十六

經義平允，解者不可以新奇求勝。蓋凡新則不古，奇則不正。十三經皆先聖遺言，意義醇厚，豈有如後世子部、說部之書，徒快一時口舌哉！故如或解「豚魚」二字，謂即今之「江豚」；解「舊井無禽」，謂「桔槔之上似禽，舊井無水，不用桔槔，故云無禽」；解「西方美人」，謂「佛教東流，始於周代」之類，皆說經家所不取。無論漢儒、宋儒及國朝諸儒，各說之新奇無理者，皆當訂正，斯為有功於經。如舊說本平允可據，而解者妄生議論，好逞新奇，於古書毫無所據，固為蔑古，即或有子部之言，及隋以前說家之書可證，然怪誕荒謬，皆於經旨無當，雖有證亦不尚。蓋經為三代之文，解經者即說三代之語，安得以新奇自喜、矜為心得乎？大凡學解經者，讀書不多，見理不足，往往好立新說，以為醒目。不知此是說經第一大病。學者切宜力戒！倘此病深入，則終身不能進益矣。

○宋丁易東《周易象義》卷八：

豚魚，今之江豚是也。豚魚知風。豚魚之出，則澤上有風之兆也。所謂石燕飛而雨至，江豚出而風生也。江豚，東南之所常見，惟西北則多不之聞，故先儒或析豚魚為二物，非也。江豚澤，將有風則出，無風則不出，最信者也，故中孚取象焉。巽為魚，為風，兌為澤故也。吾信如豚魚之知風，則吉矣。行乎澤上，而知風，則利涉大川而無虞矣。兌澤為大川，巽木在上，乘木有功，利涉大川也。

○俞樾《群經平議》卷一「舊井無禽（井初六）」條：

注曰：「久井不見渫治，禽所不向，而況人乎？」樾謹按：井水至深，非瓶縆不能汲。禽無從取而飲之，雖非舊井，禽亦不向也。王注殆不可從。古者羽毛鱗介通名為禽。《白虎通·田獵篇》曰：「禽者何？鳥獸之總名。」此其所說猶有未盡。《國語·魯語》「登川禽」，韋昭注曰：「川禽鱉蜃之屬。」然則禽之名並通乎水族矣。下文「井谷射鮒」，《釋文》曰：鮒魚，名也。《子夏傳》謂蝦蟇。魚與蝦蟇皆可謂之禽。舊井無水，則此屬皆無從生矣，故曰舊井無禽。傳曰：舊井無禽，時舍也。《集解》引干寶曰：舊井謂殷之未喪師也。亦皆清潔，無水禽之穢。此與傳義不合，而以水禽釋經文，禽字則其義甚塙，水禽即《國語》所謂川禽也。學者但知二足而羽謂之禽，於是此爻之義不可通矣。

○清夏炘《讀詩劄記》卷三「西方之人兮」條：

康熙時吳江有陳啟源者，箸《毛詩稽古編》一書，寫以小篆，專闢朱子，而宗小序毛鄭，可謂古調獨彈矣。其附錄中「西方美人」一條，盛稱「佛教東流，始於周代」。孔子抑三王，卑五帝，藐三皇，獨歸聖於西方，侮聖悖經，至斯已極，則其專斥朱子尤罪之小者矣。

【說明】

此篇所舉例證已經找到史源，但觀點部分還查無出處，疑為作偽者自己敷衍而成。

三、不可妄詆古訓第三十九

漢人解經，皆守師說，即其作訓，亦必確有所本，不同臆造。或當時傳聞本皆如此，或前代語言與今不同，學者遇古訓不可猝解者，必須詳考時代，求其實情，果有不安，然後可以訂正，不得粗心流覽，於我未解，妄加詆毀。如或斥康成《禮》注八十一御妻及冕旒之屬，非是古人有失，實其自己淺陋，初學萬不可蹈此輕薄習氣！

又如宋人之說，近今言漢學者，無論是與不是，輒屏斥之不貸。抑知宋人說經，未嘗盡背漢說。蔡氏《書傳》、朱氏《詩傳》，其遵古訓者實十之八，易古訓者十之二，且其所辨出是非，萬不可以耳食之餘輕議前哲！但要平心自思，前人之敢立說者，胸中必非一無所據，且諸名儒類皆萬卷羅網眾家，豈以我能見到者，彼反失之不及之理？由是以思，自不敢輕肆舌鋒，妄詆古訓矣。不詆古訓，即能深研其義，而虛憍之氣除，為學之力日益進矣。

【今按】

「八十一御妻」，注及疏皆無徵。案：《月令問答》引《周禮》曰：八十一御妻，今曰御妾，何也？曰：字誤也。妻者齊也，惟一適人稱妻，餘皆妾，位最在下，是以不得言妻云也。如蔡氏說今昏義義妻亦當作妾，考之非是。《周禮》女御注：昏義所謂御妻，亦漢稱妾為小妻，然則御侍也，御妻即妾之別稱，無煩指為字誤。其義自明，而蔡氏妄為穿鑿，非也。〔註3〕

○清趙文哲《婡雅堂別集》卷五：

三夫人、九嬪、二十七世婦、八十一御妻之說，定於《周禮》孔《疏》，謂：周南，王者之風，故以天子之數擬之，非當其時即然者是也。嘗考帝嚳四

〔註3〕清武億《授堂遺書》第1冊第684頁。

妃，帝堯因之，舜二妃之外無聞，夏則增為十有二人，殷則增為三十有九人，文王，殷諸侯，其制雖無可考，然理陰治內，必非一人所能勝任，而當日德化所感，南國有安命之小星，江沱無待年之怨女，則后妃之汲汲求賢，固絕非臆說也夫。

○清趙翼《陔餘叢考》卷三「命婦世婦」條：

《禮記・喪大記》「內子未命」，鄭注云：「內子，卿之妻也。」又曰：「大夫內子，士妻，特拜命婦。」疏云：「卿妻曰內子，大夫妻曰命婦也。」此說甚謬。夫大夫內子與士妻對言，則內子之為大夫妻可知也。既曰「大夫內子，士妻，特拜命婦」，則命婦之尊於內子可知也。乃以尊者特拜卑者，有是理乎？宋人謂卿大夫妻未命曰內子，已命曰命婦，此說最為得實。蓋卿大夫妻俱稱內子。《左傳》，趙衰之妻請衰迎前妻叔隗為內子，而已下之。《國語》，司馬子期欲以妾為內子。注皆云：「內子，卿之嫡妻。」此卿妻之稱內子也。《禮記》，大夫內子。此大夫妻之稱內子也。及其既受君命，則謂之命婦。故內子與命婦品級雖同，而特為命婦拜者，尊君命也。《喪大記》又有所謂世婦者，注疏皆以國君之世婦次於女君者當之。然歷觀《記》中文義，皆係大夫之妻。如曰，君、夫人卒於路寢，大夫、世婦卒於適寢，士之妻皆死於寢。又曰，復者，君以卷，夫人以屈狄；大夫以元頳，世婦以襢衣；士以爵弁，士妻以稅衣。又曰，君之喪三日，子、夫人杖。五日，大夫、世婦杖。皆以大夫、世婦兩兩對舉，則世婦亦即大夫妻明矣。而鄭氏必以為不然。其於大夫、世婦杖及世婦以襢衣，固權指為君之世婦矣；於大夫、世婦卒於適寢不可強通，則又為之說曰：「變命婦言世婦，明尊卑同也。」夫授大夫、世婦杖指為君之世婦，猶或可通，若世婦以襢衣指為君之世婦，則大夫妻之復服又是何服，豈容竟不經見？且國君正寢曰路寢，路，大也。大夫正寢曰適寢，適，主也。其實皆正寢也。國君既有路寢為正寢矣，豈又有所謂適寢乎？將適寢非正寢乎？然則所謂世婦卒於適寢者，非即大夫妻乎？鄭氏不過以國君夫人之下有世婦，遂疑其非大夫妻，不知古之名稱下不可僭上，而上可兼下。即如天子一后三夫人九嬪二十七世婦八十一御妻，夫人則公侯之妻之名也，妻則士之妻之名也，世婦正與大夫品秩相配，安見非大夫妻之名乎？若謂國君有世婦，大夫妻不當以為名，則天子有夫人，諸侯何以亦有夫人乎？天子有世婦，諸侯何以亦有世婦乎？竊意未命曰內子，已命曰命婦，此卿大夫妻之專稱也。而世婦，則國君世婦，與卿大夫命婦之通稱也。大夫命婦與國君世婦品秩正相配，

故得而通稱也。凡專言大夫已命之妻者，則稱命婦，如「命婦為夫人之命出。士妻不當斂，則為命婦出」是也。言大夫命婦而兼言國君世婦者，則通稱世婦，如「世婦以禮衣」、「授大夫、世婦杖」之類是也。如此則不惟《記》中文法甚順，而義亦益周密矣。

　　○清朱大韶《實事求是齋經義二》：

　　朱氏珔曰：以五室為五寢之室，自是卓見，人所未及。但五室既為寢，何上文云內有九室九嬪居之，豈九室非寢與？大韶按：五寢者，王之小寢也。九嬪之室當在后正寢後，但內外九室似不可信。《昏義》云：「天子后立六宮三夫人九嬪二十七世婦八十一御妻，以聽天下之內治。天子立六官三公九卿二十七大夫八十一元士，以聽天下之外治。」與此同。按：漢以大常、光祿勳、衛尉、大僕、鴻臚、廷尉、宗正、司農、少府為九卿。周制但有六卿，六卿之長曰孤卿，亦曰家卿，本王氏引之說。周時本無三孤之稱，其以三孤配六卿為九者，非也。《記》又曰：九分其國，九卿治之。天子但有六鄉六卿兼領之，外為六遂，何云九分其國，不可信一。六官之長曰卿，其屬有中大夫、下大夫，總五官計之，中下大夫凡百有三十九，安得云二十有七大夫？不可信二。古者天子后立六宮，諸侯大夫立三宮，天官內宰以陰禮教六宮。注鄭司農云六宮後五前一，元謂六宮，謂后也。婦人稱寢曰宮。宮隱蔽之言后象，王立六宮而居之，亦正寢一、燕寢五，謂之六宮，若今稱皇后為中宮矣。又《昏義注》曰：天子六寢，而六宮在後。《正義》曰：六宮在後者，后之六宮在王六寢之後。九嬪以下分居之，據禮宮與寢通稱后六宮，象天子立六官也。夫人三宮，象諸侯立三卿也。天子諸侯大寢居前，小寢列後，則后六寢，夫人三寢，亦大寢居前，小寢列後。后六宮夫人以下分居之，夫人三宮，世婦以下分居之。《曲禮》諸侯有夫人，有世婦，有御妻。《周官》內官有九嬪、世婦、女御，而無三夫人、酒人、漿人諸職，但言夫人，不言三九嬪，以下均無人數。作《昏義》者以內外分配，各以三乘之，故云二十七、八十一耳。不可信三。宮室之制，中央為室，東西為房，大寢與小寢制同六宮，安得有九室？以九嬪，遂云九室，豈世婦之室有二十七御妻之室有八十一乎？不可信四。《楚語》內官不過九御，外官不過九品，卿大夫士爵有三等，各分上下中，故云九品，天子一取九女，以姪娣從故云九御，其九嬪女御皆內官也，佐后夫人治內職者內官之名，九嬪與外官之名，九卿均非定以人數。《月令》多以三公九卿，並言九卿，與六卿其同異無可考。治《周官》者，但依五官本文為據可也。

四、不可剽竊舊說第四十

《史記·酷吏列傳》云：「攻剽為群盜。」《叔孫通傳》云：「鼠竊狗盜。」初學解經，見書不多，而妄取前人舊說，沒其姓名，以為己說，則與盜賊何異？且安知我能剽之竊之，而人不能發之捕之乎？為所讀之書，人人必讀，我所未讀之書，人之已讀者正多，倘事剽竊，欺人乎？實欺己耳！人而欺己，則終身無實獲之事，又烏足以知聖賢之道哉？故為學戒剽竊。

【附錄】

○《四庫全書總目》卷二十一《禮記集說》提要：（衛）湜後序有云：「他人著書惟恐不出於己，予之此編惟恐不出於人。後有達者，毋襲此編所已言，沒前人之善也。」

○朱彝尊《曝書亭集》卷三十五《日下舊聞序》：昔衛正叔嘗纂《禮記集說》矣，其言病世儒剽取前人之說以為己出，而曰：「他人著書惟恐不出於己，予此編惟恐不出於人。」彝尊不敏，竊取正叔之義，至旁及稗官小說、百家二氏之書，或有未足盡信者，世之君子毋以擇焉不精罪我，斯幸矣。

○閻若璩《潛丘劄記》卷二：吾之著書也，寧質毋誇，寧拘毋達，寧闕人之所共信，毋徇己之所獨疑。此平生志也。

○阮元《文選樓藏書記》卷二：《虞書箋》一冊，茅瑞徵著。歸安人。刊本。是書以己意分條箋釋，不襲前人舊說，多所發明。

○崔述《考信錄提要》卷上：朱子《易本義》、《詩集傳》及《論語》、《孟子集注》，大抵多沿前人舊說，其偶有特見者，乃改用己說耳。

○胡廣《四書大全·論語集注序說》：《集注》於正文之下正解說字訓文義，與聖經正意，如諸家之說有切當明白者，即引用而不沒其姓名。

○陸嵩《意苕山館詩稿》卷三：杜陵羞雷同，退之戒剽竊。文本載道器，非求世苟悅。

○錢泰吉《甘泉鄉人稿》卷八：通志堂所刻宋、元經解，望溪嘗用二十餘年之力，刪取其精要者，詳集中《與呂宗華書》，不知果排纂成書否？然讀望溪「三禮」、《春秋》諸撰著，可知其宗旨矣。與呂書中言刪遍一經，然後知三數大儒而外，學有條理者不過數家，而就此數家之中實能脫去舊說，而與聖人之心相接者，蓋亦無幾。初讀時詫其持論過高，及觀杭堇浦《續禮記集說自序》，謂衛氏《集說》採輯雖廣，大約章句訓詁之學為多，卓然敢與古人抗論者，惟陸農師一人而已。《永樂大典》中《禮記外傳》唐人成伯璵撰，藏

書家未有也，然止標列名目，開葉文康《禮經會元》之先，他無不經見之書。至元人之《經疑》，迂緩庸腐，無一語可以入經解，而《大典》中至有數千篇，益信經窟中可以樹一幟者之難也。董浦之治經與望溪家數不同，論定古人，則識力不相讓。經生讀之可知所從事矣。《通志堂經解》，餘但有零星數種，衛氏《禮記集說》不能得也。杭氏《續集說》聞武林藏書家有抄本，當訪求焉。衛正叔《禮記集說後序》云：「他人著書惟恐不出於己，予之此編惟恐不出於人。後有達者，毋襲此編所已言，沒前人之善也。」《四庫提要》云：「即此一節，非惟其書可貴，其用心之厚亦非諸家所及。」學者讀斯語，可知著書當以正叔之用心為法，而經學之精深未及望溪董浦者，勿妄生高論，蔑視古人也。（望溪、董浦論治經）（《續修四庫全書》第 1519 冊）

五、不可有騎牆之見第四十三

群經異義，自漢及今，甚有聚訟至數十百家者，解經者當審擇精當，衷於一是，羅列群說，加以辨駁，合吾者吾引之而為證，背吾說者吾駁之而明其非。先在審定明白，融會貫串，自無以可為否，以可為否之病。若平日看書不多，臨時全無把握，調停兩可，不能自主，是為騎牆之見。說經家甚所不取。

六、科場解經程式第五十二

一、國朝取士，文、詩、策論外，兼及經義，故國子監南學及州郡歲科試經古諸場均有經解。士子通經原期致用，不第沐稽古之榮而已，故學者不可不致力於此，列此條目以為之的。

一、經解與策不同，通體皆無抬頭。其抬頭者乃引御纂、欽定等書耳，然引此書且須三抬，以其皆先王所定故也。

一、遇避諱字皆不可用。倘古書既有其字，而亦不能不引，則將此字空一格並寫敬避二字，亦不犯禁。

一、場屋解經，國朝人所著各書收入《四庫》者可以引用，用時亦只舉其書名，不宜及其人之姓名，其未入《四庫》而已現行者但稱或說可也。

一、場屋中解題，率在《易》、《書》、《詩》、《春秋》、《禮記》五經，風簷寸晷，時有不及，不必求多，與其多作不善，不若少而精也。

一、場屋解經，與平時稍有各別。平時為日寬，題目少，故可細心博考，以求盡善，應試則時日倉猝，頓成數篇，其不能盡善可知。惟眉目最要清楚，

先列諸家異說，後下己意。或駁去數說，而於中獨宗一說而申發之，或貫通諸說，而以己意融會之。必須頭緒了然，使閱者知為胸有把握，便可若自出新意，恐弄巧反拙。至或云有著作家之經解，有場屋中之經解，著作家則繁稽博考者，折衷一是，場屋則羅列諸說而已，此言實不足信。

後　記

　　《經解入門》是清末以來我國經學史上一部產生過廣泛影響的必讀之作，對於經學研究具有極其重要的意義。對其真偽進行甄別，無疑是一場超乎尋常的探險，假如沒有足夠的勇氣和毅力，隨時都可能半途而廢。自從發現這一學術難題，我別無選擇，惟有迎難而上。

　　經過十八年的深入研究，窮盡心力，搜羅群書，力求持之有故，言之成理。全書注重用證據說話，比勘之後，加以按語，以收水到渠成之效。知之為知之，不知為不知，故錄「待質疑」諸篇於書後。

　　《經解入門箋注》《經解入門探源》二書曾經於 2011 年參評《武漢大學學術叢書》，由校方出面組織國內同行專家進行匿名評審，均給予了充分的肯定，當年順利列入《武漢大學學術叢書》，但我沒有急於出版，而是一直還在打磨。此書發軔於 1999 年，前後歷時十餘年，飽嘗大海撈針之艱辛。我始終相信：「天道酬勤。」這本書花費了我極大的心血，可以視為是一部用腦汁寫成的書（假如我當初繞路走，選擇寫一些相對容易寫的書，可能要多寫好幾本書），它對於我來說具有特殊的意義，它好像是一道「緊箍咒」緊緊扣在我的頭上，常常弄得我精疲力竭，痛苦不堪。為了寫這本書，我竭力將現存有關經學文獻翻了一個底朝天。

　　在 20 世紀前期，辨偽學似乎在疑古派手上達到「登峰造極」的境地，顧頡剛也被人擁戴為「史學之王」。20 世紀末期，李學勤挺身而出，號召走出「疑古時代」，筆者也因為辨偽學實踐堅定地站在了反疑古的陣營。我們不僅要走出「疑古時代」，更要走出「蔑古時代」。惟有如此，我們才能找到文化自信，從而完成中國文化的復興大業。

附錄同行專家匿名評審意見

（一）

　　《經解入門》是清儒經學研究的一部重要入門之作，對於經學研究具有很重要的意義。對其真偽進行甄別，需要很大的學術勇氣和堅忍不拔的毅力。從這一點來說，《經解入門箋注與辨偽》（以下簡稱《經解》）一書具有的學術意義是不言而喻的。

　　《經解》一書結構完整，搭配合理。作者先進行疏證，使讀者能對《經解入門》在內容上有一個比較深入的認識，再進行質疑，則更容易取得讀者的理解和支持。從研究方法上來看，是科學合理的。

　　《經解》中的重點在於「辨偽」部分，作者窮盡心力，搜羅群書，用功甚勤，而且很多地方也確實做到了證據確鑿。比勘之後，加以按語，頗收水到渠成之功。作者還能實事求是，知之為知之，不知為不知，故錄「待質疑」諸篇於後，更令人欽佩。

　　綜上所述，本書值得出版，以嘉惠學林。

（二）

　　《經解入門箋注與辨偽》是一部以「辨偽」為中心內容的學術專著。全書分為三部分：一為《上篇》，對《經解入門》作了箋注；二為《下篇》，對《經解入門》作了辨偽性的論述；三為《外篇》，將《經解入門》中「待質錄」的問題作了如實交待。《經解入門》是清末以來我國經學史上一部有影響的著

作，在當時對於青年學子研究經書，具有輔導性功能，相當於經學領域的通識教育性質的教材。這部書，長期以來相傳為江藩所著。近年來，隨著研究的深入，學界多肯定其為偽書，作偽者究竟是誰？有人肯定為崔適，有人判為章太炎，還有人斷為繆荃孫。本書作者本著追求真理的精神，經過十餘年的深入研究，以翔實的資料論證，判定此書的真實編者為「抉經心室主人」歐景岱（結論有所修正，詳見前言部分——作者注）。其所論，持之有故，言之成理，鐵案如山，令人信服，論證之有力，說理之透徹，在同類著作中尚不多見，值得學界高度重視。